三明学院学术著作出版基金资助出版基金项目

2023年福建省社会科学基金项目："改革开放以来党探索和推进共同富裕的历程及经验启示"，项目批准号：FJ2023B102

新中国成立以来的共同富裕探索之路

范连生　范文文／著

图书在版编目（CIP）数据

新中国成立以来的共同富裕探索之路 / 范连生，范文文著. -- 北京：知识产权出版社，2025.7. -- ISBN 978-7-5130-9976-9

Ⅰ.F124.7

中国国家版本馆 CIP 数据核字第 20255TV329 号

责任编辑：罗　慧　　　　　　　责任校对：谷　洋
封面设计：杨杨工作室·张　冀　　责任印制：刘译文

新中国成立以来的共同富裕探索之路
范连生　范文文　著

出版发行	知识产权出版社有限责任公司	网　　址	http://www.ipph.cn
社　　址	北京市海淀区气象路50号院	邮　　编	100081
责编电话	010-82000860 转 8343	责编邮箱	lhy734@126.com
发行电话	010-82000860 转 8101/8102	发行传真	010-82000893/82005070/82000270
印　　刷	三河市国英印务有限公司	经　　销	新华书店、各大网上书店及相关专业书店
开　　本	720mm×1000mm　1/16	印　　张	18.75
版　　次	2025年7月第1版	印　　次	2025年7月第1次印刷
字　　数	280千字	定　　价	98.00元
ISBN 978-7-5130-9976-9			

出版权专有　侵权必究

如有印装质量问题，本社负责调换。

目 录

绪 论 ………………………………………………………………… 1
 一、研究缘起及研究意义 ……………………………………… 3
 二、学术史梳理 ………………………………………………… 13
 三、研究思路框架与方法 ……………………………………… 37
 四、研究重点、难点 …………………………………………… 43
 五、创新之处 …………………………………………………… 44

第一章 中国共产党探索和推进共同富裕的理论基础和思想渊源 …… 47
 一、马克思主义共同富裕思想 ………………………………… 49
 二、列宁共同富裕思想 ………………………………………… 53
 三、中华优秀传统文化 ………………………………………… 56

第二章 社会主义革命和建设时期中国共产党对共同富裕的
   探索和初步展开 ………………………………………… 63
 一、社会主义革命和建设时期中国共产党共同富裕的理论
   探索 …………………………………………………………… 65
 二、探索和推进共同富裕的政策举措 ………………………… 71

三、探索和推进共同富裕的初步成效 …………………………… 78

　　四、探索和推进共同富裕过程中的失误和偏差 ………………… 81

第三章　改革开放和社会主义现代化建设新时期中国共产党
　　　　对共同富裕的持续探索推进 ………………………………… 87

　　一、对共同富裕的认识深化和理论创新 ………………………… 89

　　二、对共同富裕的持续探索和实践举措 ……………………… 103

　　三、持续探索和推进共同富裕的重大成就 …………………… 117

第四章　中国特色社会主义新时代中国共产党对共同富裕的
　　　　进一步推进和伟大成就 ……………………………………… 135

　　一、新时代推进共同富裕的理论和思想 ……………………… 137

　　二、新时代共同富裕的实践推进 ……………………………… 147

　　三、新时代推进共同富裕的伟大成就 ………………………… 174

第五章　中国共产党探索和推进共同富裕的历史经验和现实启示 …… 197

　　一、探索和推进共同富裕的历史经验 ………………………… 199

　　二、探索和推进共同富裕的现实启示 ………………………… 213

结　语　共同富裕、中国式现代化与中华民族伟大复兴 ……………… 237

　　一、共同富裕、中国式现代化与中华民族伟大复兴的关系 ……… 239

　　二、共同富裕、中国式现代化与中华民族伟大复兴的推进 ……… 245

主要参考文献 …………………………………………………………… 275

绪　论

一、研究缘起及研究意义

20世纪90年代以来,随着社会主义市场经济改革的深入推进,收入差距扩大已经成为人们普遍关注的一个社会问题,如何改革收入分配制度、缩短收入差距、消除贫困和推进共同富裕成为中国共产党亟待解决的时代课题。21世纪新阶段,特别是党的十八大以来,消除贫困成为理论界、学术界研究的热点问题之一。反贫困体现了中国共产党在发展社会主义市场经济过程中坚守共同富裕价值原则的理论品质和政治定力。因此,研究中国共产党反贫困和推进共同富裕的进程并总结经验,对于加快共同富裕目标的实现具有重大的理论意义和现实意义。

(一)问题提出

实现共同富裕是一个从非均衡到均衡动态发展、循序渐进的上升发展过程。共同富裕既是中国人的千年夙愿和伟大构想,又是中国社会发展的终极目标,也是全人类谋求发展的价值旨归。实现共同富裕是推进中国式现代化建设的本质要求,是关系党的执政基础的重大政治问题。共同富裕成为近年来学界研究的"热门"话题,探讨实现共同富裕的奋斗历程并总结经验,有助于推进共同富裕目标的尽快实现,具有重大的现实意义。

1. 共同富裕是中国人的千年夙愿

追求共同富裕的美好生活是中华民族的原真本性和理想追求,也是人类数千年来向往和憧憬的美好理想和恒久价值追求。"一部中国史,就是一部中华民族同贫困作斗争的历史。"❶ 自古迄今,摆脱贫困、过上幸福安康的美好生活是中国民众最大的理想和价值追求,中国古代的儒家经典《礼记·礼运》中描述了对幸福生活的美好憧憬,提出了要求公平分配社会财富的大同社会的设想,体现了人们对美好社会的朴素向往与追求,带

---

❶ 习近平:《在全国脱贫攻坚总结表彰大会上的讲话》,《人民日报》,2021年2月26日,第2版。

有强烈的社会主义色彩。"共同富裕是赓续中华民族大同理想的具象表征。"❶ 共同富裕与消除贫困、提升人民福祉的"大同社会"追求相通，内容指向与大同理想存在高度的一致性、契合性。共同富裕是中国共产党人矢志奋斗的重要使命，"共享大同"理想社会图景是最终实现共同富裕的目标夙愿，是中华民族绵延数千年的理想和共同期盼。这种对"天下大同"问题的思考和追求，蕴含了共同富裕思想的最初萌芽，在不同的时代和不同的历史条件下，融入中华民族的文化血脉之中，以不同的形式和语言表现出来，包含很多富有洞见的朴素思想，成为一种极具号召力、震撼力的思想口号，从而对各个阶级、各个阶层都产生了重大影响。北宋以来农民起义中"均贫富"的口号以及明末农民战争"均田免粮"的主张展现了一种朴素的共同富裕的社会图景，近代孙中山先生"天下为公"的消除社会财富分配不公的设计方案，反映出仁人志士对共同富裕的不懈追求和对美好社会的憧憬。可以说，这些思想主张和救国方案都是共同富裕思想启蒙和升华的结果。

　　作为几千年积淀而成的基因，共同富裕是中华民族孜孜以求的理想和美好社会的现实写照，反映了中华民族的价值追求和美好愿望。中华优秀传统文化为追求共同富裕提供了丰富的思想文化养料，体现着中华民族千百年来摆脱贫困的夙愿和对天下大同的价值追求，抒写了中华民族对大同盛世的期待与向往。因此中华优秀传统文化对共同富裕社会的最初描绘，是中华民族向着共同富裕美好梦想奋勇前行的文化根基，在一定程度上为坚持公平正义社会原则的共同富裕的逻辑生成奠定了思想基础、提供了文化基因。马克思主义共同富裕思想同中华民族千百年来扶贫济困的民本思想及追求平等平均的社会理想和思想文化传统具有高度的契合性，只有深入理解中华优秀传统文化中的共同富裕基因，深入推进"两个结合"，才能营造生生不息、人人平等、安稳团结的社会环境，推进马克思主义共同

---

❶ 何锡辉、刘恋：《共同富裕的理解逻辑、中国实践及世界意义》，《西南民族大学学报》（人文社会科学版），2022年第9期，第196页。

富裕思想的中国化时代化，进一步推进全体人民共同富裕目标的实现。

2. 摆脱贫困是全人类的艰巨任务

要想解决人类的贫困问题，我们就必须研究中国共产党探索和推进共同富裕的历程和经验，为人类反贫困提供历史借鉴。贫困能够通过负外部性作用，对全人类造成严重影响，因此消除贫困是世界各国面临的全球性难题，反贫困将有益于全人类。"消除贫困，自古以来就是人类梦寐以求的理想，是各国人民追求幸福生活的基本权利。"❶ 21 世纪新阶段，世界各国贫富差距不断拉大，贫困人口众多，贫困和发展不平衡仍然困扰着人类，"截至 2013 年，世界贫困人口仍占世界总人口的 10.7%"❷。发达国家也存在贫富分化的现象，据研究统计，2016—2017 年，每 5 个英国人中就有 1 人处于贫困状态。在这些贫困人口中，有 400 多万人处于持续贫困状况。❸ 贫困人口的大量存在，严重阻碍了世界各国经济的发展和社会的进步，贫困问题严重影响了世界的和平与稳定。全球目前有超过 7 亿人口生活在贫困线以下，再加上疫情的影响，2030 年世界极端贫困人口可能突破 10 亿。❹ 消除贫困是保障人权的基本前提，"减贫是一项具有开拓性的艰巨工作，实现减贫目标，领导人的情怀、意志和决心至关重要"❺。中国和其他发展中国家是全球减贫的主战场，反贫困是治国理政的题中应有之义。只有致力于减贫与发展的人类实践，消除贫困的代际传递，采取根本区别于西方的贫富差距治理模式，才能走出一条治国理政与贫困治理嵌构整合之路，建立缓解贫困问题的长效机制，扎实推动共同富裕，从而逐步

---

❶ 肖新新：《合力建设远离贫困、共同发展的美好世界》，《人民日报》，2022 年 4 月 6 日，第 3 版。
❷ 朱信凯、彭超：《中国反贫困：人类历史的伟大壮举》，中国人民大学出版社 2018 年版，第 1 页。
❸ 欧健、谷曼：《习近平关于共同富裕的重要论述：生成逻辑·核心内容·价值意蕴》，《吉首大学学报》（社会科学版），2023 年第 3 期，第 10 页。
❹ 燕连福、李晓利：《从"饥寒交迫"到"全面小康"——中国共产党百年贫困治理的历程与经验》，《南京大学学报》（哲学·人文科学·社会科学），2021 年第 3 期，第 24 页。
❺ 中华人民共和国国务院新闻办公室：《人类减贫的中国实践》，《人民日报》，2021 年 4 月 7 日，第 9 版。

消除相对贫困，为全球减贫事业贡献中国智慧和中国方案。

中国共产党领导人民实现了第一个百年奋斗目标，消除了绝对贫困现象，意味着共同富裕的推进取得了重大的历史性胜利，绝对贫困状态被彻底扭转，迈出了走向共同富裕道路的扎实的一步。但消除绝对贫困、全面建成小康社会不是终点，中国仍然是世界上最大的发展中国家，在"后脱贫时代"相对贫困问题凸显，返贫致贫的因素还没有完全根除，"脱贫摘帽不是终点，而是新生活、新奋斗的起点"❶。消除相对贫困是迈向共同富裕之路必须解决的现实问题。"相对贫困主要表现为收入不平等和财富分配不均，长期性和多维性是相对贫困治理的主要特征。"❷ 扶贫工作重心转向解决相对贫困后，党和政府要继续巩固脱贫攻坚成果，着力解决发展不平衡和不充分的问题，调动各方积极力量致力于推动共同富裕。因此，治理贫困和推进共同富裕的体制性、制度性建设依然是一项艰巨、复杂的工作。缓解、解决相对贫困是实现共同富裕无法回避的现实问题，将会更为持久且兼具挑战，需要长期重视。在"后脱贫时代"，党和政府一方面要研究相对贫困的识别和治理问题，在高质量发展中加快建立解决相对贫困的长效机制；另一方面要发挥乡村振兴对于共同富裕的工具性、建构性作用，缩小城乡之间的发展差距和收入差距。

新时代党领导人民在迈向共同富裕的过程中从消除绝对贫困到减少相对贫困，只有正确处理绝对贫困、相对贫困与共同富裕三者之间的关系，才能使中国改变贫困状况的巨型社会工程取得最后成功，从而实现促进全体人民自由而全面发展。解决贫困问题是历史和时代赋予我们的重任，正确判断未来共同富裕的基本面貌，以进一步的发展来减少和消除相对贫困是打赢脱贫攻坚战后实现共同富裕道路上必须解决的棘手问题。党和政府要下大力气以相对贫困治理为突破口，解决发展不平衡不充分问题，使社

---

❶《中共中央、国务院关于实现巩固拓展脱贫攻坚成果同乡村振兴有效衔接的意见》，《人民日报》，2021年3月23日，第1版。

❷ 侯晓东、朱巧玲、万春芳：《百年共同富裕：演进历程、理论创新与路径选择》，《经济问题》，2022年第2期，第6页。

会分配格局更加公平合理，实现一体化发展，唯其如此，共同富裕的进程才能不断地向更高阶段跃进，最终实现全体人民共同富裕。

3. 共同富裕是推进中国式现代化建设的需要

要想推进中国式现代化建设，我们就必须研究中国共产党探索和推进共同富裕的历程，为新时代推进中国式现代化建设提供历史借鉴。2021年8月，习近平总书记就共同富裕、社会主义本质和中国式现代化的关系再次强调："共同富裕是社会主义的本质要求，是中国式现代化的重要特征。"❶ 共同富裕和中国式现代化二者具有内在统一性，这就加深了我们对中国式现代化本质要求的理解。以逐步消弭社会贫富差距、实现共同富裕为目标的中国式现代化，坚持以人民为中心的发展思想，从根本上说优越于西方现代化发展模式。只有对社会主义本质和共同富裕关系的认识愈发深刻，科学把握共同富裕的内涵特征和实践路径，才能进一步拓展中国式现代化的广度和深度，使其取得实质性进展，在此基础上进一步推进中华民族伟大复兴的历史进程。

共同富裕凸显了中国共产党开辟的中国式现代化新道路的价值取向，使中国式现代化具有不同于资本主义现代化的特征和发展模式。共同富裕把握住了中国特色社会主义本质要求，对中国式现代化的推进起着灵魂和引领作用。从某种意义上说，中国式现代化的本质要求就是在生产力发展的基础上实现全体人民共同富裕。中国共产党一百多年来一以贯之地探索共同富裕理论与实践，坚持生产力与生产关系相统一，勾勒美好社会发展愿景，有效促进了各个时期社会主要矛盾的解决，领导人民成功开辟了中国式现代化道路。因此，只有对中国共产党探索和推进共同富裕的历程和经验进行总结，科学把握现代化建设与共同富裕的辩证关系，才能彰显社会主义制度推进共同富裕的优越性，扎实推进中国式现代化建设的历史进程。

---

❶ 习近平：《在高质量发展中促进共同富裕 统筹做好重大金融风险防范化解工作》，《人民日报》，2021年8月18日，第1版。

（二）研究意义

共同富裕包含着物质富足与精神充实的一体推进，是一个系统的、全方位的社会发展目标。研究中国共产党探索和推进共同富裕的历程和经验，揭示中国共产党消除贫困的奋斗轨迹，对新时代推进共同富裕和中国式现代化的进程具有重要的理论意义和深远的实践意义。

1. 理论意义

正确认识我国所处的发展阶段，研究中国共产党探索和推进共同富裕的历程和经验，考察共同富裕目标的实现路径，能够丰富和发展马克思主义共同富裕理论，对新时代党领导人民实现全体人民共同富裕具有一定的理论历史借鉴意义。

一是可以深化党史和国史研究。中国共产党的百年历史就是党领导人民为实现共同富裕而不懈奋斗的历史，就是一部消灭贫困的斗争史。共享共富的主线始终贯穿于中国共产党一百多年的奋斗过程中。"中国共产党带领全国人民进行中国特色社会主义建设的创造史同时也是消除贫困、改善民生、实现共同富裕的奋斗史。"❶ 中华人民共和国的历史就是党领导人民在社会主义建设和改革开放的过程中摆脱贫困落后面貌、追求国家繁荣富强的历史，始终围绕着推进全体人民共同富裕的历史主线而展开。在改革开放的伟大进程中，中国共产党将共同富裕提升到社会主义本质的高度，党领导人民书写了中华民族几千年历史上最恢宏的消除贫困和推进共同富裕的史诗。"社会主义是要富的，不是要穷的。"❷ 共同富裕是中国共产党人和中国的先进分子不懈追求的社会理想，是中国人民努力奋进的现实追求、共同期盼和大同梦想。在马克思主义共同富裕思想的指引下，党和政府明晰了实现共同富裕的渐进路线，擘画了实现共同富裕的战略步骤

---

❶ 中共山西省委党校（山西行政学院）课题组：《中国共产党百年贫困治理的探索：意蕴、路径及对乡村振兴的贡献》，《经济问题》，2021 年第 7 期，第 24 页。

❷ 中国李大钊研究会：《李大钊全集》（第四卷），人民出版社 2013 年版，第 458 页。

和理想蓝图，凝聚起全社会消除贫困的最大共识，共同富裕的推进取得了历史性的伟大胜利。反贫困和推进共同富裕是中共党史和新中国史中浓墨重彩的篇章，梳理中国共产党反贫困的演进脉络与逻辑，研究中国共产党探索和推进共同富裕的历程和经验，可以深化中共党史和新中国历史的研究。共同富裕是构成中共党史和新中国史发展逻辑的一条主线，深化中共党史和新中国历史的研究必须牢牢抓住"稳步推进共同富裕"这条主线。基于大历史观和政治经济学分析，中国共产党推进共同富裕的理论演进与实践探索建立在合规律性与合目的性辩证统一的基础上，只有深化对共同富裕的研究，才能深化中共党史和新中国史的科学研究。

二是可以深化反贫困历史研究。在深刻分析历史和现状的基础上，中国共产党在领导人民反贫困的斗争过程中逐步认识到，只有深入探索共同富裕的本质内涵，把握消除贫困和共同富裕的关系，精准把握实现共同富裕的方法路径，全体人民的共同富裕的目标才能在反贫困进程中不断地、逐步地实现。贫困落后是近代以来中国社会的基本国情，"反贫困是中国共产党的价值追求和初心使命"❶。反贫困是一个曲折的动态发展过程，在反贫困的斗争中，中国共产党把消除贫困与社会主义本质联系起来，领导人民为实现共同富裕扎下了根基，谱写了推进共同富裕历史进程的壮丽篇章。中国共产党的反贫困思想是对马克思主义反贫困理论的创新与进一步发展。从反贫困到共同富裕，这是社会主义建设和改革开放进程内涵发展的必然结果，反贫困的思想与共同富裕的实践之间有着逻辑的内在一致性，研究中国共产党探索和推进共同富裕的历程和经验，研究中国共产党反贫困的行动方案和理论逻辑，就可以对党领导人民反贫困的伟大成就和历史经验进行科学的概括和总结，从而深化反贫困历史的研究，具有重要的方法论意义。

三是可以深化马克思主义共同富裕理论研究。中国共产党领导反贫困

---

❶ 蒋永穆、何媛：《中国共产党百年反贫困的历程、特征与展望》，《人文杂志》，2022年第1期，第15页。

的进程就是中国共产党的共同富裕理论完善与马克思主义不断中国化相统一的历史过程。中国共产党共同富裕理论源于马克思主义共同富裕的思想，是中国特色社会主义理论体系的核心内容，是在对马克思主义共同富裕理论一脉相承基础上的突破和进一步发展。"从某种意义上来说，马克思主义就是关于人类共同富裕的理论。"❶ 中国共产党共同富裕理论是马克思主义中国化的全面的、系统的科学理论体系，这一科学理论体系得到了历史发展和实践的检验，是马克思主义共同富裕思想不断与中国实际相结合的必然结果，标注了新世纪新阶段马克思主义共同富裕理论的新高度。中国化的马克思主义共同富裕理论能够充分激发人民推进共同富裕的积极性、主动性、创造性，使人的发展和中国式现代化建设取得重大进步。因此，研究中国共产党探索和推进共同富裕的历程和经验，透析中国式现代化的本质要求，积极探索全体人民共同富裕的实践路径，可以深化马克思主义共同富裕理论研究，从而为马克思主义共同富裕理论的新飞跃、新境界提供素材与参考。

四是可以深化收入分配制度研究。实现全体人民共同富裕的进程就是党和政府缩小收入分配差距、深化收入分配制度改革、促进社会公平正义的历史过程。"任何社会的生产，不仅是物质财富的生产和再生产，同时也是社会关系的生产和再生产。"❷ 因此，只有实现对生产力与生产关系矛盾运动规律的准确把握，正确处理效率和公平的关系，才能推进全体人民共同富裕。"合理的收入分配制度是社会公平的起点和基石。"❸ 在推进共同富裕的过程中，党和政府要科学把握收入分配和再分配的实质，深化收入分配制度改革，实现资源要素的更有效配置，加大缩小贫富差距的力度，坚持以人民为发展中心的思想，才能使全体人民共享改革发展成果。

---

❶ 张占斌：《中国式现代化的共同富裕内涵、理论与路径》，《当代世界与社会主义》，2021年第6期，第55页。

❷ 李莹洁：《中国式现代化共同富裕的理论内涵、目标要求和实现路径》，《学术探索》，2022年第9期，第36页。

❸ 潘玲霞：《"共同富裕"与"成果共享"——中国特色社会主义理论体系中的民生思想》，《社会主义研究》，2009年第1期，第42页。

改革开放以来中国共产党在建立和逐步完善社会主义市场经济体制的过程中,推动有效市场与有为政府的更好结合,不断深化收入分配制度改革,确保各要素平等参与收入分配,逐步缩小收入分配差距,在经济社会的快速发展中不断推进全体人民共同富裕的历史进程。因此研究改革开放以来中国共产党探索和推进共同富裕的历程和经验,探讨中国共产党根据特定历史时空,不断深化收入分配制度改革,妥善处理公平与效率的关系,具有较高的学术价值,可以在理论层面深化收入分配制度研究,进一步丰富和创新发展马克思主义的政治经济学。

2. 实践意义

研究中国共产党探索和推进共同富裕的历程和经验,丰富马克思主义共同富裕的思想内涵,在加速乡村振兴、促进协调发展、维护社会公平正义、推进复兴伟业等方面具有重要的实践意义。

一是加速乡村振兴。完成脱贫攻坚任务、消除绝对贫困现象是实现乡村振兴和共同富裕的基础和前提。乡村振兴丰富了新时代中国特色社会主义共同富裕理论内涵和实践进路,科学地规划了"三农"问题的解决,成为新时代推进共同富裕的坚实基础。"乡村振兴加快推进农业农村的现代化进程,补齐了共同富裕短板。"❶ 乡村振兴为农村农民巩固脱贫攻坚成果提供强大内生动力,加快农业农村的全面发展,推进了农业农村现代化和共同富裕目标的实现。因而乡村振兴进一步破除了新时代城乡要素流动的体制机制障碍,成为共同富裕释放"加速度"的最有力抓手。贫困治理和实现共同富裕是一个动态发展的过程,改革开放以来中国共产党始终把农民农村共同富裕作为价值主线贯穿于治国理政的全过程,因此研究改革开放以来中国共产党探索和推进共同富裕的历程和经验,梳理新时代中国共产党解决"三农"问题的政策演进和价值意蕴,有助于乡村振兴战略的实施,缩小城乡公共服务均等化等方面的发展差距,实现脱贫攻坚与乡村振

---

❶ 汪倩倩:《社会主义共同富裕的四重逻辑》,《学校党建与思想教育》,2022 年第 12 期,第 91 页。

兴的有效衔接，对于实现农民农村共同富裕目标，具有重要的实践意义。

二是促进协调发展。研究中国共产党探索和推进共同富裕的历程和经验，有助于促进区域协调发展，解决新时代发展不平衡的问题，具有重要的实践意义。"促进区域协调发展是实现共同富裕的中长期重要任务之一。"❶ 中国共产党探索和推进共同富裕的过程中，坚持以人民为中心的思想，坚持共同富裕阶段性和必然性的辩证统一，以协调发展破解不平衡发展，脱贫攻坚战取得历史性的全面胜利，共同富裕取得明显进展和阶段性的重大成就，特别是党领导人民全面建成小康社会，开辟了一条协调发展的现代化建设的新道路，为扎实推动共同富裕奠定了坚实的基础。中国共产党统筹生产力与生产关系的协调发展，逐步完成了对共同富裕观念的现代性重构，使共同富裕的推进具有鲜明的时代特征和中国特色。这种协调发展观有助于进一步缩小区域发展差距，实现人的全面发展和全体人民共同富裕的价值目标。中国共产党在推进共同富裕的进程中，致力于解决发展不协调的矛盾，区域发展和城乡发展之间的差距逐步缩小，提高发展的平衡性和协调性，因此研究中国共产党探索和推进共同富裕的历程和经验，梳理中国共产党区域协调发展理论和政策举措，能够进一步开辟马克思主义共同富裕理论的新境界，对于在实践层面进一步推进协调发展和共同富裕目标的实现，具有重要的现实意义。

三是维护社会公平正义。维护社会公平正义，推进全体人民共同富裕，"这是中国特色社会主义的内在要求。"❷ 中国特色社会主义进入新时代，中国共产党在推进共同富裕的进程中提出的共享发展理念让发展成果惠及全体人民，有利于缩小收入分配差距，保证了社会公平正义，为实现全体人民共同富裕奠定了坚实的基础。保证全体人民享有共同富裕和社会和谐的公平正义，能够在坚持社会主义市场经济的改革方向的前提下，不断解决发展过程中的"短板"问题，促使全体人民在党的领导下坚定不移

---

❶ 张占斌、毕照仰：《习近平关于共同富裕重要论述的理论逻辑与实践要求》，《中共党史研究》，2022 年第 2 期，第 15 页。

❷ 卫兴华：《论社会主义共同富裕》，《经济纵横》，2013 年第 1 期，第 2 页。

走共同富裕道路。为了实现中国特色社会主义共同富裕的价值目标，中国共产党围绕社会主要矛盾的转变，以现实的人为中心，聚焦发展不平衡不充分的问题，更加强调共享发展，为实现共同富裕提供制度保证，不断使人民能够共享多种权益和成果，不断推动社会公平正义。因此，研究中国共产党探索和推进共同富裕的历程和经验，探究中国共产党维护和保障社会公平正义的创新理论和先进思想，能在实践层面将社会全面进步与人的全面发展相结合，进一步推动共同富裕目标的实现。

四是推进复兴伟业。共同富裕是中华民族千百年来的共同梦想和孜孜以求的价值目标。改革开放以来中国共产党为了实现最广大人民的根本利益和愿望，站在中华民族伟大复兴中国梦的战略高度推进中国特色社会主义伟大事业，推动理论创新与实践创新的良性互动，着眼共同富裕的战略部署，及时回应人民群众对共享共富的诉求和期盼，开创了全体人民迈向共同富裕的新局面。"没有共同富裕的民族复兴是无本之木、无根之萍。"❶共同富裕为实现中华民族伟大复兴的中国梦提供了思想动力和理论支撑。扎实推动共同富裕是推进中华民族复兴伟业的前提和坚实基础。新时代中国共产党领导的中华民族复兴伟业进入了不可逆转的历史进程，共同富裕为这一历史进程指明了正确的前进方向。因此，研究中国共产党探索和推进共同富裕的历程和经验，探讨实现共同富裕和中华民族伟大复兴的辩证关系，对于同心共筑中华民族伟大复兴的中国梦，增强中华民族凝聚力，以中国式现代化推进中华民族伟大复兴，具有重要的理论价值和现实意义。

二、学术史梳理

2021年以来，学术界对共同富裕的概念内涵、理论基础、本质特征、方法路径进行了较为系统深入的研究，对中国共产党反贫困和推进共同富

---

❶ 李婧、崔守滨：《新时代共同富裕出场的三重逻辑》，《东北师大学报》（哲学社会科学版），2023年第6期，第27页。

裕的研究从学理上作出了较大的贡献，拓宽了研究领域，转换了思维方式。为了精准把握相关成果的研究现状，以下将从国内外研究现状及研究述评两个层面进行简要的学术史梳理。

（一）国内外研究现状

"共同富裕"成为 2021 年以来的研究热点。学术界、理论界近年来从全球视野、历史纵深来阐释中国治理贫困和推进共同富裕问题，主要从经济学、管理学、社会学、政治学、法学、历史学、哲学等领域对这一问题开展多角度多学科的研究，取得了较大的进展。截至 2024 年 4 月，笔者以"共同富裕"为主题词在中国期刊全文数据库中进行检索，与共同富裕相关的论文可谓不计其数。据统计，发表在学术期刊上的相关论文约 34000 篇，不少硕士研究生、博士研究生以共同富裕为毕业论文选题，笔者共检索出与共同富裕相关的学位论文 4000 多篇，另外还检索到发表在报纸上的关于共同富裕的文章约 6600 篇。学术界、理论界对共同富裕的研究趋势有三个方面的特征：一是研究者在期刊上公开发表的学术研究的论文较多，约占研究总数（包括期刊论文、学位论文、报纸文章、会议论文、学术专著）的 75.2%，这些论文大多主题鲜明、视角多样，为学界深化关于共同富裕的研究与探讨奠定了坚实的基础。但一些期刊论文缺乏创新，重复研究较多，约 34000 篇论文中高质量的论文较少，据统计，发表在 CSSCI 来源期刊上的相关文章只有 7900 多篇，高质量的论文占比较小，还有深化研究的空间。二是呈现出以共同富裕为学位论文选题的趋势，越来越多的研究生把研究兴趣聚焦于中国共产党领导和推进共同富裕这一主题。随着我国开启"扎实推动共同富裕"新征程，共同富裕的研究成为学术界、理论界的热点问题，近年来出现了一批关于共同富裕研究的高质量的学位论文，以共同富裕与人的发展为主线，成果丰硕，角度各异，拓宽了研究范围，对当前推进人类反贫困问题的解决具有一定的借鉴意义，在学界产生了较大反响，大大深化了共同富裕的理论研究。代表性的学位论文有：冯靖哲的《新发展阶段实现共同富裕的收入分配制度改革研究》❶、马慧琳的《习近平精准扶贫方略原创性贡献研究》❷、陈思思的《分配正义视域下的共同富裕问题研究》❸、张彦婷的《新时代全体人民共同富裕实现路径探究》❹、刘鑫的《新时代中国社会主要矛盾及其解决路径研究》❺、张新岩的《中国特色贫困治理价值旨归研究》❻、孟书广的《马克思恩格斯共同富裕思想及其当代价值研究》❼等。三是出现了一大批质量上乘的学术专著（包括编著和论文集），这些专著对中国共产党的共同富裕思想作了全面、深入的探讨，在研究的基础上提出一系列新观点、新思想，具有一定的理论意义和实践意义，颇能给人以启迪。代表性的有郭跃文等的《论共同富裕》❽、闵辉等的《新时代实现共同富裕的实践路径》❾、何春的《数字经济促进共同富裕的机理分析与优化路径》❿、张忠家的《多学科视野下的共同富裕》⓫、程恩富的《知名学者纵论共同富裕》⓬、万海远的《共同富裕的推进制度与政策措施》⓭、董晓辉等的《新时代扎实推进共同富裕理论与实践研究》⓮、刘尚希等的《共同富裕与人的发展：中国的逻辑与选择》⓯、厉以宁等的《共同富裕科学内涵与实践路径》⓰、

---

❶ 冯靖哲：《新发展阶段实现共同富裕的收入分配制度改革研究》，吉林大学博士学位论文，2023年。
❷ 马慧琳：《习近平精准扶贫方略原创性贡献研究》，吉林大学博士学位论文，2023年。
❸ 陈思思：《分配正义视域下的共同富裕问题研究》，上海财经大学博士学位论文，2023年。
❹ 张彦婷：《新时代全体人民共同富裕实现路径探究》，吉林大学博士学位论文，2023年。
❺ 刘鑫：《新时代中国社会主要矛盾及其解决路径研究》，山东大学博士学位论文，2023年。
❻ 张新岩：《中国特色贫困治理价值旨归研究》，吉林大学博士学位论文，2023年。
❼ 孟书广：《马克思恩格斯共同富裕思想及其当代价值研究》，中共中央党校博士学位论文，2022年。
❽ 郭跃文等：《论共同富裕》，广东人民出版社2023年版。
❾ 闵辉等：《新时代实现共同富裕的实践路径》，上海人民出版社2023年版。
❿ 何春：《数字经济促进共同富裕的机理分析与优化路径》，中国经济出版社2023年版。
⓫ 张忠家：《多学科视野下的共同富裕》，人民出版社2023年版。
⓬ 程恩富：《知名学者纵论共同富裕》，中国经济出版社2023年版。
⓭ 万海远：《共同富裕的推进制度与政策措施》，人民出版社2023年版。
⓮ 董晓辉等：《新时代扎实推进共同富裕理论与实践研究》，人民出版社2023年版。
⓯ 刘尚希等：《共同富裕与人的发展：中国的逻辑与选择》，人民日报出版社2022年版。
⓰ 厉以宁等：《共同富裕科学内涵与实践路径》，中信出版社2022年版。

郑永年的《共同富裕的中国方案》❶、韩保江等的《全体人民共同富裕的物质文明》❷、王爱云的《中国共产党百年扶贫的理论与实践》❸、马建堂的《奋力迈上共同富裕之路》❹、万海远的《走向共同富裕之路》❺、黄承伟和燕连福主编的《新时代脱贫攻坚前沿问题研究》❻、尹秀的《中国农村多维贫困代际传递治理研究》❼、李清彬的《迈向共同富裕的分配行动探究》❽、文建龙的《新时代反贫困思想研究》❾、胡建华的《贫困治理与精准扶贫》❿、李实的《国民收入分配与居民收入差距研究》⓫、黄承伟的《中国共产党怎样解决贫困问题》⓬、张瑞敏的《中国共产党反贫困实践研究（1978—2018）》⓭、黄承伟的《一诺千金：新时代中国脱贫攻坚的理论思考》⓮、李仪和张治江的《中国扶贫减困问题研究》⓯、王桂枝的《共同富裕实现机制研究》⓰、张建刚的《新的历史条件下共同富裕实现路径研究》⓱、贾可卿的《共同富裕与分配正义》⓲、刘灿等的《中国特色社会主义收入分配制度研究》⓳、薛冬雪的《马克思的财富思想及伦理意蕴》⓴、

---

❶ 郑永年：《共同富裕的中国方案》，浙江人民出版社2022年版。
❷ 韩保江等：《全体人民共同富裕的物质文明》，社会科学文献出版社2022年版。
❸ 王爱云：《中国共产党百年扶贫的理论与实践》，人民出版社2022年版。
❹ 马建堂：《奋力迈上共同富裕之路》，中信出版社2022年版。
❺ 万海远：《走向共同富裕之路》，人民出版社2022年版。
❻ 黄承伟、燕连福：《新时代脱贫攻坚前沿问题研究》，人民出版社2021年版。
❼ 尹秀：《中国农村多维贫困代际传递治理研究》，经济科学出版社2021年版。
❽ 李清彬：《迈向共同富裕的分配行动探究》，人民出版社2021年版。
❾ 文建龙：《新时代反贫困思想研究》，社会科学文献出版社2020年版。
❿ 胡建华：《贫困治理与精准扶贫》，中南大学出版社2020年版。
⓫ 李实：《国民收入分配与居民收入差距研究》，人民出版社2020年版。
⓬ 黄承伟：《中国共产党怎样解决贫困问题》，江西人民出版社2020年版。
⓭ 张瑞敏：《中国共产党反贫困实践研究（1978—2018）》，人民出版社2019年版。
⓮ 黄承伟：《一诺千金：新时代中国脱贫攻坚的理论思考》，广西人民出版社2019年版。
⓯ 李仪、张治江：《中国扶贫减困问题研究》，人民出版社2019年版。
⓰ 王桂枝：《共同富裕实现机制研究》，社会科学文献出版社2018年版。
⓱ 张建刚：《新的历史条件下共同富裕实现路径研究》，中国社会科学出版社2018年版。
⓲ 贾可卿：《共同富裕与分配正义》，人民出版社2018年版。
⓳ 刘灿等：《中国特色社会主义收入分配制度研究》，经济科学出版社2017年版。
⓴ 薛冬雪：《马克思的财富思想及伦理意蕴》，东北大学出版社2016年版。

江建平的《全民宽裕论》❶、彭道伦和王干江主编的《缩小差距与共同富裕研究：以重庆市涪陵区为例》❷、金喜在等的《中国民富论——关于邓小平共同富裕思想的研究》❸、汪青松的《邓小平共同富裕理论与实践》❹、韦定广的《走向共同富裕之路——邓小平社会主义基本思想》❺ 等，从内容结构来看，这些学术专著基于历史考察和全球贫富差距对比分析，从哲学、历史学、政治学、经济学、社会学等不同学科的视角研究中国共产党贫困治理和推进共同富裕，深入探讨了反贫困和共同富裕的理论基础、方法路径，梳理了中国共产党共同富裕思想的历史演进，分析了中国共产党反贫困理论与实践的精髓，阐释共同富裕的发展逻辑，凸显中国共产党扶贫的伟大成就和宝贵经验，为世界反贫困提供中国经验和中国智慧。

1. 国内研究现状

共同富裕是一个世界性难题，进入21世纪以来，国内学术界、理论界关于治理贫困和共同富裕的研究取得了较大的进展，深化了党史和新中国史的研究，把中国治理贫困、推进共同富裕的独特性放到人类反贫困和全球现代化发展的多维谱系上，构建了相关的研究体系，丰富了马克思主义共同富裕的思想和理论，推出了一批高质量的相关研究成果，提出符合我国实际的解决贫富差距扩大问题的对策。下面主要从共同富裕的理论基础研究、共同富裕的内涵和本质研究、实现共同富裕方法路径的研究、实现共同富裕历程的研究、共同富裕历史经验和启示的研究、共同富裕与中国式现代化研究、共同富裕与乡村振兴研究等方面略述国内关于共同富裕研究的概况。

---

❶ 江建平：《全民宽裕论》，人民出版社2013年版。
❷ 彭道伦、王干江：《缩小差距与共同富裕研究：以重庆市涪陵区为例》，光明日报出版社2012年版。
❸ 金喜在等：《中国民富论——关于邓小平共同富裕思想的研究》，吉林人民出版社2002年版。
❹ 汪青松：《邓小平共同富裕理论与实践》，安徽人民出版社2001年版。
❺ 韦定广：《走向共同富裕之路——邓小平社会主义基本思想》，蓝天出版社1998年版。

（1）共同富裕的理论基础研究。

中国共产党在坚持走共同富裕道路的过程中，非常重视理论创新，重视马克思主义共同富裕思想的传承性和创新性对共同富裕伟大实践的指导作用。马克思主义经典作家关于共同富裕的思想和理论成为共同富裕实践的理论指导。中国共产党人在马克思主义的指导下，结合中国实际，不断推进马克思主义共同富裕思想中国化时代化，充分彰显了坚持理论与实践辩证统一的方法论意义，共同富裕的推进有了科学的理论武器。

一是马克思主义共同富裕思想研究。马克思主义共同富裕思想为中国共产党人深入推进共同富裕指明了原则方向，学界对马克思主义共同富裕思想进行了深入的研究。张新昌和皮映良认为："深入理解并运用马克思主义收入分配理论，建构以人民为中心、以共同富裕为目的的分配制度，是解决收入分配不均衡问题的重要途径。"❶ 他们还强调推进和实现全体人民共同富裕必须注重从政策上加大对收入分配的调节，有效遏制不断加剧的贫富差距，才能实现社会公平正义，充分发挥收入分配制度对实现共同富裕的调节作用。包炜杰指出："在历史唯物主义维度上，共同富裕的唯物主义特质与生产逻辑内在契合，特别与生产逻辑的历时性、主体性、实践性具有一致性。"❷ 人类一切活动的开展都需要物质生产力的发展作为物质基础。因此，批判资本主义劳动异化造成的民生问题，科学运用唯物辩证法和历史唯物主义分析解决贫困问题，就能扎实推进共同富裕。蓝春娣和冯霞认为："马克思主义共同富裕思想是扎实推动共同富裕的理论基础。"❸ 赵学清也撰文强调："马克思共同富裕思想是研究社会主义初级阶段共同富

---

❶ 张新昌、皮映良：《马克思主义收入分配理论解决收入不均衡问题研究》，《重庆社会科学》，2024年第2期，第17页。

❷ 包炜杰：《马克思主义整体性视域下共同富裕的三重阐释路径》，《马克思主义与现实》，2024年第1期，第86页。

❸ 蓝春娣、冯霞：《中国共产党共同富裕思想的三重逻辑》，《江淮论坛》，2022年第3期，第144页。

裕的理论指导。"① 此外，崔平和彭鸽（2022）②、任政（2022）③、张丹（2021）④、邱海平（2016）⑤、青连斌（2004）⑥等也论述了马克思主义共同富裕思想，强调要把马克思主义共同富裕思想作为推进共同富裕不断步入更高水平和更高阶段的理论基础。只有坚持和发展马克思主义共同富裕思想，对共同富裕的理论认识和实践探索进一步深化，才能促进中国共产党领导人民在反贫困理论、道路和制度的探索实践中不断取得新的胜利。

二是列宁共同富裕思想研究。21世纪以来，理论界、学术界开始聚焦列宁共同富裕思想的研究，韩玉洁、徐旭初从生产力发展水平和社会主义制度的关系角度关注列宁共同富裕思想，指出："马克思主义经典作家认为合作社是组织农民摆脱贫困，实现共同富裕的重要形式，也是夺取政权、战胜资本主义的中间环节。"⑦ 合作社具有社会主义经济的性质，为共同富裕的实现奠定了制度基础。王彦龙、李玉敏在论文中分析了列宁的反贫困理论，认为中国共产党在推进共同富裕的过程中，运用列宁的反贫困理论"不仅可以彻底消除贫困，而且还可以促进全体人民实现共同富裕"⑧，列宁的贫困治理理论给我们以深刻的启示，只有将社会主义优越性与共同富裕联系起来，创新和发展列宁反贫困理论，坚持走社会主义道路才能消除贫困、推进共同富裕。李振国也撰文强调：列宁的《国家与革

---

① 赵学清：《马克思共同富裕思想探讨》，《中国特色社会主义研究》，2014年第4期，第52页。
② 崔平、彭鸽：《马克思的"全面生产理论"及其对我国推进共同富裕的方法论启示》，《当代经济研究》，2022年第6期。
③ 任政：《马克思主义唯物史观视野中共同富裕的理论逻辑及实践自觉》，《当代世界与社会主义》，2022年第3期。
④ 张丹：《马克思恩格斯关于未来社会普遍富裕的思想及其当代启示》，《理论视野》，2021年第12期。
⑤ 邱海平：《马克思主义关于共同富裕的理论及其现实意义》，《思想理论教育导刊》，2016年第7期。
⑥ 青连斌：《分配制度改革与共同富裕》，江苏人民出版社2004年版。
⑦ 韩玉洁、徐旭初：《农民合作社促进乡村共同富裕的经典理论与中国实践》，《毛泽东邓小平理论研究》，2022年第10期，第89页。
⑧ 王彦龙、李玉敏：《列宁对马克思反贫困理论的发展及其当代启示》，《北京航空航天大学学报》（社会科学版），2021年第3期，第34页。

命》一文"已包含有部分先富思想"❶，只有做到一部分人先富起来，实现全体人民共同富裕才能由空想变成可行。此外，王灵桂和侯波（2019）❷、王琳（2016）❸也在其论著中研究了列宁的共同富裕思想，认为列宁以伟大马克思主义者的无畏勇气和卓越智慧发展了马克思主义的共同富裕思想，把马克思恩格斯反贫困的思想发展到一个新的高度，强调社会主义制度为共同富裕的实现提供了制度保障。

三是毛泽东共同富裕思想研究。据考证，在马克思主义经典作家中，毛泽东在20世纪50年代首次明确提出并使用"共同富裕"概念。自20世纪90年代以来，学术界开始关注毛泽东共同富裕思想的研究，并发表了大量的研究论文，也出版了一批有较高学术价值的关于毛泽东共同富裕思想的专著。李留义、潘宁研究认为：以毛泽东同志为代表的中国共产党人"传承发展了马克思主义共同富裕思想中的人民主体、生产力基础和社会制度等内容，开创了中国式共同富裕之路"❹。新中国成立后，以毛泽东同志为代表的中国共产党人开启了对共同富裕问题的初步探索，其间既有社会主义建设成功推进的经验，也有把"共同富裕"等同于"同时富裕""平均富裕"失败的教训。毛泽东关于共同富裕问题的独到的思考和探索，为具有鲜明中国特色的共同富裕理论体系的形成奠定了基础。朱春晖撰文深入地探讨了毛泽东分配正义思想，指出：推进共同富裕必须"继承与发展马克思的分配正义理论；把公平与效率之间的张力控制在一个合理的范围内"❺。毛泽东分配正义思想给我们的启示是实现共同富裕必须处理好公平与效率的关系，要抓住社会主义初级阶段的基本特点，遵循"效率优

---

❶ 李振国：《邓小平对马克思列宁部分先富思想的超越》，《毛泽东思想研究》，2001年第1期，第31页。

❷ 王灵桂、侯波：《中国共产党贫困治理的实践探索与世界意义》，中国社会科学出版社2019年版。

❸ 王琳：《中国特色社会主义共同富裕研究》，天津人民出版社2016年版。

❹ 李留义、潘宁：《毛泽东对马克思主义共同富裕思想的传承发展及其时代价值》，《湖南科技大学学报》（社会科学版），2022年第4期，第19页。

❺ 朱春晖：《毛泽东对马克思分配正义理论的承传与创新》，《湖南科技大学学报》（社会科学版），2016年第5期，第13页。

先、兼顾公平"原则，合理调节社会成员的收益分配。董四礼、程守新强调："毛泽东共同富裕的学说，有益的、正确的部分，直接成为中国特色社会主义理论的重要内容。"❶ 此外，黄承伟（2020）❷、吕开武和吴怀友（2018）❸、姚璐（2014）❹ 等在其论著中不同程度地探讨了毛泽东共同富裕思想，认为在所有制结构和分配制度上不能片面强调单一的所有制结构和分配模式，要突破马克思主义关于市场经济导致贫富分化的认识，效率和公平两者要互为基础、互相促进，从而在社会公平的基础上实现共同富裕。

四是邓小平共同富裕思想研究。邓小平共同富裕思想是对社会主义建设经验不断总结的理论成果，是对马克思主义共同富裕思想制度设计和政策创新的产物，是改革开放以来中国共产党消除贫困和推进共同富裕的理论基础和行动指南。20 世纪 90 年代以来，学术界即开始了对邓小平共同富裕思想的研究，并取得了丰硕的研究成果。周锟在充分吸收学术界研究成果的基础上，认为："以南方谈话为标志，邓小平共同富裕思想正式形成，共同富裕作为社会主义的本质要求被确立下来，其理论地位、实现途径和具体措施均得以明确。"❺ 研究者还强调邓小平共同富裕思想从全局的高度凸显了社会主义的本质、规定了现代化建设的政治方向。马陆艳撰文指出："邓小平关于实现社会公平的重要思想，不仅丰富发展了马克思主义社会公平理论，而且为解决我国现阶段面临的社会公平问题提供了理论指导。"❻ 邓小平共同富裕思想突破了传统共同富裕概念的片面性、守旧性，收入分配制度改革和经济制度创新是邓小平共同富裕思想的重要理

---

❶ 董四礼、程守新：《试论毛泽东共同富裕的思想》，《毛泽东思想研究》，1995 年第 4 期，第 77 页。

❷ 黄承伟：《中国共产党怎样解决贫困问题》，江西人民出版社 2020 年版。

❸ 吕开武、吴怀友：《毛泽东共同富裕思想及其当代启示》，《湖南科技大学学报》（社会科学版），2018 年第 2 期。

❹ 姚璐：《共同富裕理想与实现途径：毛泽东的视角》，《贵州财经大学学报》，2014 年第 2 期。

❺ 周锟：《邓小平共同富裕思想的发展轨迹和现实意义》，《党的文献》，2017 年第 5 期，第 57 页。

❻ 马陆艳：《试论邓小平关于实现社会公平的思想》，《毛泽东思想研究》，2015 年第 5 期，第 62 页。

念，只有改革收入分配制度、逐步实现社会公平正义，才能带动全体人民迈向共同富裕之路。郜志刚、韩桥生在其论文中强调："要正确理解邓小平共同富裕思想，需要将理想和现实、主体选择性与合规律性、生产关系和生产力、本质和原则乃至矛盾的主要方面和非主要方面等联系起来进行分析。"❶ 共同富裕是一个动态的渐进发展过程，邓小平共同富裕思想是中国特色社会主义纲领的时代表达。只有把握上述几个方面，才能洞察和理解邓小平共同富裕思想内涵的丰富性、深刻性。此外，罗建华和尚庆飞（2015）❷、董全瑞（2014）❸、易重华和席学智（2013）❹、张嘉友和徐云峰（2011）❺、韦定广（1998）❻ 等研究者从不同的方面对邓小平共同富裕思想的内涵、实现机制、历史地位作了分析和研究，认为邓小平共同富裕思想在改革开放和社会主义现代化建设的伟大实践中不断获得具体内容和时代特征，是百年来民族梦想的时代表达，强调共同富裕是物质富裕和精神富裕两个方面的统一。

五是江泽民共同富裕论述的研究。20 世纪 90 年代以来，江泽民把我们党对"共同富裕"的认识推进到一个新的高度，具体揭示了共同富裕目标的内涵，着力解决东西部地区差距，提出实现共同富裕的"新三步走"战略。学术界对江泽民的共同富裕论述进行了深入的研究，并取得了一些标志性的成果。王均伟认为：江泽民"回答了扶贫工作的一系列基本问题，探索出了一条适合中国国情的消除贫困的正确道路。"❼ 开发式扶贫使

---

❶ 郜志刚、韩桥生：《邓小平共同富裕思想的辩证理路》，《理论导刊》，2014 年第 12 期，第 46 页。

❷ 罗建华、尚庆飞：《邓小平"先富带动后富"思想的解读与思考》，《南京社会科学》，2015 年第 6 期。

❸ 董全瑞：《论邓小平共同富裕思想的内涵、道路和实现机制》，《探索》，2014 年第 4 期。

❹ 易重华、席学智：《邓小平共同富裕思想的内涵、地位及其现实指导意义》，《湖北社会科学》，2013 年第 12 期。

❺ 张嘉友、徐云峰：《试论邓小平共同富裕思想及其意义》，《思想理论教育导刊》，2011 年第 1 期。

❻ 韦定广：《走向共同富裕之路——邓小平社会主义基本思想》，蓝天出版社 1998 年版。

❼ 王均伟：《消除贫困：治国安邦的大事——江泽民扶贫攻坚思想研究》，《党的文献》，2011 年第 3 期，第 92 页。

共同富裕道路越走越宽广，江泽民对共同富裕思想进行了更深一步探索与创新，还提出了通过协调发展来达到共同富裕的思想。孙业礼撰文指出：江泽民正确处理社会主义现代化建设中的若干重大关系，"强调兼顾效率与公平，在社会主义现代化建设的每一个阶段都必须让广大人民群众共享改革发展的成果"❶。在继承毛泽东、邓小平共同富裕思想的基础上，江泽民进一步深化对国家发展大局的认识，把共同富裕的理想变为现实任务，强调只有兼顾效率与公平，才能避免造成收入差距扩大，逐步消除两极分化，实现共同富裕。熊晞也在论文中强调：在效率优先兼顾公平的思想指导下，"江泽民将扶贫开发与共同富裕结合起来，实现了扶贫工作由传统救济式扶贫向开发式扶贫的重大转变"❷。20 世纪 90 年代以来在建立和逐步完善社会主义市场经济体制的过程中，以江泽民同志为代表的中国共产党人对消除贫困和实现共同富裕进行了大胆的探索，找到了实现共同富裕必须长期坚持的重要方针。此外，杨名刚（2012）❸、陈映（2011）❹、秦尊文（2003）❺ 等在研究中认为江泽民将共同富裕凝聚在"三个代表"重要思想中，强调在科学把握效率与公平的关系中逐步消除贫困、实现全体人民共同富裕的奋斗目标，认为江泽民提出的西部大开发战略，开创了我国区域协调发展与进步的新局面，体现了中国共产党人在发展社会主义市场经济过程中坚守共同富裕价值原则的理论品质和政治定力。

六是胡锦涛共同富裕论述的研究。科学发展观是当代中国马克思主义的重要精华，胡锦涛共同富裕论述是科学发展观的重要内容，彰显着鲜明的马克思主义人民立场。新世纪新阶段，学术界、理论界对胡锦涛共同富裕论述进行了深入的研究，陈光认为：胡锦涛提出的一系列"符合区域经

---

❶ 孙业礼：《共同富裕：六十年来几代领导人的探索和追寻》，《党的文献》，2010 年第 1 期，第 80 页。
❷ 熊晞：《党的三代领导集体对实现共同富裕的探索与创新》，《中国特色社会主义研究》，2006 年第 3 期，第 12 页。
❸ 杨名刚：《科技·制度·共富：农村扶贫治理的三重维度——江泽民同志扶贫思想的现实启示》，《毛泽东思想研究》，2012 年第 5 期。
❹ 陈映：《论共同富裕与区域经济非均衡协调发展》，人民出版社 2011 年版。
❺ 秦尊文：《江泽民同志的区域经济思想初探》，《毛泽东思想研究》，2003 年第 3 期。

济社会发展规律的精辟论述，形成了内容丰富又具时代特色的区域协调发展思想"❶。他还认为：胡锦涛的共同富裕论述在许多理论内容中得到了体现，区域协调发展思想就是其中一个重要的组成部分，胡锦涛强调推进共同富裕，必须实行非均衡的发展战略。潘玲霞撰文指出："以胡锦涛为代表的新一代领导集体加快推进以改善民生为重点的社会建设，致力于使改革成果共同分享。"❷研究者还强调：胡锦涛深化了共同富裕价值目标的理论认识，创新和发展了马克思主义共同富裕思想。只有在准确把握科学发展观的深刻内涵基础上，加强以改善民生为重点的社会建设，才能理解和把握胡锦涛共同富裕论述，促进社会和谐与公平正义，在坚持以人为本中实现共同富裕。万斌和王康指出：为了使收入差距一定程度上逐渐趋向缓和，胡锦涛强调要在处理好效率与公平的关系的基础上，坚持和发展"共享"思想。这一思想"是在新的历史条件下对马克思主义人权思想的重要发展，是邓小平共同富裕思想在社会主义改革建设中的具体化、深入化"❸。要想实现共享和推进全体人民共同富裕，必须深入开展中国式共同富裕实践，建立健全公平的收入分配制度。此外，陈建波（2015）❹、张小媚（2011）❺、施由明和刘清荣（2007）❻等在其论著中探讨了胡锦涛共同富裕论述，认为胡锦涛提出的科学发展观是指导共同富裕的方法论。在实现对共同富裕与社会和谐的辩证认识的基础上，胡锦涛发展了党的区域协调发展观。坚持效率和公平有机结合、逐步消除财富和收入的分配不公现象，才能更好体现社会主义的本质，这是胡锦涛共同富裕论述的重要内容，

---

❶ 陈光：《用胡锦涛同志区域协调发展思想指导中西部地区科学发展》，《东岳论丛》，2012年第1期，第9页。

❷ 潘玲霞：《"共同富裕"与"成果共享"——中国特色社会主义理论体系中的民生思想》，《社会主义研究》，2009年第1期，第40页。

❸ 万斌、王康：《论胡锦涛"共享"思想的人权意蕴》，《浙江学刊》，2008年第5期，第207页。

❹ 陈建波：《中国特色社会主义共同富裕道路研究》，天津人民出版社2015年版。

❺ 张小媚：《试析胡锦涛公平正义思想的关键范畴》，《南昌大学学报》（人文社会科学版），2011年第2期。

❻ 施由明、刘清荣：《从毛泽东到胡锦涛：中国扶贫开发理论的不断深化》，《农业考古》，2007年第6期。

为全体人民迈上共同富裕道路奠定坚实的制度基础和营造良好的政策环境。

七是习近平关于共同富裕的重要论述研究。习近平关于共同富裕的重要论述坚持以人民为中心的根本立场，是新时代中国特色社会主义思想的重要内容，标志着新时代中国共产党站在执政兴国的战略高度对马克思主义共同富裕思想和实践的认识上升到了一个新的水平、新的高度。近年来，习近平关于共同富裕的重要论述成为学术界、理论界关注的研究热点问题，研究者聚焦中国共产党新时代推进共同富裕的价值意蕴、路径方法、经验启示发表了大量论著，成果可谓丰硕。杜建明认为：习近平在新时代以来"提出的一系列关于共同富裕的新举措具有浓厚的人权色彩，并与我国的人权保障形成耦合关系。"❶他在文中还强调习近平关于共同富裕的重要论述不仅回应了人民群众的迫切期望，有助于更好满足人民日益增长的美好生活需要，而且为探索文明新形态贡献了中国方案。张宪昌指出：习近平关于共同富裕的重要论述，建立在唯物史观的方法论基础之上，"蕴含着深厚的政治经济学方法论意蕴，彰显了合规律性、合目的性与合价值性相统一的方法论特征"❷。习近平关于共同富裕的重要论述适应我国社会主要矛盾的变化，成为扎实推动共同富裕的行动指南和理论基础，不断夯实党长期执政的基础。裴广一从生成逻辑、科学内涵和实践要求等方面研究了习近平总书记关于共同富裕的论述，凸显出其独特的理论品质与优势，他认为："习近平关于共同富裕的论述是新时代实现全体人民共同富裕的理论方略与行动指南。"❸他还强调习近平基于马克思主义认识论的科学思想方法，提出了一系列推进共同富裕的政策举措，为扎实推进共同富裕提供了科学的理论指导和实践遵循，中国人民在中国共产党的

---

❶ 杜建明：《论习近平关于共同富裕重要论述的人权表达》，《内蒙古社会科学》，2024 年第 1 期，第 9 页。
❷ 张宪昌：《习近平关于共同富裕重要论述的方法论特征》，《理论视野》，2023 年第 12 期，第 32 页。
❸ 裴广一：《习近平关于共同富裕重要论述的生成逻辑、科学内涵和实践要求》，《广东社会科学》，2023 年第 4 期，第 5 页。

带领下一步步完成共同富裕的阶段性目标。此外，厉以宁（2022）❶、欧健和谷曼（2023）❷、辛向阳（2022）❸、文建龙（2020）❹等也通过研究得出了类似的看法，认为习近平总书记在探索马克思主义共同富裕思想与新时代中国特色社会主义实践发展相结合的过程中提出的关于共同富裕的系列论述丰富发展了共同富裕的价值内涵，是在新的节点上以更大力度对马克思主义共同富裕思想的创新和发展，是对中国共产党初心与使命的逻辑传承。习近平关于共同富裕的论述从党和国家发展的战略高度为反贫困和现代化建设的伟大事业提供了新的理论指导，充分彰显了坚持理论与实践辩证统一的方法论意义，扎实推进共同富裕取得了实质性进展。

（2）共同富裕内涵和本质的研究。

共同富裕的内涵极为丰富，中国共产党对共同富裕内涵的认识是一个由浅入深、逐步提高和深化的过程，经历了从最初的物质生活富裕到物质生活和精神生活全面富裕的嬗变。唯有深化对共同富裕理论的认识，把握共同富裕内涵和本质，才能大大加快推进共同富裕的历史进程。近年来，研究者聚焦中国特色社会主义共同富裕内涵和本质的研究，发表了一些高质量的研究论文，其中江剑平把共同富裕放在中国式现代化的背景下研究，他认为："中国式现代化对共同富裕的理论内涵与实践路径具有内在规定性。"❺ 在其论著中，江剑平把共同富裕的内涵作为一个重点问题进行研究，主要从本质特征、实现难度、覆盖面、实现内容、永续发展、内外部环境等方面对共同富裕的内涵作出阐释。从其内涵来看，共同富裕不是毫无差别的平均富裕，杨世伟撰文指出：习近平对共同富裕内涵进行了科学而深刻的揭示，"即共同富裕是全体人民共同富裕、满足人民美好生活

---

❶ 厉以宁等著：《共同富裕科学内涵与实践路径》，中信出版社2022年版。
❷ 欧健、谷曼：《习近平关于共同富裕的重要论述：生成逻辑·核心内容·价值意蕴》，《吉首大学学报》（社会科学版），2023第3期。
❸ 辛向阳：《习近平的共同富裕观》，《新疆社会科学》，2022年第1期。
❹ 文建龙：《新时代反贫困思想研究》，社会科学文献出版社2020年版。
❺ 江剑平：《中国式现代化下的共同富裕：理论内涵与实践路径》，《当代经济管理》，2024年第1期，第1页。

需要的全面富裕、存在合理差异的普遍富裕。"❶ 他认为党在探索和推进共同富裕的过程中对共同富裕概念科学内涵的理解和体认日益深刻，准确把握了共同富裕思想的核心要义，从而丰富和发展了科学社会主义理论。简新华、聂长飞研究指出："共同富裕是所有人的需要得到充分满足的生活状况，是全体人民的富裕，是消灭了贫困的富裕，不是平均（同步同时同等）富裕。"❷ 中国共产党在共同富裕内涵认识上不断创新，共同富裕是要构建更高质量的美好生活，不能仅仅局限于物质生活的富裕。科学认识共同富裕的内涵，深入揭示共同富裕的理论逻辑和现实基础，对于确立共同富裕的实践进路具有不可估量的重大的现实意义。此外，郑伟（2023）❸、李清彬（2021）❹、孙武安（2013）❺ 等的论著也在中国特色社会主义语境下诠释了共同富裕的科学内涵，不同程度地涉及了共同富裕特征和本质的研究，从物质和精神两个方面刻画了共同富裕的应然状态。只有把握共同富裕的本质内涵，才能丰富中国特色社会主义道路内涵，探寻推进共同富裕的正确路径，进一步推动共同富裕阶段性目标的不断实现。

（3）实现共同富裕方法路径的研究。

在不同的社会条件和时代背景下，推进共同富裕的政策机制和方法路径随着实践的发展肯定是有差异的。在探索和推进共同富裕的过程中，中国共产党打破市场经济与社会主义制度之间长期对立的藩篱，逐渐发展出具有中国特色的共同富裕思想，不断完善和优化共同富裕新的历史阶段的现实路径，大大加快了中国特色社会主义共同富裕的历史进程。近年来，学术界对共同富裕的方法路径展开了研究，取得了较大进展。其中廖祖

---

❶ 杨世伟：《习近平关于共同富裕的内涵诠释、战略定位与实践方略》，《当代世界社会主义问题》，2023 年第 4 期，第 5 页。
❷ 简新华、聂长飞：《必须正确认识共同富裕及其实现途径——共同富裕的政治经济学学理性解读》，《政治经济学评论》，2023 年第 4 期，第 71 页。
❸ 郑伟：《全面深刻理解共同富裕的内涵要求》，《人民论坛》，2023 年第 13 期。
❹ 李清彬：《迈向共同富裕的分配行动探究》，人民出版社 2021 年版。
❺ 孙武安：《共同富裕的内涵、价值及其紧迫性》，《江西社会科学》，2013 年第 2 期。

君、卢晨瑜认为：在推进共同富裕的进程中，党和政府必须优化实现农村农民共同富裕的方法和路径，应该"在脱贫地区接续推进乡村振兴，推动小农户融入农业高质量发展，促进城乡要素双向有序流动，实现城乡基本公共服务均等化"❶。基于对共同富裕中所包含的差别富裕的分析，研究者提出了社会主义初级阶段农村农民走向共同富裕的正确路径。马丽、金梁对实现共同富裕的路径从不同的角度做了有益的探讨，指出，党和政府推进中国特色社会主义共同富裕："需要通过大力发展生产力支撑共同富裕，完善基本经济制度保障共同富裕，坚持'社会主义核心价值观'引领共同富裕，着力改善民生兜底共同富裕。"❷ 他们还在论文中提出了市场经济条件下推进全体人民共同富裕的实践路径，以逐步解决发展不平衡不充分的问题。贾则琴、龚晓莺从扎实推进"先富带后富"、培育可持续发展方式、调整认知偏差三个方面提出了破解思路。他们还在研究论文中强调了社会主义追求"共同富裕"的道路指向，为共同富裕的推进指明了现实的路径。❸ 此外，陈友华和孙永健（2022）❹、罗明忠（2022）❺、王桂枝（2018）❻ 在其论著中对社会主义共同富裕的实现路径进行了较为深入的分析，深化了对共同富裕的全面认识。因此，党和政府只有明晰"共同富裕"的理论要义与实践向度，探寻和拓展共同富裕的实现路径，才能不断朝着共同富裕的目标迈进，进而真正实现共同富裕。

（4）实现共同富裕历程的研究。

学术界、理论界对中国共产党领导人民探索和推进共同富裕的百年奋

---

❶ 廖祖君、卢晨瑜：《农民农村共同富裕：内涵特征、生成逻辑与实践路径》，《重庆社会科学》，2024 年第 2 期，第 6 页。

❷ 马丽、金梁：《新时代共同富裕的生发逻辑、理论内涵、实践路径》，《湖北社会科学》，2023 年第 5 期，第 79 页。

❸ 贾则琴、龚晓莺：《新时代共同富裕的时代内涵、长效困境与实现路径》，《新疆社会科学》，2022 年第 4 期，第 20 页。

❹ 陈友华、孙永健：《共同富裕：现实问题与路径选择》，《东南大学学报》（哲学社会科学版），2022 年第 1 期。

❺ 罗明忠：《共同富裕：理论脉络、主要难题及现实路径》，《求索》，2022 年第 1 期。

❻ 王桂枝：《共同富裕实现机制研究》，社会科学文献出版社 2018 年版。

斗历程进行了多学科、多角度的深入研究并总结经验，为下一步推进共同富裕和中国式现代化提供了借鉴。20世纪90年代以来，学术界对中国共产党消除社会分配不公现象、探索和推进共同富裕的奋斗过程进行了微观和宏观相结合的深入研究，研究者一般都按照中国共产党历史分期的四个阶段对共同富裕的历程进行研究，取得了丰硕的研究成果。董慧和杜晓依认为中国共产党推进共同富裕的历程是复杂的、艰辛的，"这一历程经历了'革命求富''建设谋富''改革致富''脱贫共富'四个阶段。"❶ 在这一过程中，中国共产党坚持人民至上的价值导向，对实现共同富裕的目标进行了长期的实践探索，对共同富裕的认识形成科学体系并不断丰富完善。秦刚撰文从坚持和发展社会主义的必然要求、中国特色社会主义的创新举措、实践中需要着力解决好的问题三个方面研究了中国特色社会主义共同富裕的历史进程。他还强调在推进共同富裕的过程中，党和政府发挥了中国特色社会主义制度的独特优势，总结各个历史阶段共同富裕的理论创新和实践共性。❷ 左鹏和李少军认为中国共产党自成立以来，便开启了反贫困和领导人民追求共同富裕的历程，他们紧紧围绕"让人民过上好日子"，分四个历史阶段探讨了中国共产党反贫困和推进共同富裕的历史进程。❸ 通过对这一历程的剖析，研究者认为中国共产党在反贫困斗争中，追求的富裕是全体人民共同富裕，在探索和推进共同富裕的进程中始终保持着与时俱进的理论品质和实践特征。此外，蒋永穆、万鹏和周宇晗（2018）❹，郭晗和任保平（2022）❺，王爱云（2022）❻ 等研究者一致认为

---

❶ 董慧、杜晓依：《走共同富裕的中国式现代化道路：历史进程及经验启示》，《海南大学学报》（人文社会科学版），2022年第4期，第35页。

❷ 秦刚：《实现共同富裕：中国特色社会主义的实践探索和历史进程》，《人民论坛·学术前沿》，2021第7期，第4-11页。

❸ 左鹏、李少军：《百年来中国共产党领导反贫困斗争的历史进程及经验》，《北京联合大学学报》（人文社会科学版），2021年第3期，第14-21页。

❹ 蒋永穆、万腾、周宇晗：《基于政府集成的中国特色减贫道路（1978—2018：历史进程和逻辑主线）》，《当代经济研究》，2018年第12期。

❺ 郭晗、任保平：《中国式现代化进程中的共同富裕：实践历程与路径选择》，《改革》，2022年第7期。

❻ 王爱云：《中国共产党百年扶贫的理论与实践》，人民出版社2022年版。

推进和实现共同富裕是中国共产党的使命担当和价值目标，认为消除贫困、追求共同富裕贯穿中国共产党百年奋斗历程，并揭示了在这一过程中中国共产党对中国特色社会主义共同富裕规律的必然性认识与科学把握，形成对共同富裕的立场和观点的统一性认识。

（5）共同富裕历史经验和启示研究。

中国共产党在百年征程中积累了探索和推进共同富裕的宝贵历史经验和理论财富，总结中国共产党促进共同富裕所积累的历史经验和启示，对推进中国式现代化建设和实现共同富裕有着重要的理论意义和现实意义。学术界近年来对中国共产党领导和推进共同富裕的经验和启示进行了研究，对这些推进共同富裕历史经验的总结，实质上也是对改革开放以来中国共产党领导经济社会发展所得客观规律的正确反映。共同富裕的实现是一个从量变到质变的动态的渐进过程，共同富裕的推进和实现要靠中国共产党领导人民接续奋进、勇毅前行所创造的一个个伟大胜利和所实现的一个个阶段性目标累积而成。陈晨、熊友华分析了中国共产党追求共同富裕的历史经验和现实启示主要是"五个坚持"，即"坚持中国共产党的全面领导，坚持以人民为中心的发展思想，坚持中国式现代化道路，坚持推动经济高质量发展，坚持构建共建共享新局面"❶。明佳睿、宋福范撰文梳理了中国共产党探索和追求共同富裕的经验，主要有四个方面，即"坚持中国共产党的领导、坚持社会主义道路、坚持理论创新、坚持人民至上"❷。这些丰富而鲜活的历史经验，可以为破解新时代社会主要矛盾、推进中国式现代化和全体人民共同富裕提供借鉴和启迪。此外，周绍东和陈艺丹（2022）❸、李包庚和孔维洁（2022）❹、黄承伟和杨

---

❶ 陈晨、熊友华：《中国共产党追求共同富裕的理论变迁、实践探索与经验启示》，《中州学刊》，2022 年第 12 期，第 17 页。

❷ 明佳睿、宋福范：《中国共产党共同富裕百年探索：发展历程·辉煌成就·经验启示》，《学术探索》，2022 年第 6 期，第 28 页。

❸ 周绍东、陈艺丹：《中国共产党推动共同富裕实践的百年道路与经验总结》，《齐鲁学刊》，2022 年第 3 期。

❹ 李包庚、孔维洁：《中国共产党探索共同富裕的历史逻辑与基本经验》，《国外社会科学》，2022 年第 1 期。

进福（2021）❶、李仪和张治江（2019）❷等撰文在学理上对推进共同富裕的经验和启示进行了总结和分析，他们研究认为，中国共产党在领导和推进共同富裕的过程中逐步实现共同富裕的阶段性目标，不断从胜利走向新的胜利，积累了宝贵的历史经验和理论财富。上述研究者不断探寻中国共产党协调推进共同富裕的客观规律，在总结推进共同富裕实现的历史经验和启示方面，基本得出了相同的结论。

（6）共同富裕与中国式现代化研究。

共同富裕是中国式现代化的重要特征，二者关系密切，如何认识中国式现代化与共同富裕关系是摆在哲学社会科学理论工作者面前的重要问题。近年来，学术界、理论界围绕共同富裕与中国式现代化关系，深入地进行了研究，发表了一批高质量的研究论文，如吴云志、孙扬认为，中国共产党在推进中国式现代化的进程中，"逐渐形成了对共同富裕'是何义''倚何成''向何去'的创造性回答，并不断深化了对共同富裕的理性认识"❸。研究者还提出：推进共同富裕仍然是各国现代化进程中的一个难题。中国式现代化是一个推进全体人民迈上共同富裕之路的阶梯式递进的过程。实现全体人民共同富裕是新时代我国重要的战略目标，也是中国式现代化的本质要求和必然结果。张光先、钟晓敏在研究论文中将共同富裕嵌入中国式现代化道路的因果链条，对二者关系进行了研究，指出："中国式现代化进程中的共同富裕是全体人民共同富裕，其理论内涵是以人民为中心思想、共同富裕和人的全面发展的有机统一。"❹中国式现代化坚持以人民为中心的价值立场，这同共同富裕在本质上是相通的。刘新刚撰文指出：中国式现代化对共同富裕悖论性问题在理论层面、实现思路方面、

---

❶ 黄承伟、杨进福：《中国共产党百年反贫困的历史经验》，《西安交通大学学报》（社会科学版），2021年第4期。

❷ 李仪、张治江：《中国扶贫减困问题研究》，人民出版社2019年版。

❸ 吴云志、孙扬：《中国式现代化推动共同富裕的中国实践与世界历史意义》，《社会科学辑刊》，2024年第1期，第1页。

❹ 张光先、钟晓敏：《中国式现代化共同富裕的理论内涵、内在逻辑和实践进路》，《财经论丛》，2023第12期，第24页。

制度保障方面的解答形成三大重要成果，创造了人类文明新形态。❶ 他还从道路特征的角度强调共同富裕是中国式现代化的题中应有之义，中国式现代化道路本质上就是人民群众殷切期盼的共同富裕道路。杨文圣、张玥撰文探讨中国式现代化视域下共同富裕实现的若干共性问题，厚植共同富裕的现代化底色，他们认为，在中国式现代化的推进过程中"共同富裕作为一个总体性范畴，它是全民富裕、全面富裕、共建富裕和渐进富裕的统一"❷。研究者还从横向和纵向两个维度准确定位共同富裕在中国式现代化建设进程中的历史地位和重要作用。只有坚持长期性和阶段性辩证统一的哲学方法论，才能科学把握中国式现代化和共同富裕的辩证关系，在中国特色社会主义伟大事业的实践中发挥重要的引领作用。此外，邓海林和韩敏（2023）❸、郭剑鸣（2023）❹、韩文龙（2021）❺等在研究中都认为共同富裕与中国式现代化之间存在着内在的辩证统一的关系，科学地揭示了二者之间的逻辑关联。中国式现代化以共同富裕为目标导向，新时代中国共产党人把实现全体人民共同富裕嵌入中国式现代化道路的因果链条，彰显了人类文明新形态。基于我国社会主义初级阶段的基本国情，研究中国式现代化和共同富裕的内在关联和递进关系，在中国式现代化和共同富裕的推进过程中具有重要的理论意义和现实意义。

（7）共同富裕与乡村振兴研究。

在推进共同富裕的过程中，中国共产党大力实施乡村振兴战略。共同富裕与乡村振兴关系密切，二者相互促进。近年来学术界关注共同富裕与乡村振兴关系的研究，发表了一些非常有见地的研究论文，其中李林从理

---

❶ 刘新刚：《中国式现代化对共同富裕问题的解答及其世界历史意义》，《马克思主义研究》，2023 年第 3 期，第 32 页。

❷ 杨文圣、张玥：《中国式现代化视域下共同富裕的四维审思》，《河海大学学报》（哲学社会科学版），2023 年第 4 期，第 1 页。

❸ 邓海林、韩敏：《中国式现代化视域中共同富裕的理论根基与实现路径》，《江苏社会科学》，2023 年第 4 期。

❹ 郭剑鸣：《中国式现代化推进全体人民共同富裕的中轴逻辑及其建构》，《政治学研究》，2023 年第 3 期。

❺ 韩文龙：《在中国式现代化新道路中实现共同富裕》，《思想理论教育导刊》，2021 年第 11 期。

论逻辑、现实挑战与实现路径三个方面分析了乡村振兴与共同富裕的关系，认为："实施乡村振兴战略，不断推动城乡经济社会均衡发展，最终实现共同富裕是我国当前社会领域发展的重点。"❶ 农村农民的共同富裕是实现全体人民共同富裕的基础工程。研究者强调以乡村振兴战略为引领推动城乡融合发展，形成新型工农城乡关系，进一步推进共同富裕的历史进程，彰显了中国特色社会主义的制度优势。关长坤和王亚华以新的现实场景为客观依据，探讨了乡村振兴和共同富裕的逻辑关系，提出："乡村振兴是实现共同富裕的重要战略途径。谋划乡村振兴与共同富裕的战略协同设计，提高两者的衔接度和整合度，对推进中国共同富裕进程意义重大。"❷ 研究者还认为：随着城乡关系的进一步调整和优化，构建促进乡村振兴的新机制，中国走上了城乡相互促进和协调发展的共同富裕之路。王玉海、李顺强和张琦撰文强调："乡村振兴要在共同富裕总体目标下推进。这就要将乡村振兴任务与共同富裕目标相对接，以分配制度改革激发乡村振兴内生动力。"❸ 中国共产党擘画分阶段促进共同富裕的宏伟蓝图，乡村振兴为共同富裕提供内生动力，促进农业农村现代化，持续缩小城乡区域发展差距，彰显了中国共产党治国理政进程中推进共同富裕规律性和目的性的统一。此外，李实、陈基平和滕阳川（2021）❹，黄承伟（2021）❺，叶敬忠和胡琴（2022）❻ 等也在研究中指出乡村振兴促进城乡基本公共服务均等化，巩固脱贫攻坚成果，有助于促进共同富裕目标的实现。乡村振

---

❶ 李林：《乡村振兴与共同富裕：理论逻辑、现实挑战与实现路径》，《河北大学学报》（哲学社会科学版），2024 年第 2 期，第 125 页。
❷ 关长坤、王亚华：《全面推进乡村振兴实现共同富裕的理论机制与政策途径》，《农村经济》，2023 第 12 期，第 43 页。
❸ 王玉海、李顺强、张琦：《共同富裕目标下的乡村振兴战略：内在机理与路径选择》，《北京师范大学学报》（社会科学版），2022 年第 6 期，第 107 页。
❹ 李实、陈基平、滕阳川：《共同富裕路上的乡村振兴：问题、挑战与建议》，《兰州大学学报》（社会科学版），2021 年第 3 期。
❺ 黄承伟：《论乡村振兴与共同富裕的内在逻辑及理论议题》，《南京农业大学学报》（社会科学版），2021 年第 6 期。
❻ 叶敬忠、胡琴：《共同富裕目标下的乡村振兴：主要挑战与重点回应》，《农村经济》，2022 年第 2 期。

兴是新时代解决贫困问题和推进共同富裕的有效方略，共同富裕是全面实施乡村振兴战略的必然归宿。只有准确把握实施乡村振兴战略的基本方向，以统筹城乡发展为行动遵循，举全党全社会的力量支持"三农"发展，才能促进农村的繁荣与农民的发展，进一步推进全体人民共同富裕目标的实现。

2. 国外研究现状

西方学界目前以"共同富裕"为主题的研究一方面体现在关于贫富在供应和需求方面的差距问题上，认为不加节制的资本扩张必然会导致贫富两极分化，另一方面体现为西方学者关于共同富裕的研究尚未形成理论体系，但他们对自由、民主、平等、正义的重新解释对我们研究共同富裕问题具有借鉴意义。部分国外研究学者将马克思主义共同富裕思想中关于合理分配、经济发展、贫富差距、维护公平正义的观点，纳入其思想理论体系研究框架中进行解释和分析。西方学者认为当代中国在推进共同富裕的过程中正在由"邓小平时代"向"习近平时代"过渡，下面主要从两个方面分析国外关于共同富裕的研究现状。

（1）邓小平共同富裕思想研究。

西方学者从1980年代开始研究邓小平"先富带动后富"的理论和实践，取得了较大的进展，代表性的观点有：巴拉奇·代内什（1988）指出，只有让部分地区和人们凭借自己的勤劳努力先富起来，先富带动后富，才能使更多的人迈上富裕之路。❶他还认为邓小平主导的改革开放大大缩小了中国同西方发达国家在经济社会发展方面的差距，高度评价邓小平非均衡发展理论对中国社会发展和物质生产力提升起到的关键性作用。理查德·伊文思（1996）指出，实行家庭联产承包制为主的责任制开启了改革开放的先声，其中邓小平发挥了重大的领导作用，邓小平通过尝试不同的办法，实现经济的合理性和社会经济效益相一致，从而改变了中国的

---

❶ ［匈牙利］巴拉奇·代内什：《邓小平》，阚思静、季叶译，解放军出版社1988年版，第282页。

发展现状。❶ 傅高义（2013）指出："经济增长带来的新经济机会和他所允许的人口流动，已经使中国走上了从农业社会转变为城市社会的道路。"❷ 他高度评价邓小平在深刻总结社会主义建设正反两方面经验的基础上提出的"先富带动后富"思想，对中国的经济社会发展作出的巨大贡献。此外，戴维·兰普顿（2014）在《跟着领袖走：统治中国，从邓小平到习近平》一书中，评述了改革开放以来中国领袖将实现共同富裕作为党和国家的中心任务，党的历代中央领导集体对中国在深化改革中所作的贡献，高度评价"中国模式""中国道路"对全面建成小康社会和推进共同富裕所发挥的重要作用和形成的历史地位。

（2）对新时代党推进共同富裕的研究。

中国特色社会主义进入新时代，在以习近平同志为核心的党中央的领导下，中国打赢了脱贫攻坚战，推进共同富裕取得了伟大的历史性成就和阶段性的胜利。西方学者开始关注新时代党推进共同富裕的研究，取得了一系列丰硕的研究成果，代表性的观点有波兰华沙大学国际关系研究所著名学者加恩·罗文斯基认为："中国的减贫工作体现了执政党以民生为导向的执政理念，反映了执政党对人民负责的态度和强大的执行力。"❸ 他还指出：中国推进共同富裕取得历史性成就主要归功于中国共产党始终坚持该政党的性质和宗旨，采取有力措施保障和改善民生，坚持为人民谋福利。中国共产党的精准扶贫政策综合考虑了不同地区的特殊情况，为实现共同富裕提供了可持续的政策保障，激发了民众的减贫活力。有西方学者指出：中国建档立卡精准识别贫困人口的贫困治理机制是中国特色反贫困理论和实践的重大创新，促使政府部门有针对性地落实贫困治理政策，加速了反贫困斗争任务的完成，对其他发展中国家贫困治理具有重要的借鉴

---

❶ ［英］理查德·伊文思：《邓小平传》，武市红译，上海人民出版社1996年版，第270页。
❷ ［美］傅高义：《邓小平时代》，冯克利译，生活·读书·新知三联书店，2013年版，第651页。
❸ 转引自张梦旭：《中国减贫之路"优质高效"——国际人士积极评价中国脱贫攻坚成就》，《人民日报》，2018年2月1日，第3版。

意义。❶ 精准扶贫思想为共同富裕的实现提供了方法和根本路径，发展了马克思恩格斯的贫困治理理论，在精准扶贫思想指导下，中国如期完成了打赢脱贫攻坚战的历史任务。巴西中国问题研究中心主任罗尼·林斯（2019）认为中国政府坚持具体问题具体分析的方法，不断创新贫困治理路径，就精准扶贫提出系列战略要求，精准扶贫精准脱贫基本方略找准了贫困根源，用发展的办法消除贫困根源，提高了贫困治理实践的精准性，推进精准扶贫方略落地见效，值得广大发展中国家借鉴和学习。❷ 中国共产党在新的形势下提出的精准扶贫创新了扶贫工作机制，把目标导向与问题导向相结合，以精准扶贫为突破口推进农村农民共同富裕的进程，为世界各国治理贫困提供了历史经验和借鉴。美国学者罗伯特·劳伦斯·库恩指出："中国的扶贫行动使数以亿计的人口摆脱了贫困，这是一个历史性的成就。"❸ 西方学者在充分肯定中国特色减贫取得令世人刮目相看的重大成就的基础上，认为中国共产党把发展作为解决贫困问题的根本性途径，坚持了以人民为中心的原则，从多个维度探讨中国减贫的策略和智慧，探索中国特色反贫困之路，为世界各国消除贫困现象提供了思路。

国外学者直接针对共同富裕的研究或者以共同富裕为题的研究尚付阙如。国外对共同富裕的相关研究大多数是在资本主义制度下进行的，从多个维度展开，相较之下国外共同富裕相关实证研究较少，研究成果数量有限，并且由于研究者意识形态偏向、实证过程的环境拘束以及研究材料的限度，特别是其经历从根本上同中国的国情和具体的实际难以契合，立论难免失之偏颇。贫困问题是西方学术界的一个热门话题，国外学者对中国共产党推进共同富裕的研究主要采取案例研究与比较分析的形式，并且他们的研究主要聚焦在扶贫的问题上，研究成果更多地考虑社会成员的发展需要，认为贫困的研究不能仅仅局限于人们的基本生理需求，他们的研究

---

❶ 中国国际扶贫中心、中国互联网新闻中心：《外国人眼中的中国扶贫》，外文出版社 2019 年版，第 9 页。

❷ 罗尼·林斯：《中国减贫经验值得学习》，《人民日报》，2019 年 3 月 8 日，第 3 版。

❸ ［美］罗伯特·劳伦斯·库恩：《中国扶贫，一项历史性成就》，《人民日报》，2020 年 7 月 31 日，第 3 版。

方法和研究成果可以为国内共同富裕问题的研究提供新的视角和思路。

（二）研究述评

从以上文献梳理可知，现有成果为本书研究奠定了基础，提供了理论支撑和方法论指导，但存在以下问题和不足：一是研究较为分散，宏观研究相对不足，缺乏宏观性、整体性的研究成果，如对于共同富裕的概念界定学界仁者见仁智者见智，尚没有形成统一的认识。中外学者对共同富裕的合作研究开展不够，各自为战，没有形成课题攻关团队，使我们难以更好地把握贫困治理和推进共同富裕的规律。国内大多数研究成果是从经济学、社会学、民族学、政治学等角度对共同富裕进行研究分析，从历史学角度研究共同富裕的成果较少。二是研究整体不平衡。从已有的研究成果来看，现有文献对中国共产党探索和推进共同富裕的研究主要以学术论文为主，专著数量总体上较少，研究成果有待深化。另外关注对象的研究也存在不平衡，对毛泽东、邓小平共同富裕思想的研究成果较多，近年来对新时代中国共产党推进共同富裕和反贫困的研究成果也较为丰硕，但研究仍缺乏全面性、系统性和深入性，研究仅仅停留在对各个时期共同富裕思想和实践的简单总结，没有形成一套跨越时间的横向上的科学理论体系。三是对新时代立足于新发展阶段的中国特色贫困治理的研究仍有较大提升和拓展空间。中国消除绝对贫困进入后脱贫时代，要进一步解决好相对贫困的治理问题，以马克思主义反贫困思想引领新中国相对贫困治理和推进中国特色社会主义共同富裕的相关研究有待加强，研究内容有待丰富。因此，组建研究团队对中国共产党探索和推进共同富裕的历程与经验进行研究，扎实推进共同富裕整体化、系统化的宏观研究，既是学术责任，也是时代使命。

三、研究思路框架与方法

（一）研究思路

本研究以马克思主义共同富裕理论以及唯物史观为指导，全面考察中国共产党探索和推进共同富裕的历史进程,并在此基础上总结历史经验、得出现实启示。除绪论和结语外,本研究可概括为三个部分:首先探讨中国共产党探索和推进共同富裕的理论基础和思想渊源,其次研究新中国成立以来中国共产党探索和推进共同富裕的历史进程,最后综合运用历史学、经济学、社会学、管理学、社会学、政治学等相关学科的中层理论来分析中国共产党探索和推进共同富裕的历史经验和启示。

(二)研究框架

本书研究框架包括绪论和正文两个部分。绪论主要包括研究缘起及研究意义、学术史梳理、研究思路框架与方法、研究重点难点、创新之处五个部分。正文共五章,分述如下。

第一章介绍了中国共产党探索和推进共同富裕的理论基础和思想渊源。马克思主义经典作家共同富裕的思想构成共同富裕的理论基础和核心要义,中华优秀传统文化中的"大同""均平"思想成为中国共产党探索和推进共同富裕的理论逻辑和思想渊源。马克思恩格斯从历史唯物主义出发,强调消灭私有制、消除两极分化、发展生产力,建构了"共同富裕"思想大厦,为中国共产党探索和推进共同富裕提供了理论基础和行动指南,对于中国共产党解决贫富两极分化问题有着重要的指导意义。列宁在继承总结马克思恩格斯的共同富裕思想成果的基础上,吸纳他们思想中的精髓,对共同富裕的认识和理论建构达到了一个新高度,列宁的共同富裕思想和对社会主义生产关系的全新认识,是对马克思主义政治经济学的开拓创新,为中国共产党探索和推进共同富裕提供了重要的理论来源和思想基础。

一百多年来,中国共产党以马克思主义为指导,充分吸收中华优秀传统文化中的共同富裕的思想元素,不断深化对共同富裕理论的认识,提出了一系列关于共同富裕的新论断、新思路和新举措,不断推动共同富裕理论和实践的创新,带领人民不断推进共同富裕的历史进程。中国古代儒家学派的代表人物就提出"大同社会"的美好愿景,设想了一个没有私有财产、人人富裕、没有剥削压迫的理想社会,这些思想都蕴含了共同富裕的原始基因,因此中国共产党探索和推进共同富裕不是无源之水和空中楼阁,而是有着深厚的历史渊源、坚实的思想基础和理论依据。从对中华传统文化中关于美好世界理想的"大同""均平"思想的扬弃,中国共产党对共同富裕的内涵和实现路径作出科学化、时代化阐释,创新和发展了马克思主义共同富裕思想、理论和实践。

从马克思主义创始人最初的理论设想到新时代中国共产党共同富裕理论框架和思想体系的建立完善,可以说共同富裕理论是中国共产党人在吸纳马克思主义经典作家有关共同富裕的思想、中国传统的"天下大同"的社会理想的基础上创造性地提出的思想和理论体系。

第二章分析了社会主义革命和建设时期中国共产党对共同富裕的探索和初步展开。社会主义革命和建设时期,以毛泽东同志为核心的党的第一代中央领导集体在继承马克思主义共同富裕思想和理论的基础上,第一次明确地提出和使用"共同富裕"概念,形成了适合中国国情的社会主义共同富裕的思想理论体系。新中国的成立及随之进行的社会主义改造为实现共同富裕提供了坚强的政治保证和坚实的制度支撑。为了探索和推进共同富裕,党和政府采取了一系列政策举措,主要包括开展土地改革运动、完成社会主义改造、推进农业生产发展、开展工业化建设、重视山区建设、发展副业生产等方面,这些政策措施的推行,解决了温饱问题、初步改善了民生、减少了贫困现象,使共同富裕的探索和推进取得了初步成效。但由于对社会主义本质的认识不清和社会主义建设经验的缺乏,党在探索和推进共同富裕过程中也存在着失误和偏差,如对"共同富裕"的错误理解,导致平均主义的泛滥,给这一时期的社会主义建设事业带来了严重的危害。总体来看,这一时期中国共产党在实践中已经进行了实现共同富裕的初步探索,建构了生产资料公有制与社会主义按劳分配为主体的生产关系,建立了社会主义工业化体系和国民经济体系,为实现共同富裕奠定了制度基础和物质基础。这一时期,在中国共产党的领导下,探索和推进共同富裕取得了初步成效。

第三章论述了改革开放和社会主义现代化建设新时期中国共产党对共同富裕的持续探索推进。共同富裕思想理论创新发展与新时期改革开放这一伟大实践的历史进程密切相关。改革开放和社会主义现代化建设新时期，中国共产党从社会主义初级阶段的基本国情出发，在马克思主义经典作家共同富裕思想的基础上，进一步深化对社会主义与共同富裕关系的认识，不断进行理论创新，提出共同富裕的理论蓝图，开启推进共同富裕的伟大社会实践，取得了开创性的理论成就和重大的实践成果。中国共产党在这一时期针对共同富裕的问题，以解读社会主义本质基本内涵的方式，围绕人民的根本利益和社会主义的终极目标，进行了创新性回答，有助于深化对科学社会主义的认识，有助于人们对共同富裕规律的科学把握，推进了共同富裕目标的实现。

第四章论述了中国特色社会主义新时代中国共产党对共同富裕的进一步推进和伟大成就。党的十八大以来，中国特色社会主义进入了新时代，中国共产党对社会主义共同富裕的认识在实践中进一步深化和发展，不断进行共同富裕的理论创新、制度创新和实践创新。共同富裕是中国共产党人初心使命的价值体现。共同富裕这一蕴含马克思主义理论情怀的破解人类贫困难题的伟大构想被提出后，便成为中国共产党人为之不懈奋斗的思想动力和行动指南。习近平新时代中国特色社会主义思想实现了共同富裕思想体系完善与马克思主义理论不断中国化相统一。在习近平新时代中国特色社会主义思想的指引下，党中央把逐步实现全体人民共同富裕摆在了更加突出的重要位置上，把推进共同富裕作为经济社会发展的重要任务，把实现共同富裕从未来期盼一步步发展为直接的现实目标和行动方案。以习近平同志为核心的党中央采取一系列推进共同富裕的政策措施，不断促进人的全面发展，凝聚起人民的智慧和力量，开辟了共同富裕实践的新途径、新天地。全面建成小康社会，如期完成脱贫攻坚的艰巨任务，谱写了人类减贫史上的壮丽篇章，全体人民共同富裕取得了更为明显的实质性进展，在共同富裕的道路上迈出了坚实步伐。

第五章分析了中国共产党探索和推进共同富裕的历史经验和现实启

示。新中国成立以来，中国共产党始终坚持以人民为中心的发展思想，将共同富裕提到社会主义本质的高度，发展创新了马克思主义共同富裕思想和理论，将反贫困的理论与伟大实践推向深入，推动经济发展和民生改善相得益彰，不断推进全体人民共同富裕，历史性地解决了绝对贫困问题，实现了全面建成小康社会的阶段性奋斗目标。实现共同富裕是一个在动态中向前发展的过程。中国共产党在探索和推进共同富裕的过程中，取得了坚持中国共产党的全面领导、坚持以人民为中心的发展思想、坚持以改革创新为动力、坚持紧紧扭住社会主要矛盾、坚持以经济建设为中心等成功经验，也获得了深刻的现实启示。这些启示主要有注重维护社会公平、坚持统筹协调发展、解决"三农"问题、发挥人民主体地位、坚持实事求是、坚持循序渐进等方面。在推进共同富裕过程中取得的这些历史经验和现实启示成为推进中国式现代化建设和中华民族伟大复兴的有益借鉴，也为国际社会学习、借鉴反贫困经验提供了路径选择和科学依据。

结语：新中国成立以来，中国共产党继承和发展了马克思主义共同富裕思想和理论，领导人民创造性地开辟了一条治理贫困、推进全体人民共同富裕的中国式现代化的新道路。中国式现代化建设与推进共同富裕相协调，二者之间是辩证统一的关系。共同富裕是中国式现代化的重要特征和本质要求，改革开放以来中国共产党推进社会主义现代化建设和推进共同富裕的进程表明：中国式现代化建设推进全体人民共同富裕，同时，推进共同富裕也加速了中国式现代化建设的进程，二者相辅相成，相互促进。

新时代推进中国特色社会主义共同富裕，以中国式现代化推进中华民族伟大复兴，还须从以下几个方面着手：把握共同富裕内涵、实现人民全面富裕；坚持基本经济制度、维护社会公平正义；弘扬脱贫攻坚精神、推进民族复兴伟业；提供减贫中国方案、促进人类文明进步。唯其如此，才能实现在中国共产党领导下走中国特色社会主义共同富裕之路，推进共同富裕取得实质性进展，推进中华民族伟大复兴历史伟业，创造人类文明新形态。

（三）研究方法

1. 文献分析法

文献分析法是指研究者立足研究主题，通过各种路径大量收集、深度整理和系统研究相关文献，在此基础上以马克思主义唯物史观为指导获得正确认知和研究成果的分析方法。笔者通过学校图书馆和中国知网等数据库收集共同富裕研究的相关文献资料，在占有大量资料和文献的基础上，对与本书有关的研究成果进行科学的理性归纳和整理，对收集到的文献内容进行恰当的分析。梳理和分析马克思主义经典著作和学术界关于中国共产党探索和推进共同富裕的最新研究成果，整体把握前沿研究成果、热点问题和学术动态，为本书的研究提供理论基础和全面、系统、科学的学术支撑，为本书的写作奠定坚实的基础。

2. 调查研究法

在梳理文献资料的基础上，研究者利用各种机会进行实地考察，通过调查获取第一手的研究资料。研究共同富裕和乡村振兴必须开展调查研究，实地考察区域协调发展、乡村振兴开展情况，在此基础上，把实地调查收集到的资料进行分析、比较、综合和归纳，才能创新共同富裕研究的理念与思路，得出全面、科学的研究结论。只有通过调查研究，才能洞悉共同富裕研究取得的成效和存在的主要不足，才能进一步深化这一问题的研究。调查研究获取的资料是本书撰写过程中的第一手资料。

3. 历史与逻辑相统一的方法

历史与逻辑相统一是辩证唯物主义认识内在逻辑机理重要的研究方法，这种方法在对事物历史过程的全面综合考察的基础上通过严密的逻辑分析论证来探寻事物发展的内在本质和规律。本书以中国共产党探索和推进共同富裕的理论基础和思想渊源为研究起点，把共同富裕的问题放在历史的视野下予以分析，具体地、历史地考察新中国成立以来中国共产党探索和推进共同富裕的历史进程的整体脉络，并对中国共产党共同富裕理论内涵的创新性进行逻辑分析。在历史与逻辑相统一的过程中，笔者将二者结合起来客观地认识新中国成立以来中国共产党在不同阶段推进共同富裕所取得的历史性成就和阶段性胜利，研究共同富裕推进的历程、特点及深层逻辑，从而在此基础上准确把握中国共产党在中国式现代化建设进程中推进中国特色社会主义共同富裕的客观规律。

四、研究重点、难点

（一）研究重点

1. 邓小平共同富裕思想

邓小平对共同富裕的认识和相关论述，是对马克思主义共同富裕思想和原理的继承和发展，反映了中国共产党对推进共同富裕制度基础和实践路径的认识与理解的进一步深化。中国共产党自新中国成立以来对共同富裕思想和理论作了许多重大创新性发展，形成了共同富裕理论体系。邓小平共同富裕思想是改革开放以来中国共产党共同富裕思想理论创新和实践创新的逻辑起点。邓小平提出了共同富裕的基本构想，把"共同富裕"提升到"社会主义"本质层面，这是对马克思主义共同富裕思想和理论的重大贡献和创新发展。邓小平共同富裕思想是本书研究的一个重点。

2. 中国共产党探索和推进共同富裕的经验启示

通过梳理中国共产党自新中国成立以来探索和推进共同富裕的进程，在分析取得的历史性成就的基础上，总结和归纳历史经验和现实启示。中国共产党探索和推进共同富裕的经验启示也是本书研究的一个重点。

（二）研究难点

1. "三农"工作和共同富裕的关系

"三农"工作是中国式现代化建设过程中要破解的重大时代课题。抓好"三农"工作是推进中国特色社会主义共同富裕和中国式现代化建设的必由之路。抓好"三农"工作是实现共同富裕的必然选择，是推进共同富裕的题中应有之义。探讨"三农"工作和共同富裕的关系，研究改革开放以来中国共产党是如何抓好"三农"工作以推进全体人民共同富裕的，这是本书研究的难点之一。

2. 共同富裕和中国式现代化的关系

实现共同富裕必须以中国式现代化建设的推进为基础，反之，共同富裕的推进也加速了中国式现代化目标的实现，二者之间是相辅相成的关系。现代化建设和共同富裕的推进是社会文明进步的重要表现。新中国成立以来，尤其是改革开放以来，中国共产党深刻洞察社会主义现代化建设与实现共同富裕的重要关系，将共同富裕目标的实现置于中国式现代化建设的进程之中，一方面在开展现代化建设的进程中逐步消除绝对贫困，加快收入分配制度改革，维护社会公平正义，推动区域协调发展，逐步消除两极分化，为实现共同富裕创造了良好的社会条件，从而加速了全体人民共同富裕目标的实现；另一方面共同富裕的推进和阶段性目标的实现，增强了全体人民的获得感，实现了发展成果由人民共享，激发了人民群众开展中国式现代化建设的积极性和创造性，有利于进一步解放和发展社会生产力。因此，探讨共同富裕和中国式现代化的关系，也是本书研究的难点之一。

五、创新之处

（一）研究视角的创新

1990年代以来，国内学术界、理论界出现关于共同富裕问题的研究成果，特别是党的十八大以来共同富裕的研究成果蔚为大观，但既往共同富裕的研究成果不系统，比较分散。学界对共同富裕开展了多角度、多层次的研究，但没有从宏观上、整体上考察新中国成立以来中国共产党探索和推进共同富裕的历程和经验启示。因此，本书注重从宏观上、整体上对共同富裕进行研究，突出了中国共产党在推进共同富裕的过程中价值观的选择和道德引领的重要作用，总结归纳反贫困和推进共同富裕的普遍性和推广性的经验，为解决人类贫困问题提供中国智慧和中国方案。中国共产党探索和推进共同富裕进程和历史经验的研究能够充分体现理论与实践、传承与创新的有机统一，突破了以往共同富裕多从宏观经济层面注重生产力发展的研究视角，把共同富裕放在中国式现代化建设和中华民族伟大复兴的进程中做深层次的多角度的分析与探讨。这是本书的一大创新。

（二）研究方法的创新

采用多样化的跨学科的研究方法。中国共产党共同富裕理论体系庞大、内容丰富，本书尝试从多学科相结合的角度开展跨学科的研究。共同富裕是一个内涵丰富且开放包容的经济学领域里的概念，共同富裕研究涉及多个学科，只有运用多样化的跨学科的相关理论和方法，才能更好地对中国共产党探索和推进共同富裕的历程和经验进行有效分析。笔者力争在学科的交叉融合方面，多角度、多层面整合不同的学科资源，注重马克思主义理论、政治学、历史学、哲学、社会学等学科方法的研究范式和学理支撑，从系统论的角度积极吸纳不同学科的知识体系，从宏观上、整体上宽视野、多途径、全方位地研究中国共产党探索和推进共同富裕问题，综合地、全面地把握共同富裕历史进程的全貌，力争使共同富裕的研究系统化、整体化、科学化，拓宽研究视野和思路，形成实证色彩浓厚的研究成果。不同学科的交叉研究才能全面揭示中国共产党探索和推进共同富裕的进程，促进共同富裕的研究在科学的轨道上进一步深入，准确归纳出中国共产党探索和推进共同富裕的内在逻辑和普遍规律。

（三）研究内容的创新

本书的最终落脚点是研究新中国成立以来中国共产党探索和推进共同富裕的历程，总结中国共产党探索和推进共同富裕的历史经验和现实启示。本书充分吸收借鉴了 21 世纪以来学术界共同富裕研究的相关成果，在明确中国共产党探索和推进共同富裕的理论基础和思想渊源的基础上，紧扣研究主题，分析了新中国成立以来中国共产党采取的一系列推进全体人民共同富裕的政策举措和实践路径。在既往研究的基础上，研究者依据马克思主义的世界观和方法论，准确把握新中国成立以来中国共产党共同富裕理论和实践创新的变化轨迹，实现共同富裕研究的深化、升华。这是本书研究内容的一个创新。

第一章

中国共产党探索和推进共同富裕的理论基础和思想渊源

第一章　中国共产党探索和推进共同富裕的理论基础和思想渊源

共同富裕是马克思主义的重要内容，也是中国共产党成立一百多年来孜孜以求的崇高理想和价值目标，"党团结带领人民进行革命、建设、改革，根本目的就是为了让人民过上好日子，无论面临多大挑战和压力，无论付出多大牺牲和代价，这一点都始终不渝、毫不动摇。"❶ 任何一种思想都有其源头活水，共同富裕这一概念不是无本之木，它的提出不是偶然的，马克思主义共同富裕思想是随着历史时代进步和实践动态发展的科学真理。中国共产党成立之初，即向人民宣示了实现共同富裕目标的决心和勇气。

一、马克思主义共同富裕思想

马克思主义创始人1847年在为共产主义者同盟起草的纲领《共产主义原理》一文中强调："所有人共同享受大家创造出来的福利。"❷ 这种"共同享受"可以说就是现时我们所讲的"共同富裕"。因而共同富裕思想可以在马克思主义经典文本中找到理论基础和现实依据，"马克思主义的根本目标就是实现无产阶级劳动群众的共同富裕"❸。由于历史条件的限制和时代的局限，马克思主义的创始人还没有形成共同富裕的概念，马克思恩格斯虽然没有在其论著中明确提出和使用"共同富裕"的命题，但马克思恩格斯共同富裕的思想理念在其论著中主要体现在对资本主义剥削制度和阶级压迫的揭露批判、关于社会主义革命和无产阶级专政的相关论述以及对未来理想社会的具体描述之中。马克思恩格斯从历史唯物主义出发，强调消灭私有制、消除两极分化、发展生产力，建构了"共同富裕"思想大厦，为中国共产党探索和推进共同富裕提供了理论基础和行动指南，对于中国共产党解决贫富两极分化问题有着重要的指导意义。

---

❶ 《坚持人民至上 不断造福人民 把以人民为中心的发展思想落实到各项决策部署和实际工作之中》，《人民日报》，2020年5月23日，第1版。
❷ 《马克思恩格斯选集》（第一卷），人民出版社2012年版，第308页。
❸ 明佳睿、宋福范：《中国共产党共同富裕百年探索：发展历程·辉煌成就·经验启示》，《学术探索》，2022年第6期，第32页。

（一）消灭私有制

在马克思主义诞生之前，空想社会主义者在憧憬未来的理想社会过程中提出了消灭私有制、实现全体社会成员共同富裕的初始思想。在资本主义社会，生产资料的私有制是以资本增值为目的的生产发展，虽然客观上促进了经济的发展和增加了社会物质财富的总量，但这并没有促进全体社会成员的共同富裕与人的全面发展，相反，经济发展的成果不是由全民共享，而是出现了两极分化的现象。因此，马克思认为只有消灭私有制，在社会共同占有生产资料的条件下，才能从根本上解决资本主义社会的基本矛盾即社会化大生产与生产资料私人占有之间的矛盾，才能为公平分配财富提供重要的制度支撑，这就从制度层面解决了无产阶级日趋贫困和社会贫富两极分化的问题。马克思主义经典作家在继承和发展空想社会主义者思想的合理成分的基础上，指出未来的社会就是在消灭私有制基础上的生产力高度发展的、实现共同富裕的理想社会。马克思认为，在资本主义社会中，私有制导致了无产阶级的贫困，社会财富越来越集中到少数人手中，资产阶级占有社会绝大多数财富，因而私有制社会中"共同富裕"的美好愿望和追求是无法实现的。"马克思主义对共同富裕的思想则重视对其内涵进行深挖，不仅科学阐释了生产力与生产关系，提出要消灭私有制，同时还讨论了共同富裕的实现过程，是渐进式发展的共同富裕。"❶ 只有消灭私有制，使劳动者真正和生产资料结合，实现对私有制生产关系的彻底变革，消灭剩余价值及其背后的剥削关系，建立美好的社会制度，创造人们平等发展的条件，才能推进和实现全体社会成员的共同富裕，才能在真正意义上解决这一两极分化的问题。无产阶级如果不能彻底摆脱资本主义制度的剥削，解决无产阶级的贫困问题、推进共同富裕不过是纸上谈兵，这一问题不可能得到真正的解决。

---

❶ 白龙、翟绍果：《"天下大同"与"天下共富"：共同富裕的历史逻辑与实践路径》，《西北大学学报》（哲学社会科学版），2022年第2期，第86页。

(二) 消除两极分化

如果贫富差距过大，收入两极分化不断加剧，就会导致社会秩序的混乱，影响政权的稳固，因此社会主义国家也要避免两极分化的产生。共同富裕是经济学上作为贫富分化的对立面提出的一个概念。两极分化和共同富裕从性质上讲是截然不同的两种经济现象和态势。消除两极分化，实现共同富裕是社会主义优越于资本主义的主要标志和重要表现。马克思恩格斯在长期的革命实践中逐步认识到，避免出现资本主义制度所产生的两极分化情况，才能实现全体社会成员的共同富裕。生产资料私人占有制度导致了资本主义社会劳动的异化和社会成员贫富的两极分化，社会财富越来越集中于少数人手中，诚如马克思所言："在一极是财富的积累，同时在另一极，即在把自己的产品作为资本来生产的阶级方面，是贫困、劳动折磨、受奴役、无知、粗野和道德堕落的积累。"❶ 在资本主义社会，资产阶级通过对更多剩余价值的占有，加深对工人阶级的剥削，贫富分化加剧，工人阶级处在社会最底层，"劳动为富人生产了奇迹般的东西，但是为工人生产了赤贫"❷。由此可见，资本主义制度对物质财富进行明显的两极分化分配。共同富裕是一个动态的历史过程，只有消灭资本主义制度，消灭剥削的制度根基，消灭一切不公正的社会现象，逐步消除两极分化，才能实现所有人的共同富裕，从而实现人的自由全面发展。

马克思主义政治经济学对无产阶级贫困现象及其本质进行了鞭辟入里的分析，揭露了私有制生产关系下资本主义工业生产与无产阶级贫困的逻辑关系。马克思在分析资本主义积累的一般规律时首次提出、使用"两极分化"这个命题。两极分化在私有制社会中不仅意指社会成员对财富占有多少的悬殊和分化，而且直接同阶级压迫和剥削制度相联系。资本主义社会是两极分化的社会，在私有制的生产关系下所产生的贫富两极分化现象

---

❶ 马克思：《资本论》（第一卷），人民出版社2004年版，第743–744页。
❷ 《马克思恩格斯选集》（第一卷），人民出版社2012年版，第53页。

是不可能避免的。因此，在生产力充分发展的基础上，消灭生产关系中的剥削现象和消除贫富两极分化，是实现全体社会成员共同富裕的首要条件和社会基础。财富占有呈现两极分化的态势是阶级社会和剥削制度的经济痼疾，马克思主义经典作家在其论著中一直把社会成员两极分化与共同富裕作为两个相互对立的命题出现和使用，并且对资本主义两极分化进行了谴责。马克思主义对财富分配的论述，为我们正视和积极遏制贫富差距过大、改变分配不公的现象指明了道路和方向，使我们明确了实现全体社会成员的共同富裕必须消除两极分化，只有缩小贫富差距、消除两极分化，凭借生产资料的私人占有来无偿获取产品和财富的分配不公原则不复存在，才能推进共同富裕从美好愿景和孜孜以求的目标变为触手可及的现实，才能真正保障社会稳定。

（三）发展生产力

马克思恩格斯依据唯物史观的基本原理，从生产力发展的角度，提出了变革生产关系、实现共同富裕的根本路径和可能性。"共同富裕的核心要求是保证社会生产力源源不断地向前发展。"[1] 生产力是人类社会中最革命最活跃的因素，生产力的发展是走向共同富裕首要的也是最根本的物质条件。从根本上说，物质生产实践是任何社会形态中人类最基本的活动，只有大力和充分发展社会生产力，创造高度发达的物质基础和生产条件，才能实现所有人的共同富裕。马克思在 1857—1858 年写作的《政治经济学批判》草稿，是马克思写作《资本论》的最初草稿，草稿中提出了"所有人的富裕"的概念，即现在所讲的"共同富裕"，马克思在草稿中强调：社会生产力的发展将如此迅速，以致尽管社会生产以所有人的富裕为目的，所有人的可以自由支配的时间还是会增加。[2] 在这里，马克思强调未来的理想社会是以全体社会成员的富裕为发展生产力的终极目标和归宿

---

[1] 陈燕：《中国共产党的共同富裕：理论演进与实现路径》，《科学社会主义》，2021 年第 3 期，第 115 页。

[2] 《马克思恩格斯选集》（第二卷），人民出版社 2012 年版，第 786–787 页。

的，换言之，发展生产力是实现每一个社会成员富裕的前提基础。强调充分发展社会生产力是马克思主义唯物史观的基本原理之一。在被称为"马克思主义的百科全书"的《反杜林论》一书中，恩格斯也强调发展社会生产力的重要性，他明确指出："通过社会化生产，不仅可能保证一切社会成员有富足的和一天比一天充裕的物质生活，而且还可能保证他们的体力和智力获得充分自由的发展和运用。"❶ 只有社会生产力得到了充分的发展，剥削制度与剥削阶级被根除和消灭，才能创造出巨大的社会财富，使每个人都能共享发展的成果，从而具备实现共同富裕的现实可能性，保证社会成员一切合理的需要都能得到满足。在未来社会一切生产活动"将以所有的人富裕为目的"❷。在设计未来的新社会的理想形态时，马克思恩格斯将发展生产力的价值目标与全体社会成员的富裕程度联系起来考察，实现了生产力与生产关系的有机统一，生产力的充分发展和物质产品的极大丰富始终被他们认为是实现社会成员共同富裕的前提条件。这一点给予无产阶级政党探索理想的社会制度以深刻的启迪，这也是从现实生产关系的变革中得出的实现共同富裕的客观结论。共同富裕由远景规划蓝图走向社会主义革命和建设的伟大实践，消除两极分化，是生产力与生产关系相互角力的结果。从马克思主义政治经济学来看，"推进共同富裕的过程实质上就是生产力不断发展的过程"❸。实现共同富裕、追求美好生活，必须建立在社会生产力高度发展的基础上，这一点毋庸置疑。

二、列宁共同富裕思想

从马克思主义共同富裕理论和思想体系发展史来看，列宁在继承马克思恩格斯共同富裕思想的基础上，经过长期缜密的思考和抽象的理论概括，把对共同富裕的认识发展到一个崭新阶段，形成了共同富裕思想和理论的

---

❶ 《马克思恩格斯选集》（第三卷），人民出版社2012年版，第670页。
❷ 《马克思恩格斯选集》（第二卷），人民出版社2012年版，第787页。
❸ 刘旭雯：《乡村振兴推动共同富裕的挑战与政策转向》，《原生态民族文化学刊》，2023年第4期，第56页。

新成果。从列宁对共同富裕思想内涵的重要认识和相关论述中，中国共产党逐渐发展出适合中国国情的共同富裕的思想理论和社会实践。

（一）实行公有制

列宁继承和发展了马克思主义共同富裕思想，对共同富裕的认识维度不断拓展，他强调要想避免贫富两极分化，就必须坚持公有制，否定和消灭私有制。生产资料公有制是实现全体社会成员共同富裕的社会条件和制度基础。列宁指出，"只有社会主义才可能广泛推行和真正支配根据科学原则进行的产品的社会生产和分配，以便使所有劳动者过最美好的、最幸福的生活。"❶ 只有建立社会主义制度，实行公有制，共同富裕才不是一句空话，才能有真正的社会主义。从上面的论述中可见，列宁深刻认识到只有彻底摆脱人对资本的依附关系、实行公有制才能实现共同富裕，这是无产阶级政党领导人民实现共同富裕的前提条件。在继承马克思恩格斯的要紧紧抓住经济建设的思想传统的基础上，列宁也强调在消灭私有制之后，要大力发展社会生产力，"无产阶级取得国家政权以后，它的最主要最根本的需要就是增加产品数量，大大提高社会生产力"❷。列宁从俄国经济落后的现实出发，立足俄国实际，认为在建立公有制后，无产阶级掌握国家政权和基本生产资料的前提下，才能大力发展社会生产力，也只有充分和大力发展社会生产力，才能创造实现共同富裕的现实条件和物质基础，保证一切社会成员有富足的物质生活。"列宁提出在社会主义制度下通过发展社会生产力和实行生产资料公有制为实现共同富裕目标奠定发展基础。"❸ 共同富裕的实现必须建立在社会生产力高度发展、社会产品极大丰富的基础上。列宁在其论著中尽管十分重视生产力发展对实现全体社会成员共同富裕的推动作用，但他更强调制度因素，强调公有制确立的重要性，因此生产资料公有制的确立在促进全体社会成员共同富裕的过程中具

---

❶ 《列宁选集》（第三卷），人民出版社2012年版，第546页。
❷ 《列宁选集》（第四卷），人民出版社2012年版，第623页。
❸ 李重、毛丽霞：《中国共产党领导乡村发展的百年探索和基本经验》，《西安交通大学学报》（社会科学版），2021年第4期，第51页。

有根本性的作用。

(二) 保障社会公平

共同富裕是马克思主义经典作家的社会理想。对于共同富裕的实现路径，列宁尤为关心和关注社会公平问题，更加注重收入分配的公平原则。在列宁的领导下，布尔什维克党使马克思恩格斯的社会主义思想由理想变为现实、由理论变为实践，列宁在其论著中强调了未来社会主义社会实现共同富裕的历史条件和现实可能性。列宁在对马克思恩格斯的共同富裕思想进行深度挖掘和系统梳理后，强调保障社会公平是实现共同富裕的必要条件，这是列宁对俄国现实问题进行深层思考后得出的具体结论。十月革命后，列宁进行了探寻共同富裕道路的尝试，1918 年 5 月 26 日— 6 月 4 日，全俄国民经济委员会第一次代表大会在莫斯科召开，列宁在会议上作出重要讲话，他认为，"只有社会主义才可能广泛推行和真正支配根据科学原则进行的产品的社会生产和分配，以便使所有劳动者过最美好的、最幸福的生活。"❶ 在马克思主义经典作家的论述中，共同富裕归根结底指向的是在生产资料由社会占有的前提下全体社会成员自由而全面地发展。共同富裕与人的全面发展的内在联系也逐步被揭示出来。

在社会生产力大力发展的基础上改变落后状态、逐步消除与生产资料私有制相伴而生的社会不公正、不平等现象，保障和实现社会公平，是马克思主义经典作家共同富裕思想理论体系中的一个重要内容和科学论断。私有制无法改变绝大多数人贫穷的事实，列宁指出："共同劳动的成果不应该归一小撮富人享受，应该归全体劳动者享受。"❷ 列宁探索了经济落后国家走向富裕的问题，总结了俄国无产阶级革命经验和把握社会主义建设的规律，分析了资本主义制度下无产阶级贫困产生的根源，明确了在经济文化落后的俄国开展贫困治理的基本路径，提出社会成员平等地位与

---

❶ 《列宁全集》（第三十四卷），人民出版社 1985 年版，第 356 页。
❷ 《列宁全集》（第七卷），人民出版社 1985 年版，第 112 页。

保障社会公平是实现共同富裕的首要条件，也是消除贫富两极分化的手段。在马克思主义共同富裕思想的基础上，列宁开始了共同富裕实践的探索，在现实社会中实践了马克思恩格斯的富裕思想，为中国共产党探索和推进共同富裕提供了理论指导和行动方向。总而言之，只有保障和实现社会公平，为社会财富分配的公平性提供根本的制度保障，通过公平合理的分配原则使全体社会成员在稳定、有序中逐步实现共同富裕，才能使人类从必然王国进入自由王国。列宁在领导革命和建设的过程中，认识到实现社会公平是经济文化落后国家人民实现共同富裕的题中应有之义，以更加注重公平原则保证全体人民共同走逐步富裕的道路。没有这种公平的分配原则，社会成员的财富差距和收入差距就会不断拉大，共同富裕的实现就是空中楼阁。

三、中华优秀传统文化

从先秦时期开始，中国人民就把实现共同富裕作为追求美好生活和理想社会的现实写照。中国古代儒家学派的代表人物就提出"大同社会"的美好愿景，设想了一个没有私有财产、人人富裕幸福、没有剥削压迫的理想社会。这些思想都蕴含了共同富裕的原始基因，因此中国共产党探索和推进共同富裕不是无源之水和空中楼阁，而是有着深厚的历史渊源、坚实的思想基础和理论依据。从对中华优秀传统文化关于美好世界理想的"大同""均平"思想的扬弃，中国共产党对共同富裕的内涵和实现路径作出科学化、时代化阐释，创新和发展了马克思主义共同富裕思想、理论和实践。

（一）大同思想

共同富裕的思想理念蕴含着人们对美好社会的向往，与儒家学派的"大同社会"理想具有内在的逻辑联系和一定的相通性，"大道之行也，天下为公"。"大同思想"来源于五经之一《礼记》中的"天下大同"，这一思想意指全社会亲如一家，"大同"社会就是没有贫富差异、人人平等、没有战争和祸乱的理想场景，是儒家学说"仁"的最终实现和归途，蕴含了中国人自古以来对这种理想社会和美好愿景的朴素向往与憧憬。到了近代，有关共同富裕、大同社会的思想逐渐完善并形成制度付诸实践，大同社会理想就不仅仅是零星地出现在文化典籍中的文字和概念，也不仅仅是昙花一现的思想理念。洪秀全领导发动"太平天国"农民革命运动，颁布了《天朝田亩制度》，试图建立"有田同耕，有饭同食，有衣同穿，有钱同使，无处不均匀，无人不饱暖"的理想社会。❶ 这一社会理想和改革方案是对中国古代以来"等贵贱""均平"思想的发展和超越，具有进步的历史意义，但由于生产力还没有发展到这样的高度，因此太平天国领导人的社会改革方案具有空想的性质，限于当时的社会历史条件，根本不可能推行。

20 世纪初，康有为撰著的《大同书》，对人人平等的大同社会进行了设想，在《大同书》中康有为继《人类公理》之后，大力批判封建剥削制度，揭露了资本主义国家贫富分化的状况，主张废除私有制，一切土地和生产资料归国家所有，从而更全面、更系统地阐发了关于未来理想社会的大同思想。在康有为的大同世界中，没有私有财产、没有阶级压迫、人人相亲、人人平等、人人幸福，这当然是非常不切实际的，也是不可能实现的。康有为提出了一种全新的社会构想，仍然是脱胎于中国传统文化，其"大同蓝图"也对后世产生了重大影响。但"康有为写了《大同书》，他没有也不可能找到一条到达大同的路"❷，毛泽东在《论人民民主专政》一文中一针见血地指出了康有为思想和理论的局限性。不可否认，作为一种对理想社会的描述，康有为的大同思想虽然带有强烈的空想社会主义色彩，但不失为中华民族宝贵的思想文化遗产。20 世纪初，民主革命的先行者孙中山领导成立了中国近代第一个资产阶级革命政党，提出了"三民主义"并将其作为辛亥革命的指导思想。孙中山对儒家学派倡导的大同社会

---

❶ 本书编写组：《中国近现代史纲要》，高等教育出版社 2023 年版，第 51 页。
❷ 《毛泽东选集》（第四卷），人民出版社 1991 年版，第 1471 页。

特别向往，三民主义中的民生主义思想蕴含着"大同主义"的意蕴和价值观，是儒家文化与社会主义学说的糅合。孙中山在领导革命的实践中，逐步认识到西方资本主义发展中的贫富两极分化问题，认为其根源在于未能解决土地问题，因此他试图用"平均地权"的办法，实现资产阶级的土地国有。孙中山将实现共同富裕的重点放在平均地权上，其民生主义思想从西方借取了民主主义思想素材，在孙中山看来，推行民生主义既能使中国摆脱列强的奴役，使中国走向富强，又能使中国避免产生两极分化的贫富差异现象，避免社会危机的出现。孙中山以"天下为公"为己任，其民生主义思想具有浓烈的社会主义色彩，他希望"举政治革命、社会革命毕其功于一役"❶，来实现他的理想社会的目标。因而从本质上说，孙中山的大同思想就是在杂糅了社会主义学说的基础上，把中华民族自古以来就提出的"天下大同"思想进行革命性的创新与超越。

近代以来"天下大同"的思想理念始终存于中国知识分子和有识之士的心中，成为他们的社会理想和奋斗目标。"大同"思想蕴含着共同富裕的重要内容和价值意蕴，它所要实现的理想社会与共同富裕在主要内容和核心要义方面有着紧密的逻辑关联和内在的一致性。但是不可否认，中国古代和近代的共同富裕思想是对于未来理想社会的一些美好设想，和中国共产党的共同富裕理论还是有着本质上的不同的。中国共产党汲取了中华优秀传统文化中关于"天下大同"的理念和思想，在马克思主义共同富裕思想的指导下，推进了共同富裕的理论和实践创新。

（二）均平思想

共同富裕是中国古代均平思想的当代表达。中国人自古以来就有"不患寡而患不均"的均平思想，这一思想带有浓厚的空想社会主义的色彩，反映了社会大众对富裕生活和公平正义的渴望。在反对封建统治的斗争中，北宋前期，王小波、李顺起义第一次提出"均贫富"的口号，成为农

---

❶ 孙中山、广东省社会科学院研究室：《孙中山全集》（第一卷），中华书局1981年版，第289页。

民反对封建剥削制度的有力武器。南宋初年钟相、杨幺起义在此基础上提出了"等贵贱、均贫富"的口号,这就彻底否定了天命观,这种平均主义诉求是中国古代多少代人不懈追求的理想。明末李自成起义又在此基础上提出了"均田免粮"的口号,在当时具有进步的历史意义。总而言之,封建社会时期起义农民提出的反对剥削制度的"均贫富""均田免粮"口号,突出反映了他们对共同富裕的要求和渴望,反映了生活在社会底层的民众对于理想社会状态的孜孜以求。中国传统文化蕴含着丰富的共富基因,"均平思想",应是共富理论的肇始和雏形,但更多表达的是对均平、均等的期盼和渴望,体现了对大道之行、天下为公的理想社会的追求,在当时的社会历史条件下确实是一种无法实现的乌托邦。同时,这种"均平思想"没有将共同富裕建立在先进的生产关系和高度发达的生产力基础之上,它只是在维护落后的私有制生产关系条件下崇尚"均平"、建构这种理想社会,因而带有强烈的空想主义和平均主义色彩。

成书于战国时期的《晏子春秋》是以记言为主的历史文化典籍,文中强调:"其取财也,权有无,均贫富,不以养嗜欲。"[1] 因此,均平思想是中国古代先贤圣人孜孜以求的理想和价值目标。古代先哲根据他们所处时代的生产力发展水平,对均平思想的内涵和实现路径进行了阐释和不同层次的实践,体现了对共同富裕矢志不渝的追求。均平思想和共同富裕相通,有其深厚的文化传统根基,具有深远的历史文化渊源。儒家学派所提出的大同理想社会的理念并没有湮灭,一直延续不辍,纵观五千年的中华文明史,实现天下大同、消灭两极分化是中国人民一直向往和期盼的美好理想。中华优秀传统文化中的共同富裕思想根底深厚,从不同的角度擘画了天下大同的社会样貌。中国古代的均平思想为中国共产党的共同富裕思想提供了重要的文化资源和理论基础,并随着时代的进步而被赋予新的内容。

---

[1] 卢守助:《晏子春秋译注》,上海古籍出版社2006年版,第100页。

本章小结

共同富裕是马克思主义经典作家在继承超越前人理论的基础上对未来美好社会设想的价值旨归。马克思主义的创始人虽然在论著中没有明确地提出和使用"共同富裕"的命题,但他们"从一开始就鲜明地将全体社会成员共同富裕的理念写在了自己的旗帜上"❶。一方面,马克思主义经典作家共同富裕的思想和理论为中国共产党探索和推进共同富裕提供了行动指引和理论遵循。马克思恩格斯在对资本主义社会进行深刻批判的基础上提出了无产阶级摆脱贫困的根本途径和归宿,初步形成了共同富裕思想的理论体系和框架。列宁从战后俄国经济文化落后的现状出发,在建设社会主义的最初实践中不断丰富并完善了共同富裕的思想基础和理论体系,提出了共同富裕理论思考和实践的方案,开启了共同富裕从理论到实践的初步探索和跃升,为马克思主义的共同富裕思想宝库和理论体系增添了新鲜养料,从而影响了中国共产党探索和推进共同富裕的思维和行为方式。另一方面,自古迄今,中国人对"天下大同"的理想社会充满了热忱,共同富裕思想厚植于中华民族的历史文化中,中华优秀传统文化中所蕴含的"天下大同"的共同富裕因素是中华民族几千年来对美好生活不懈追求的生动体现,对当下仍然具有进步意义,这些优秀传统文化共同构成了中国共产党共同富裕思想的理论渊源。"共同富裕思想不仅是一个反映社会事实的描述性概念,而且是一个引导社会实践的规范性概念。"❷ 中国共产党探索和推进共同富裕有着深厚的理论根基、思想渊源与实践基础,其中既包括中国共产党人创造性地对中华优秀传统文化所蕴含的共同富裕基因的扬弃,也包括从马克思主义经典作家共同富裕的思想、理论汲取的丰富文化

---

❶ 程恩富、刘伟:《社会主义共同富裕的理论解读与实践剖析》,《马克思主义研究》,2012年第6期,第42页。

❷ 汪才明、王文兵:《"走向共同富裕"的思考》,《科学社会主义》,2007年第1期,第63页。

养分。共同富裕"充分体现了社会发展的规律性和人们自觉选择性的统一"❶。中国共产党人承载着中华民族几千年来对美好未来期盼、实现天下大同的图景设想。中国共产党在开启追求共同富裕的历程后,一方面在治国理政的过程中对共同富裕的理论认识也不断地赓续传承和丰富完善,推动马克思主义共同富裕理论的创新发展,始终将共同富裕作为价值目标;另一方面确立了实现共同富裕的渐进路线,提供社会发展进步的路径,以指导探索和推进共同富裕的伟大社会实践,用发展着的马克思主义共同富裕理论来指导中国共产党推进的共同富裕的伟大建设事业。

---

❶ 李留义、潘宁:《毛泽东对马克思主义共同富裕思想的传承发展及其时代价值》,《湖南科技大学学报》(社会科学版),2022年第4期,第19页。

第二章

社会主义革命和建设时期中国共产党对共同富裕的探索和初步展开

社会主义革命和建设时期，以毛泽东同志为核心的党的第一代中央领导集体在继承马克思主义共同富裕思想和理论的基础上，第一次明确地提出和使用"共同富裕"概念，形成了适合中国国情的社会主义共同富裕的思想理论体系。中华人民共和国的成立及随之进行的社会主义改造为实现共同富裕提供了坚强的政治保证和坚实的制度支撑。为了探索和推进共同富裕，党和政府采取了一系列政策举措，主要包括开展土地改革运动、完成社会主义改造、推进农业生产发展、开展工业化建设、重视山区建设、发展副业生产等方面，这些政策措施的推行，解决了温饱问题、初步改善了民生、减少了贫困现象，对共同富裕的探索和推进取得了初步成效，但由于对社会主义本质的认识不清和社会主义建设经验的缺乏，党在探索和推进共同富裕过程中也存在失误和偏差，如对"共同富裕"的错误理解，导致平均主义的泛滥，给这一时期的社会主义建设事业带来了严重的危害。总的来看，这一时期中国共产党在实践中已经进行了实现共同富裕的初步探索，建构了生产资料公有制与社会主义按劳分配为主体的生产关系，建立了社会主义工业化体系和国民经济体系，为共同富裕奠定了制度基础和物质基础。这一时期，在中国共产党的领导下，探索和推进共同富裕取得了初步成效。

一、社会主义革命和建设时期中国共产党共同富裕的理论探索

社会主义革命和建设时期，中国共产党对共同富裕的理论探索主要从共同富裕概念的提出及内涵、毛泽东共同富裕思想两个方面展开，下面对其分而述之。

（一）共同富裕概念的提出及内涵

一是关于共同富裕概念的提出。中国共产党成立初期，虽然党还没有明确提出"共同富裕"的概念，但党的创始人之一的李大钊便已认识到必须实行社会主义才能实现马克思主义创始人所设想的美好社会，他鲜明地指出："社会主义不是使人尽富或皆贫，是使生产、消费、分配适合的发

展,人人均能享受平均的供给,得最大的幸福。"❶ 1953 年 12 月 16 日,中共中央通过了《关于发展农业生产合作社的决议》,这个决议是根据毛泽东的意见充分修改而形成的。1954 年 1 月 9 日,《中共中央关于发展农业生产合作社的决议》在《人民日报》正式发表,决议强调:"为着进一步地提高农业生产力,党在农村中工作的最根本的任务,就是要善于用明白易懂而为农民所能够接受的道理和办法去教育和促进农民群众逐步联合组织起来,逐步实行农业的社会主义改造,使农业能够由落后的小规模生产的个体经济变为先进的大规模生产的合作经济,以便逐步克服工业和农业这两个经济部门发展不相适应的矛盾,并使农民能够逐步完全摆脱贫困的状况而取得共同富裕和普遍繁荣的生活。"❷ 这是在继承马克思主义共同富裕思想理论的基础上,中国共产党第一次正式在党的文件中明确提出和使用"共同富裕"的命题,决议对"共同富裕"概念的内涵做了初步界定,强调了让占中国人口绝大多数的农民摆脱贫困是经济文化落后的中国实现共同富裕的重点。1956 年 3 月底,陈云副总理在全国工商业者家属和女工商业者代表会议上讲话时强调:"只有在社会主义制度下,才有大家富裕的可能。"❸ 中华人民共和国成立初期,中国共产党第一次在重要文献中提出了"共同富裕"这一命题和概念,并对之进行了明确的阐释,将实现共同富裕作为社会主义革命与建设的本质要求与最终归宿。换言之,社会主义制度和生产资料公有制是中国共产党探索和推进共同富裕思想理论体系中不可撼动的制度保障和经济基础。只有坚持以马克思主义共同富裕思想为指导,通过革命的手段从根本上消除贫困的制度根源,建立并通过社会主义制度,才能逐步消除贫困,才能在中国共产党的领导下历史性地解决共同富裕的推进和实现问题,使人民过上富足、美好的生活。

二是关于共同富裕概念的内涵。"共同富裕"这一概念和理念是最通

---

❶ 《李大钊全集》(第四卷),人民出版社 2013 年版,第 246 页。
❷ 中共中央文献研究室:《建国以来重要文献选编》(第四册),中央文献出版社 1993 年版,第 661-662 页。
❸ 陈云:《公私合营后一些问题的解决办法》,《人民日报》,1956 年 3 月 31 日第 1 版。

俗易懂且能为全体社会成员所认可的价值目标和行动纲领。1955年10月，毛泽东在关于社会主义改造问题座谈会上鲜明地指出，中国"是可以一年一年走向更富更强的，一年一年可以看到更富更强些。而这个富，是共同的富，这个强，是共同的强"❶。在这次讲话中，毛泽东对"共同富裕"这个概念作出了进一步解释和阐发。"共同富裕"是一个经济学领域的术语和概念，是"共同"和"富裕"两者的辩证统一，"共同"与生产关系对应，"富裕"则对应社会生产力，因此要从生产力和生产关系的相互关系中理解共同富裕。"富裕"一词蕴含着社会成员对财富的占有情况，是从社会成员物质生活丰裕的程度体现出来的，这由生产力的发展水平决定，生产力的发展是富裕的基础，生产力越发达，富裕程度就越高；反之，富裕程度就越低。"共同"一词则反映了社会财富的占有方式和分配情况，这由一定社会生产关系的性质所决定。"共同"主要是指富裕在全体社会成员内实现的范围，公有制的生产关系就能避免两极分化的贫富占有状况，私有制的生产关系就无法保证社会成员"共同"占有社会财富。因此，理解和把握"共同富裕"的内涵必须从生产力与生产关系的辩证关系着手。实现共同富裕既要解决发展生产力的问题，创造巨大的社会财富，物质产品实现极大丰富；又要解决生产关系方面的问题，实现物质产品的公平分配，逐步消除两极分化。毛泽东还指出："这种共同富裕，是有把握的，不是什么今天不晓得明天的事。"❷ 这里所提到的"有把握"，是指当社会财富的拥有差距和收入差距加大到一定程度而出现两极分化时，党和政府就运用一切必要的手段来加以协调和控制。这就意味着一方面把建立社会主义制度作为共同富裕的必要前提，另一方面把共同富裕作为社会主义的必然结果。共同富裕是社会主义的本质要求和价值目标。❸ 共同富裕就是在生产力高度发达基础上在生产关系方面保证人民获得财富的公平

---

❶ 中共中央文献研究室：《毛泽东文集》（第六卷），人民出版社1999年版，第495页。
❷ 中共中央文献研究室：《毛泽东文集》（第六卷），人民出版社1999年版，第496页。
❸ 周文、唐教成：《深刻理解和领悟共同富裕的三重逻辑》，《经济纵横》，2023年第5期，第3页。

权利,逐步消除贫富两极分化。我们不能离开发展生产力来讨论共同富裕,也不能离开生产关系来谈论共同富裕,否则就会出现对共同富裕认识上的偏差和行动上的错误,陷入"同步富裕""平均富裕"的误区。

(二) 毛泽东共同富裕思想

共同富裕是中国共产党成立以来所孜孜追求的远景目标,是社会主义的本质要求。"社会主义的本质是以生产资料公有制为主体和全体人民共同富裕,这是毛泽东对社会主义的基本认识。"[1] 作为中国社会主义建设事业的奠基人,毛泽东在领导中国社会主义革命和建设的过程中,汲取中国传统文化中的思想精华,继承、运用和发展马克思主义共同富裕思想,实现了中国共产党共同富裕的理论创新,破解了经济文化落后国家推进共同富裕和解决贫困的难题,形成了与时俱进独具特色的共同富裕思想,为中国社会摆脱贫困提供了理论武器,把对马克思主义共同富裕思想的认识发展到一个崭新的阶段。毛泽东共同富裕思想主要体现在以下三个方面:

一是消灭剥削制度。社会主义革命和建设时期,毛泽东深受马克思主义创始人共同富裕思想的影响,把摆脱贫穷落后、实现国家的繁荣富强作为追求的理想和目标,开始了探索和推进人民共同富裕的伟大历程。毛泽东没有把共同富裕作为一个独立的概念来理解和使用,强调要建立社会主义的生产关系,只有消灭剥削阶级和剥削制度,才能为推进全体人民共同富裕提供政治和制度保障。私有制的生产关系和阶级剥削制度的存在导致贫富差距日益加大,极大地制约了共同富裕目标的实现,1955 年 7 月 31 日至 8 月 1 日,毛泽东在中共中央召集的省、市、自治区党委书记会议上作的《关于农业合作化问题》的报告指出:"在农村中消灭富农经济制度和个体经济制度,使全体农村人民共同富裕起来。"[2] 这就揭示了社会主义与共同富裕之间的逻辑联系,明确了只有进行社会主义改造,消灭剥削制

---

[1] 王瑞芳:《1960 年前后毛泽东对社会主义本质问题的认识》,《晋阳学刊》,2017 年第 5 期,第 16 页。

[2] 中共中央文献研究室:《毛泽东文集》(第六卷),人民出版社 1999 年版,第 437 页。

度,才能使人民共同享有劳动成果,推进和逐步实现全体人民的共同富裕。随着社会主义制度的基本确立,中国共产党逐步认识到通过社会主义道路实现共同富裕的可能性和历史必然性,"如果党不积极引导农民走社会主义道路,资本主义在农村中就必然会发展起来,农村中的两极分化就会加剧起来。"❶ 毛泽东的讲话和论断提出了彻底消灭剥削和私有制、消除贫困以实现共同富裕的实践路径。毛泽东在马克思恩格斯消灭私有制实现共同富裕思想的基础上所建构起的共同富裕观念实现了进一步成熟。

建立社会主义制度是消除贫困、推进共同富裕的根本途径,必须把共同富裕的问题同消灭剥削制度的问题联系起来。中华人民共和国成立后,毛泽东认识到要带领人民走上共同富裕的道路,中国必须走社会主义道路,这就需要进行社会主义革命,消灭私有制和剥削制度,建立起崭新的社会主义生产关系。社会主义公有制是全体社会成员走向共同富裕的制度保障。毛泽东回应人民对美好生活的殷切期盼,对消灭私有制、建立社会主义的生产资料公有制以消除贫困和逐步实现全体人民的共同富裕有着清醒的认识和充足的自信。

二是发展社会生产力。社会主义的根本任务是发展生产力。生产力的发展是消除两极分化、实现共同富裕的根本保证。只有保护和发展生产力,才能为推进共同富裕提供物质基础和前提条件。早在抗战胜利前夕,毛泽东在中共七大所作的《论联合政府》的政治报告中就强调:"中国一切政党的政策及其实践在中国人民中所表现的作用的好坏、大小,归根到底,看它对于中国人民的生产力的发展是否有帮助及其帮助之大小,看它是束缚生产力的,还是解放生产力的。"❷ 这为中华人民共和国成立后中国共产党领导经济建设、发展生产力提供了重要理论依据。1956 年 1 月,毛泽东在最高国务会议第六次会议上发表讲话,指出:"社会主义革命的

---

❶ 中共中央文献研究室:《建国以来重要文献选编》(第七卷),中央文献出版社 1993 年版,第 287 页。
❷ 《毛泽东选集》(第三卷),人民出版社 1991 年版,第 1079 页。

目的是为了解放生产力。"❶ 社会主义革命就是要完成生产资料私有制的社会主义改造，实现生产资料的平等占有，通过变革旧的落后的生产关系，建立新的社会主义的生产关系来适应生产力快速发展的要求，为促进全体人民共同富裕奠定基础。1957 年 2 月，毛泽东在《关于正确处理人民内部矛盾问题》的讲话中强调："我们的根本任务已经由解放生产力变为在新的生产关系下面保护和发展生产力。"❷ 从物质基础层面看，只有大力和快速发展生产力，尽快实现国家工业化，逐步解决人民对于建立先进工业国的要求同落后农业国的现实之间的矛盾，才能为推进和实现共同富裕创造社会条件和重要的物质基础。

共同富裕的中心是"富裕"，是物质产品的极大丰富。"发展生产力对于实现共同富裕具有特殊的意义。"❸ 社会主义革命和建设时期，中国共产党对发展生产力、推进共同富裕的认识十分清晰，党将解放和发展生产力与共同富裕联系起来，领导人民通过建立社会主义工业化来大力发展生产力，创造更多的物质财富，做大"蛋糕"，为推进和实现共同富裕奠定基础，这是一个正确的抉择。

三是注重消除两极分化。社会主义革命和建设时期毛泽东在领导中国人民探索和推进共同富裕的过程中，始终把实现社会的公平问题放在首位，照顾到方方面面的利益，并将消除两极分化、实现共同富裕作为社会主义的基本内容加以强调。毛泽东继承了马克思恩格斯消除两极分化的共同富裕思想，认为生产资料的资本主义私人占有的制度只是使少部分人富裕起来，而绝大部分社会成员是无法实现共同富裕的，这就必然出现严重的两极分化的现象，影响社会的稳定和政权的稳固。因此毛泽东担心土地改革后的农村会出现新的贫富两极分化，关注消灭剥削，实现平等，认为只有逐步消除贫富之间的差距，注重社会公平，才能推进共同富裕。中华

---

❶ 中共中央文献研究室：《毛泽东文集》（第七卷），人民出版社 1999 年版，第 1 页。
❷ 中共中央文献研究室：《毛泽东文集》（第七卷），人民出版社 1999 年版，第 218 页。
❸ 逄锦聚：《中国共产党带领人民为共同富裕百年奋斗的理论与实践》，《经济学动态》，2021 年第 5 期，第 12 页。

人民共和国成立初期的土地改革,实现了"耕者有其田",调动了农民的生产积极性、创造性,促进了农业生产力的快速发展,但由于农户生产条件的不同,土地改革之后的农民很快出现了买卖土地的现象。毛泽东敏锐地看到土改后农村出现的这种两极分化的苗头,1955年7月,毛泽东在《关于农业合作化问题》一文中指出:"这种情况如果让它发展下去,农村中向两极分化的现象必然一天一天地严重起来。"❶ 为实现共同进步和发展,党在农村必须加速引导农民走互助合作道路,改善农民生产生活条件,逐步消除贫困现象,消灭贫富两极分化。社会主义革命和建设时期,为了实现全体人民共同富裕的美好愿望,毛泽东十分重视实现中国社会的公平问题,将发展生产与消除两极分化结合起来,提出一系列迅速改变中国贫穷落后面貌、逐步实现共同富裕目标的办法和措施,决不允许产生新的剥削阶级,不允许两极分化现象在新中国存在,不允许中国农村走上资本主义道路。因此在推进人民共同富裕的过程中,以毛泽东同志为核心的党的第一代中央领导集体回应人民群众对公平正义的合理诉求,强调要坚持公平原则,完全摆脱贫困,同时防止贫富差距太大而导致私有制社会中的两极分化。

二、探索和推进共同富裕的政策举措

以毛泽东同志为核心的党的第一代中央领导集体在领导和推进社会主义革命和建设的过程中,认为共同富裕应该建立在没有阶级压迫和剥削的基础之上,为此,中华人民共和国成立初期,中国共产党领导人民先后开展了土地改革运动和社会主义改造,先后消灭了封建剥削制度和资产阶级的剥削制度,从变革旧的生产关系入手来领导人民消除贫困现象,从而为推进共同富裕创造了社会条件。在此基础上,党和人民政府采取发展农业生产、开展工业化建设、重视山区建设、发展副业生产等措施,开展社会经济建设,以推进人民的共同富裕,并取得了显著的成效。

---

❶ 中共中央文献研究室:《毛泽东文集》(第六卷),人民出版社1999年版,第437页。

(一) 开展土地改革运动

新民主主义革命的基本结束和中华人民共和国的成立,为1950年代的土地改革在全国范围内的顺利进行提供了社会条件和政治保障,也为摆脱贫困、实现共同富裕创造了根本政治前提。

中华人民共和国成立初期,中国共产党认为推进共同富裕,首先必须从引发贫困的社会根源出发,废除封建土地私有制,消灭剥削制度,以解放和发展社会生产力。1950年6月,《中华人民共和国土地改革法》颁布实行,在党和人民政府的领导下,各地依据《中华人民共和国土地改革法》《关于划分农村阶级成分的决定》《城市郊区土地改革条例》等法令措施,开展土地改革运动,废除封建剥削的土地制度,完成了民主革命遗留的反封建的历史任务,农村土地占有不均的现象基本得以解决。到1952年底,国民经济恢复工作基本完成,土地改革这场伟大的反封建斗争任务除了部分边远的少数民族地区外,业已基本完成。"全国有三亿多无地少地的农民(包括老解放区农民在内)无偿地获得了约七亿亩土地和大量生产资料。"❶ 土地改革为巩固工农联盟、解放农村生产力、开展农业合作化运动和推进社会主义工业化,准备了政治、经济和思想条件。

土地改革实现了中国农民梦寐以求的"耕者有其田",破除旧的生产关系和上层建筑的束缚,带动农村形成新的权力结构和阶级结构,为工业化的推进扫清了障碍,因此土地改革也是一场社会关系的革命。从共同富裕的视角看,消灭封建剥削制度的土地改革是党探索和推进共同富裕的重要步骤。土地改革的完成,完成了民主革命遗留的任务,使农村生产力获得了历史性的大解放,为实现全体人民共同富裕奠定了社会基础,创造了前提条件。

(二) 完成社会主义改造

共同富裕的实现首先必须完成社会主义改造的历史任务。中华人民共

---

❶ 胡绳主编:《中国共产党的七十年》,中共党史出版社1991年版,第326页。

和国成立之初,人民群众的生活水平并未得到显著提高,党的领导人高度重视共同富裕问题,积极进行社会主义改造,为共同富裕的实现创造条件。中华人民共和国成立初期,实行土地改革后不久,小农经济固有的缺点逐渐暴露出来,一些地方农村出现了土地买卖、放高利贷、雇工剥削等现象,农村重新产生了阶级分化的苗头,部分条件好的农户经过发家致富上升为富裕中农,一些地方甚至出现了带有资本主义色彩的新富农。农村中这种两极分化倾向的出现和发展,事实上阻碍了共同富裕目标的实现。为了突破小农经济的束缚,解决土改后部分农民生产资料缺乏和生产条件落后的问题,消灭农村中的个体经济和富农经济,避免两极分化,建立和推行社会主义公有制,党探索农业合作化的发展道路,领导农民通过农业生产互助合作有步骤、分阶段将个体农民广泛组织起来,消除农村两极分化和释放农业生产力,走上了社会主义集体化道路。合作化运动是中国农村一场深刻的社会变革,极大地提高了农民抵抗自然灾害的能力,充分发挥集体的力量与优势,也极大地增强了农民的生产能力,引导广大农民摆脱贫困、走向共同富裕的道路。在对农业进行社会主义改造的同时,党还领导了手工业、资本主义工商业的社会主义改造,到1956年底,通过土地改革和社会主义革命,中国彻底废除了封建土地制度,资本主义经济基本被消除,根除了社会不平等的根源,为实现共同富裕奠定了所有制基础。

社会主义改造的基本完成,确立了生产资料公有制的社会主义基本制度,打破小农经济的局限就可以满足国家的经济建设对农业生产的需求。"新民主主义向社会主义过渡时期,毛泽东重点关注农村共同富裕的问题。"❶ 基于对社会制度和共同富裕关系的正确把握,以毛泽东同志为核心的党的第一代中央领导集体通过社会主义改造和社会主义道路,建立起人民当家作主的社会主义新制度,开启了对共同富裕路径的坚持不懈的探索。

---

❶ 陈燕:《中国共产党的共同富裕:理论演进与实现路径》,《科学社会主义》,2021年第3期,第117页。

（三）推进农业生产发展

改革开放前的中国是一个农业大国。中华人民共和国成立后，经济比较落后，生产力不发达，要使生产力快速发展起来，加速发展工业化，实现人民的共同富裕，必须大力推进农业生产。农业是出口物资和国家工业化积累资金的重要来源，农业在国民经济中具有基础性地位，关系着国计民生，是顺利推进工业化的重要保障。人民的共同富裕依托于农业生产力的快速发展，因此必须大力发展农业生产，以解决工农业发展不相适应的矛盾，才能推进和逐步实现共同富裕。党和人民政府采取一系列政策措施、制定一系列纲领性文件，以发展农业生产，如《政务院关于一九五一年农林生产的决定》《政务院关于一九五二年农林生产的决定》《1956年到1957年全国农业发展纲要》等。

社会主义革命和建设时期，农业不仅要为社会主义工业化建设提供资金和市场，而且还要为发展工业提供重要原料。共同富裕依托于农业的高度发展，因此必须在农业大国基础上建设伟大的社会主义国家，通过农业的迅猛发展，消除贫困现象，逐步推进人民的共同富裕。

（四）开展工业化建设

中国共产党推进共同富裕是一个渐进的过程，实现共同富裕需要在发展生产力特别是开展工业化建设中得到解决。国家社会主义工业化是中国走向独立富强的前提和必要条件。社会主义革命和建设时期，中国共产党清醒地认识到未来要突破农业发展道路的基本指向，开始进行工业化建设，实现关于工业特别是重工业上的"从无到有"，以求早日摆脱贫困状态。党和政府设计了通过"农业为基础，工业为主导"道路实现"共同富裕"的总体方案。社会主义建设时期，为了缓解区域经济的发展不平衡状态，在党的领导下，实行以农业为基础，以工业为主导的方针，中国初步建立起独立的、比较完整的国民经济体系和工业体系，基本上改变了近代以来工业发展的畸形局面，逐步形成初具规模、工业种类比较齐全的发展布局。新中国成立初期工业在国民经济中的地位逐步提高，工业布局趋向合理，工业品种类增加，工业产值和产量迅速增加，从1953年至1957年，工农业总产值每年平均增长10.9%，其中工业增长18%，农业增长4.5%。第一个五年计划期间，重工业每年平均增长25.4%。❶社会主义工业化建设初步改变了我国经济以农业为主的局面，为改变贫穷落后的面貌夯实了物质基础，推进国家工业化发展水平，逐步改变了旧中国"一穷二白"的面貌，在社会主义工业化建设中推进了实现人民共同富裕的历史进程。

中华人民共和国成立后，在勠力实现共同富裕的历史语境下，中国共产党借鉴苏联的计划经济体制和工业化模式，动员一切可以动员的力量推进社会主义工业化建设，确定了在中国这样一个经济落后的国家建设社会主义工业化的目标，选择以工业化为提高生产力和推进共同富裕的路径，"在注重工业布局的平衡性与协调性中推进中国的共同富裕事业"❷。可见，以毛泽东同志为核心的党的第一代中央领导集体确定了在优先发展工业化的进程中从根本上改善农民的生活水平，消除贫困，逐步实现共同富裕的发展蓝图和建设思路。共同富裕必须建立在发达的工业国基础之上，没有社会主义工业化，就不可能推进共同富裕的进程。

（五）重视山区建设

近代中国的经济发展极为畸形，生产效率低下，经济社会发展不平衡。山区一般分布于边疆地区、少数民族地区，生产力发展水平较低，经济文化落后，因而山区经济发展同平原地区的差距十分明显。面对山区落后的生产力和普遍贫穷的社会现状，为了推进共同富裕，保持社会政治稳定，以毛泽东同志为核心的党的第一代中央领导集体在科学分析和研判当时中国区域经济发展现状的基础上，提出重视和发展山区的设想，以实现

---

❶ 苏星、杨秋宝编：《新中国经济史资料选编》，中共中央党校出版社2000年版，第299页。

❷ 韩振峰、王露：《习近平共同富裕观的理论探源、核心要义及价值意蕴》，《大连理工大学学报》（社会科学版），2022年第6期，第2页。

地区平衡发展。

中华人民共和国成立之初区域经济发展的不平衡和严重失调,不仅影响了国民经济的增长,而且滞缓了共同富裕推进的历史进程。为了奠定山区经济社会发展的物质基础,维护民族团结和国家统一,党和人民政府决定开发山区,《1956年到1967年全国农业发展纲要(修正草案)》规定:"按照因地制宜、实行多种经营的方针,发展山区的农业、林业、畜牧业和各种土特产的生产。"❶ 1957年11月18日,朱德在中共中央农村工作部召开的全国山区生产座谈会上发表讲话,强调必须重视和加强山区建设:"山区的建设方向,应该是从山区原来的自给自足经济发展成为全国统一经济的一部分,同全国经济相交流。山区的建设发展起来了,山区的富源一定会源源不断地开发出来,贡献给全国的建设事业。"❷ 山区自然资源丰富,生产潜力巨大,开发建设山区对经济的协调发展、对促进全国社会主义建设事业的发展、对推进共同富裕有着不可估量的意义。这是当时中国共产党对解决贫困问题、推进区域协调发展进而逐步实现共同富裕的初步探索。

(六) 发展副业生产

在农业经济中,副业生产占有非常重要的位置。"副业是支援农业生产、增加农民收入、活跃城乡经济交流和供应某些出口物资的重要生产部门。"❸ 农民历来就有经营多种副业生产的习惯,副业生产收入是农民增加收入的重要经济来源。合作化运动时期,在不影响农业生产的前提下,各地均制定了副业生产规划,对农、副业生产做全面的安排,提高群众经营副业生产的积极性,大力开展副业生产,增加农民收入,支援农业生产和

---

❶ 中共中央文献研究室:《建国以来重要文献选编》(第十册),中央文献出版社1994年版,第645页。

❷ 中共中央文献研究室:《建国以来重要文献选编》(第十册),中央文献出版社1994年版,第692页。

❸ 范连生:《合作化时期农业生产合作社勤俭办社的历史考察——以贵州为中心》,《当代中国史研究》,2021年第6期,第39页。

工业化建设，以加快共同富裕的历史进程。

1953 年 12 月，中共中央通过了《关于发展农业生产合作社的决议》，决议指出："在以发展农业的生产为主的方针下，农业生产合作社可以利用自己多余的劳动力和财力兼顾其他可能发展的副业，并使副业的经营能够为扩大农业生产服务"。农业副业和农民兼营的手工业，如纺织、农产品加工、运输、采集、渔猎、建筑材料等，对支援农业生产、提高劳动力的利用率，增加农民收入，发挥着很重要的作用。合作化运动的高潮开始后，全国人大常委会通过了《农业生产合作社示范章程（草案）》对合作社发展副业生产作出规定："在不妨碍农业生产、不进行商业投机的条件下，农业生产合作社应该根据需要和可能，积极地经营副业生产，逐步地发展农业同手工业、运输业、畜牧饲养业、渔业、林业等生产事业相结合的多种经济，以便发挥合作社的潜力，帮助农业和整个农村经济的发展。"❶截至 1956 年 5 月 20 日的统计，安顺县华严农业生产合作社副业总收入即达 2.27 万元。这一笔收入，除少数用作扩大副业的再生产外，其余大部分都用以支援农业生产，如买农具、肥料、种子、耕畜，等等。合作社社员都体会到了有计划地经营副业的好处，他们说：农业是大哥，副业是小弟；小弟长大了，就可给大哥出力气，意即副业生产可以支援农业生产。❷1956 年 6 月 14 日，中共中央为了满足城乡人民生产和生活的需要，增加收入，又发出关于《农业生产合作社要注意多种经营》的通知，提出："有必要号召各农业生产合作社立即注意开展多种经营，才能使百分之九十以上的社员每年增加个人的收入，否则就是一个很大的偏差，甚至要犯严重错误。"❸党和政府针对副业生产和多种经营，先后发出一系列指示、意见和通知，主要有《中共中央、国务院关于勤俭办社的联合指示》《关于农业生产合作社要注意多种经营的通知》《中共中央关于做好农业生

---

❶ 国家农业委员会办公厅编：《农业集体化重要文件汇编（1949—1957）》（上），中共中央党校出版社 1981 年版，第 490－491 页。

❷ 乔学珩主编：《贵州农村合作经济史料》（第二辑），贵州人民出版社 1988 年版，第 289 页。

❸ 中共中央文献研究室：《毛泽东文集》（第七卷），人民出版社 1999 年版，第 67 页。

产合作社生产管理工作的指示》《国务院关于统一管理农村副业生产的通知》等，这些积极开展副业生产的指示和政策强调要切实加强党委对于副业生产的领导，要根据各种副业生产的特点及其与农业生产的关系，要根据需要和可能，扩大生产范围，合理地利用劳动力，分别采取不同的经营办法和分配办法，合理评定从事副业生产人员的劳动报酬，改善副业生产的经营管理。为了实现供、产、销的平衡，各地政府发出指示发展副业生产和多种经营还应当经常和当地的供销合作社取得联系，防止盲目开展多种经营，造成副业产品和手工业产品积压浪费。副业生产在农民家庭收入中有着极其重要的地位，发展副业生产，经营多种经济丰富了市场的供应和城乡的物资交流，不仅为城乡人民生产生活所必需，解决了部分农民生产生活上的困难，供应了城市人民的一部分生活需要，而且发展副业生产，通过副业产品出口换取外汇，可以换取机器、钢材等各种国家建设所急需的物资，从而支援国家社会主义工业化建设，巩固工农联盟，推进全体人民共同富裕的实现。1950年代后期，"左"倾思想的错误发展，混淆了两条道路的界限和两类不同性质的矛盾，发展副业和经营副业产品被视为资本主义而加以批判。"往往越是盈利的行业，越是被视为资本主义，有些甚至还被认为是投机倒把等非法行为。"❶ 一段时间内，发展副业生产的正确方针被否定和取消，共同富裕逐渐被等同于平均主义，从而对消除贫困和推进共同富裕产生了消极影响。

三、探索和推进共同富裕的初步成效

　　推进和实现共同富裕，是中国共产党立党为公、执政为民的必然要求。以毛泽东同志为核心的党的第一代中央领导集体，在继承马克思主义共同富裕思想的基础上，领导人民在经济文化落后的中国开启了探索和推进共同富裕的道路，建立起社会主义基本制度和相对比较完整的工业体系，设计了推进共同富裕的方案，探索和推进共同富裕取得了独创性的理

---

❶ 杜润生主编：《当代中国的农业合作制》（上），当代中国出版社2002年版，第431页。

论成就和巨大的实践成果，在解决温饱问题、初步改善民生、减少贫困现象等方面取得了显著成效。

（一）解决温饱问题

社会主义革命和建设时期，中国共产党共同富裕思想为中华人民共和国成立后解决温饱问题和消除贫困提供了理论指导。中华人民共和国成立之前，一些地区的农民衣不蔽体、食不果腹，过着饥寒交迫的生活。让贫困地区的农民解决温饱问题，有助于缓解绝对贫困，尽快使广大农民走上脱贫之路。社会主义革命和建设时期，在党和人民政府的领导下，反贫困事业取得了极大的成就，从1949年到1978年，未达到温饱线的农村人口占比从80%下降到30%。❶ 农村人口的绝对贫困问题特别是温饱问题得到了初步的解决。

中华人民共和国成立初期，在党和人民政府的领导下，粮食产量和农民收入快速增加，全国粮食总产量由1949年的11318.4万吨增加到1952年的16393.1万吨，增长44.8%，农民收入增长30%以上。农民吃不饱的极端贫困问题得到极大缓解。❷ 社会主义制度的确立，使农村生产力得到了较快发展，粮食产量稳步增长，全国粮食产量从1957年的19505万吨增加到1978年的30477万吨，人均粮食产量达到637斤，农民人均每日热量摄取超过2100千卡，中国人民的食物性贫困得到缓解。❸ 这一时期，党和人民政府采取措施，领导贫困群众通过发展生产摆脱贫困的状态，改变农业农村贫穷落后的面貌，初步解决了农民的温饱问题，消除贫困和推进共同富裕取得了明显的成效。

---

❶ 邢中先、张平：《中国扶贫70年：基于实现共富的三重向度研究》，《西北农林科技大学学报》（社会科学版），2019年第4期，第9页。
❷ 裴广一、葛晨：《中国共产党对实现共同富裕的百年探索与实践启示》，《学术研究》，2021年第12期，第13页。
❸ 邓金钱：《中国共产党百年减贫的历史方位与理论贡献》，《上海经济研究》，2022年第7期，第52页。

（二）初步改善民生

社会主义革命和建设时期，以毛泽东同志为核心的党的第一代中央领导集体根据中国具体国情，坚持在发展中改善民生，带领人民彻底消除贫困，提升人民的幸福感和获得感，让生活变得更符合人们的追求，为实现社会的公平正义，实现人民对美好生活的向往，推进共同富裕赢得了历史主动。

1949年3月，毛泽东在新中国成立前夕强调：中国共产党取得全国政权后，必须大力恢复和发展生产，改善民生，否则"我们就不能维持政权，我们就会站不住脚，我们就会要失败"❶。新中国成立后，党和人民政府采取措施发展生产和改善民生。以"五保户"的救助为例，这一时期党和人民政府对那些丧失劳动能力、无人抚养的"五保户"，确立了"依靠集体供养为主，辅之以国家和社会必要的救助"的方针，农村社会救助制度体系开始形成。"据山西、湖北、广东、江苏、辽宁、福建等六省的不完全统计，在农村中已有七十四万名缺乏劳动力或者完全丧失劳动力、生活没有依靠的老、弱、孤、寡、残疾的农业社社员，享受到高级农业生产合作社给予的保吃、保穿、保烧、保教、保葬的'五保'待遇。"❷供养农村特殊困难群体这一政策保障了他们的基本生活，解决了"五保户"的生活困难问题，对消除贫困、推进共同富裕和维持社会稳定起到了重要作用。这一时期，民生显著改善，学龄儿童入学率从1949年的20%上升到1978年的95.5%，文盲率从1949年的80%下降到1978年的22%，人均预期寿命从1960年的43.7岁上升到1978年的65.9岁。❸

（三）减少贫困现象

解决贫困问题始终是经济学科要探讨和解决的永恒主题。减少贫困现

---

❶ 《毛泽东选集》（第四卷），人民出版社1991年版，第1428页。
❷ 《山西等六省农业社实行"五保"制度，七十四万老弱孤寡社员免除贫困》，《人民日报》，1957年3月18日，第6版。
❸ 邓金钱：《中国共产党百年减贫的历史方位与理论贡献》，《上海经济研究》，2022年第7期，第52页。

象的重心是逐步实现全体人民共同富裕。中国共产党探索和推进共同富裕的历史就是一部反贫困的历史。农民贫困成为近现代的世界难题。近代中国的贫困人口数量非常多，1939年12月，毛泽东在《中国革命和中国共产党》一文中指出，广大农民"日益贫困化以至大批地破产，他们过着饥寒交迫的和毫无政治权利的生活。中国人民的贫困和不自由的程度，是世界所少见的"❶。消灭贫困是中国共产党的政治使命和孜孜以求的目标。消除贫困和实现共同富裕可以说是相辅相成。贫穷不是社会主义的特征，在以毛泽东同志为核心的党的第一代中央领导集体的领导下，政府采取措施改变造成贫困的条件，减少贫困人口，阻断贫困的再生产。新中国成立初期探索和推进共同富裕的进程中，饱受磨难的中华儿女看到了新的光明与希望，中国的贫穷状态得到改善，贫困现象减少。1957年周恩来在政府工作报告中指出："经过土地改革和合作化运动，目前我国农民大体上有百分之二十到三十过着略有积余的生活；有百分之六十左右过着有吃有穿的生活；有百分之十到十五过着少吃少穿的生活。"❷ 这就有力地说明了新中国初期在减少贫困人口方面取得了成就。减少贫困、改善民生是人民政府推进共同富裕伟大实践的基本内容，减贫政策措施的推行，使社会民众朝不保夕的生活状况得到了缓解，贫困问题得以逐步解决，社会主义特有的优越性初步显现，从而加快了摆脱贫困的进程。

四、探索和推进共同富裕过程中的失误和偏差

社会主义革命和建设时期，在一个小农经济占优势的农业大国探索和推进共同富裕，是以毛泽东同志为核心的党的第一代中央领导集体面临的一个全新的课题，这也是中国共产党的一项长期而艰巨的任务。因为对于如何推进社会主义建设的经验不足，党在探索和推进共同富裕过程中存在

---

❶ 《毛泽东选集》（第二卷），人民出版社1991年版，第631页。
❷ 中共中央文献研究室：《建国以来重要文献选编》（第十册），中央文献出版社1994年版，第330页。

一定的失误和偏差，在实践中片面扩大生产关系对生产力的反作用，忽视客观经济规律，在实现共同富裕的步伐上急于求成，把共同富裕理解为"同步富裕""平均富裕"，导致平均主义泛滥、"共产风"盛行，对社会造成了不可估量的损失。

（一）对"共同富裕"的错误理解

社会主义制度为消除贫困、推进共同富裕奠定了制度基础和提供了政治保障。在探索社会主义建设的过程中，社会主义革命和建设时期由于党对我国所处发展阶段的认识出现了偏差，对经济发展规律和经济基本情况的认识出现失误，特别是在认知层面上出现了把"共同富裕"等同于"同步富裕""平均富裕"的严重失误，结果给中国的社会主义建设事业带来了巨大的危害。共同富裕并不等于社会财富绝对的平均，不是平均主义。对"共同富裕"的错误理解和认知严重违背了经济发展的客观规律，推行单一公有制和"一大二公"的集体劳作模式，在分配方式上进行平均主义，因而在发展进程中要想实现共同富裕是不可能的。由于党的领导人对共同富裕的实现做了过高的脱离发展阶段的估计，将"同步富裕""同时富裕"等同于"共同富裕"，这就严重制约了社会主义制度活力和优势的发挥，不符合社会主义建设的客观规律，造成了不可估量的损失。社会主义革命和建设时期，党在社会主义探索中形成的一些正确的理论和认识还不牢固，不易坚持，如中共八大提出了关于社会主义社会主要矛盾的论断是非常正确的，但是在后来的社会主义建设实践中就没有坚持，特别是1957年夏季之后在"左"倾错误指导下发动的一系列群众性运动，严重混淆了两类不同性质的矛盾，阶级斗争扩大化的迷雾日益渗透进党内，特别是"文化大革命"的发生使这一时期的社会经济发展遭受重大挫折，为中国共产党在探索和推进共同富裕的道路上留下了深刻的启示和惨痛的历史教训。

（二）平均主义的泛滥和危害

受苏联模式以及当时严重"左"倾思想的错误影响，"大跃进"运动开始后,党的主要领导人对人民共同富裕的时间和程度的认识出现了严重失误,过分强调改变生产关系的作用,所有制结构急于求纯,导致平均主义泛滥。人民公社化运动中,党的主要领导人片面强调实行社会主义公有制,建立单一公有制经济成为追求的目标,片面追求"一大二公",消灭私有制被作了绝对化、片面化的解读,"公平"程度大大提高,不符合按劳分配原则,偏离了建设社会主义的正确轨道,以致平均主义之风肆虐,共同富裕无论是在思想观念上还是在经济实践中都遭到了扭曲。平均主义的泛滥既有主观方面的原因,那就是在共同富裕的实践过程中,没有结合我国发展实情,把原本不属于社会主义本质的内容加以固化,缺乏社会主义建设的经验,过于关注和强调生产关系,对社会主义建设规律认识不准确有关,对社会主义理论存在着机械式、教条式理解,也与面临十分复杂的国际环境、国内外特定的时代条件等客观因素相关。

在对社会主义认识的探索中,党的主要领导人在这一时期存在着一些偏差,没有清醒地认识到消除贫困、实现共同富裕需要有一个长时间的过程。由于过分看重全体社会成员在推进共同富裕过程中时间上的同步和程度上的均等,毛泽东共同富裕思想未能得到很好的贯彻。生产关系对生产力具有反作用是毋庸置疑的,但党的主要领导人在这一时期脱离实际,把生产关系在一定条件下对生产力起反作用中的"一定条件"加以泛化,急于变革生产关系。由于生产力没有得到充分的发展,缺乏共同富裕的物质基础,平均主义的泛滥、社会主义建设的失误使共同富裕的美好愿望并没有随之而至。经济上的共同富裕问题必须在社会生产力高度发达的基础上才能解决。实践证明,社会主义革命和建设时期,党的主要领导人试图通过不断提高公有化的规模和程度,实行单一的公有制,采用"一大二公"的人民公社模式,并没有正确解决社会实际生产力发展及在集体经济内部各社会成员的分配问题,用平均主义、乌托邦的办法来摆脱和消灭贫困,达到共同富裕,主观愿望和现实之间出现脱节,这是一种不切实际的空想。从根本上说,急于通过群众性运动改变中国贫穷落后的面貌、实现共同富裕是不可能成功的,最终只能出现共同富裕目标被搁置的后果。

本章小结

社会主义革命和建设时期,面对新中国"一穷二白"的现实国情,以毛泽东同志为核心的党的第一代中央领导集体在领导和推进社会主义革命和社会主义建设的过程中,继承和发展马克思主义共同富裕思想,领导人民在经济和文化较为落后的历史条件下探索和推进共同富裕。"生产力水平与生产关系状况制约着共同富裕的实现情况。"[1] 为防止两极分化,中国共产党在这一时期领导人民进行社会主义"三大改造",剥削制度的废除、生产资料公有制的确立为中国走向富强和共同富裕奠定了社会基础和提供了政治前提。以毛泽东同志为核心的党的第一代中央领导集体密切关注共同富裕问题,揭示了共同富裕与社会主义制度之间的逻辑联系,并在新的历史条件下对共同富裕理论进行了创新思考,为当时的经济社会建设提供了理论指导。党和人民政府采取了开展土地改革运动、完成社会主义改造、推进农业生产发展、开展工业化建设、重视山区建设、发展副业生产等一系列探索和推进共同富裕的政策举措,避免了西方资本主义国家工业化初期的贫富分化现象。中国共产党领导人民建立独立的、比较完整的工业体系和国民经济体系,通过发展生产力和变革旧的、落后的生产关系来逐步实现共同富裕,促进人的全面发展,国家贫穷的面貌发生了翻天覆地的变化,共同富裕的推进取得了明显成效和重要成果。但由于受当时国内外环境影响,党在推进共同富裕的过程中出现了认识上的偏差,逐渐偏离经济发展的主线,把"共同富裕"等同于"同步富裕""同时富裕","公平优先"被过度强调,实现共同富裕的主观意愿与现实相背离,社会主义建设出现了挫折,共同富裕走进了"大锅饭"和平均主义的误区。这样的

---

[1] 王昉、张铎:《新中国城乡关系思想演进与共同富裕的实践路径》,《江西社会科学》,2023年第2期,第142页。

挫折和失误令人深思。实践证明，无论哪一个国家、哪一个民族在生产力没有得到充分发展的前提下，实行单一公有制基础上的计划经济体制，夸大人的主观能动性，妄图以更高、更纯、更大规模的公有制形式推动经济社会的发展进而在物质条件如此贫乏的条件下消除贫富差距、实现共同富裕，这是不可能实现的空想，是空中楼阁。因此社会主义制度的确立只是为消除贫困、实现共同富裕奠定了基础，消灭了社会成员两极分化的制度根源，绝不意味着社会主义制度本身就可以消灭贫穷，很快就可以实现共同富裕。共同富裕需要全体人民经过长时期的奋斗才能实现。

第三章

改革开放和社会主义现代化建设新时期中国共产党对共同富裕的持续探索推进

第三章 改革开放和社会主义现代化建设新时期中国共产党对共同富裕的持续探索推进

共同富裕这一概念内在地蕴含丰裕、公平、幸福的因子，凝结着中国共产党人和先进分子对公平正义理想社会憧憬的价值理念。共同富裕思想理论创新发展是与新时期改革开放这一伟大实践的历史进程密切相关的。改革开放和社会主义现代化建设新时期，中国共产党从社会主义初级阶段的基本国情出发，在马克思主义经典作家共同富裕思想的基础上，进一步深化对社会主义与共同富裕之间的关系的认识，不断进行理论创新，提出共同富裕的理论蓝图，开启推进共同富裕的伟大社会实践，取得了开创性的理论成就和重大的实践成果。中国共产党在这一时期针对共同富裕问题，以解读社会主义本质基本内涵的方式，围绕人的根本利益和社会主义的终极目标，进行了创新性的回答，有助于深化对科学社会主义的认识，有助于人们对共同富裕规律的科学把握，推进了共同富裕目标的实现。

一、对共同富裕的认识深化和理论创新

改革开放和社会主义现代化建设新时期，中国共产党重新确立了以经济建设为中心的基本路线，不断打破全面公有制与平均主义的分配方式，对共同富裕的认识不断深化，形成了关于共同富裕的科学理论体系，具有理论重建的重大价值。它为社会主义市场经济体制的建立和完善扫清了思想障碍和认识误区，在新的历史条件下开启了共同富裕的实践之路。

1. 共同富裕内涵的认识深化

改革开放和社会主义现代化建设新时期，"共同富裕的实现路径在很大程度上被现代化和生产力发展的特定进程所规定"[1]。以邓小平、江泽民、胡锦涛同志为代表的中国共产党人，认识到当时共同富裕推进过程中的各类弊端和思想障碍，在继承马克思主义共同富裕思想的基础上，不仅深化了对共同富裕内涵的认识，还在对如何实现共同富裕路径和方式上提出了一系列创新性的理论和思想。下面分三个阶段诠释中国共产党是如何在改

---

[1] 李冉、陈海若：《深刻把握习近平总书记关于共同富裕重要论述的原创性贡献》，《山东大学学报》（哲学社会科学版），2023年第2期，第14页。

革开放和社会主义现代化建设新时期深化对共同富裕内涵的认识和理解的。

(1) 改革开放初期中国共产党对共同富裕认识的深化。

中共十一届三中全会后,邓小平积极打破传统的、固有的思想认识束缚,对社会主义本质的认识不断深化,进一步揭示了社会主义与共同富裕之间的逻辑因果关系,明确提出"贫穷不是社会主义""消灭剥削,消除两极分化,最终达到共同富裕""先富带动后富,最终实现共同富裕"等思想认识和科学论断。这些新思想新理念新方法有助于深化人们对共同富裕的认识,创新了共同富裕实现的路径。

一是关于贫穷不是社会主义,社会主义要消灭贫穷的认识。邓小平认为,共同富裕是社会主义本质的灵魂和不可割舍的重要内容。马克思主义创始人所勾勒的共同富裕的美好社会发展愿景,在社会主义的历史条件下,必须充分发展社会主义生产力。因此,邓小平强调:"贫穷不是社会主义,社会主义要消灭贫穷。不发展生产力,不提高人民的生活水平,不能说是符合社会主义要求的。"❶"社会主义的目的就是要全国人民共同富裕,不是两极分化。如果我们的政策导致两极分化,我们就失败了。"❷邓小平在不同时间和场合,从社会主义的性质、目的、特点等方面,强调将共同富裕与社会主义的本质与目的融合在一起。两极分化不符合社会主义的本质要求,邓小平强调:"社会主义财富属于人民,社会主义的致富是全民共同致富。"❸ 这种"全民共同致富"不是贫富差距的扩大和两极分化,而是包括城市和农村所有人口在内的全体人民的共同富裕。"坚持社会主义,实行按劳分配的原则,就不会产生贫富过大的差距。"❹ 社会主义制度是中国共产党推进共同富裕的制度基础和根本保证,邓小平对共同富裕的认识和相关论述,是对马克思主义共同富裕思想和原理的继承和发

---

❶ 《邓小平文选》(第三卷),人民出版社1993年版,第116页。
❷ 《邓小平文选》(第三卷),人民出版社1993年版,第110-111页。
❸ 《邓小平文选》(第三卷),人民出版社1993年版,第172页。
❹ 《邓小平文选》(第三卷),人民出版社1993年版,第64页。

展,反映了中国共产党对推进共同富裕制度基础和实践路径的认识与理解的进一步深化。

二是关于"先富带动后富,最终实现共同富裕"的思想。只有充分发展生产力,才能解决贫穷落后、实现共同富裕。"共同富裕是一个动态的概念、一个渐进的过程。"❶ 以邓小平同志为核心的党的第二代中央领导集体实现了对共同富裕的全面性的科学理解。在马克思主义共同富裕思想的指导下,党和政府确立了"先富带动后富"的经济社会发展战略安排和具体政策举措,以"先富"带动"后富"来实现共同富裕。邓小平指出:"要允许一部分地区、一部分企业、一部分工人农民,由于辛勤努力成绩大而收入先多一些,生活先好起来。"❷ 此后,邓小平还多次在不同场合重申了"先让一部分人富裕起来"、打破平均主义"大锅饭"的分配格局的思想。1984年10月,中共十二届三中全会通过的《中共中央关于经济体制改革的决定》强调:"鼓励一部分人先富起来的政策,是符合社会主义发展规律的,是整个社会走向富裕的必由之路。"❸ 社会主义革命和建设时期,一段时间内我们认为共同富裕是"同步、同时、同等"的富裕,结果造成普遍贫穷而不是共同富裕,没有达到我们的经济目标。先富带动后富符合经济发展规律,共同富裕是有差别的、有梯次的富裕,"决不等于也不可能是所有社会成员在同一时间以同等速度富裕起来"❹。在此基础上,1988年9月12日,邓小平提出了"两个大局"思想❺,先富带动后富的思想理念使传统的共同富裕观念逐步被消除,打破平均主义的束缚,充分激发了广大人民的积极性和创造性。先富带动后富的思想是社会主义共同富裕的一种充满中国特色的时代表达,指导了改革开放以来经济和社会制度

---

❶ 严小龙:《社会主义新农村建设的发展进程和历史经验》,《马克思主义研究》,2010年第3期,第148页。
❷ 《邓小平文选》(第二卷),人民出版社1994年版,第152页。
❸ 中共中央文献研究室:《十二大以来重要文献选编》(中),人民出版社1986年版,第578页。
❹ 中共中央文献研究室:《十二大以来重要文献选编》(中),人民出版社1986年版,第578页。
❺ 《邓小平文选》(第三卷),人民出版社1993年版,第277-278页。

的改革和创新。

三是关于社会主义本质的创新理论。邓小平准确把握生产力与生产关系的辩证关系,对探索和推进共同富裕的理论和实践进行了深入的思考,他认为:"一个公有制占主体,一个共同富裕,这是我们所必须坚持的社会主义的根本原则。"❶ 搞清楚什么是社会主义,最主要的应该是在认识国情的前提下,明确坚持发展生产力与实现共同富裕这两点。邓小平在总结共同富裕实现途径和具体措施的历史经验的基础上,实现了共同富裕客观规律的科学认识,他从社会主义本质的高度揭示了共同富裕的实现路径和科学内涵。1992年初,在著名的南方谈话中,邓小平用生动、准确和通俗的语言,提出了社会主义本质的科学论断:"社会主义的本质,是解放生产力,发展生产力,消灭剥削,消除两极分化,最终达到共同富裕。"❷ 邓小平提出了共同富裕的基本构想,把"共同富裕"提升到社会主义本质层面,这是对马克思主义共同富裕思想和理论的重大贡献和创新发展,指明了推进共同富裕的路径和手段,也是对社会主义前途的展望。只有在社会生产力高度发达,极大地提高社会财富的总量,同时又采取科学的收入分配政策,逐步消除贫富两极分化,才有可能实现全体社会成员的共同富裕。社会主义本质的科学论断消除了一段时间以来社会上存在的对改革开放及共同富裕实现路径的疑虑,为追求共同富裕的人们提供了认识与理解马克思主义创始人所擘画的理想社会形态的逻辑起点。

(2)跨世纪发展阶段中国共产党对共同富裕认识的深化。

以江泽民同志为核心的党的第三代中央领导集体提出"三个代表"重要思想,坚持效率优先、兼顾公平,建构了"按劳分配为主,多种分配方式并存"的分配机制,坚持区域经济协调发展,开辟了市场经济条件下"全民共同致富"实践路径,特别是西部大开发战略的推行,走出了一条用梯度发展模式探索中国特色社会主义共同富裕的道路。

---

❶ 《邓小平文选》(第三卷),人民出版社1993年版,第111页。
❷ 《邓小平文选》(第三卷),人民出版社1993年版,第373页。

一是建立社会主义市场经济体制。在探索和推进共同富裕的过程中,江泽民在深刻反思前人探索实践的基础上强调实现社会主义社会的富裕,必须坚持社会主义道路和发展社会生产力,他指出:"实现共同富裕是社会主义的根本原则和本质特征,绝不能动摇"。❶ 在邓小平南方谈话精神的指引下,以江泽民同志为核心的党的第三代中央领导集体打破了平均主义式的传统共同富裕观念的束缚,激发了人们生产劳动积极性和创造性,破除了市场经济与社会主义制度之间长期对立的藩篱。在党的十四大报告中,江泽民提出经济体制改革的目标是建立社会主义市场经济体制。❷ 建立与完善社会主义市场经济体制是打破平均主义、增强社会主义经济活力、推进人民共同富裕的制度保障和内在要求。在这一充满生机活力的经济体制确立和完善的进程中,中国共产党共同富裕思想随着改革开放的深入推进不断获得其实际内容和具体特点,确立和逐步推行按劳分配为主体、其他分配方式为补充的促进社会公平正义的分配制度,切实保障共同富裕扎实推进。只有在改革开放的进程中逐步完善社会主义市场经济体制,市场经济得到充分发展,多种所有制经济和多种分配方式并存,激发出人们生产劳动的创造活力,才能积累实现共同富裕的物质基础,为共同富裕创造生产力条件。社会主义市场经济体制与计划经济体制相比,具有激发劳动主体的积极性、创造性,释放经济活力的巨大优势。在社会主义市场经济体制建立和完善的过程中,中国共产党对利用市场机制推动实现共同富裕的思想认识更加深刻,较为妥善地处理了公平与效率、先富与后富之间的关系,形成了公有制与非公有制并存的格局,这是对马克思主义政治经济学理论与实践的重大突破。市场经济的消极作用被控制在社会成员可接受的合理范围内,有效保证了国家安定与社会和谐。

二是建构社会主义市场经济体制下的分配体制机制。在推进共同富裕的进程中,江泽民强调要正确处理公平与效率之间的关系,注意到再分配

---

❶ 《江泽民文选》(第一卷),人民出版社 2006 年版,第 466 页。
❷ 中共中央文献研究室:《十四大以来重要文献选编》(上),中央文献出版社 2011 年版,第 16 页。

政策手段对于调控贫富差距的作用，抓住在社会主义市场经济体制条件下促进共同富裕的关键，理顺社会产品的分配关系，使改革和发展成果由全体人民共同分享。他认为："要把调节个人收入分配、缩小地区经济差距作为关系全局的大事来抓。"❶ 在确立市场化目标的基础上，"要把调节个人收入分配，防止两极分化作为全局性的大事来抓。要区分不同情况，采取有针对性的措施，保护合法收入，取缔非法收入，调节过高收入，保障低收入者的基本生活"❷。因此，必须进一步纠正把贫富与社会主义对立起来的错误观点，正确处理先富起来与共同富裕的辩证关系。党一方面必须对市场经济引发两极分化的问题从制度和体制机制上进行解决，另一方面对社会主义共同富裕原则从分配制度和体系上加以保证。这为市场经济条件下如何优化社会资源与财富分配方式、实现共同富裕指明了路径。正确处理公平与效率之间的关系，深化分配领域的改革，在经济社会不断发展的基础上把促进社会公平正义的事情做好，能够防止市场经济条件下贫富差距扩大与社会两极分化，改变分配不公的现象，有助于扭转新时期贫富差距持续扩大的趋势，实现共同富裕的目标要求。

　　三是注重东西部地区经济社会的协调发展。改革开放和社会主义现代化建设新时期，我国地区经济社会发展水平不均衡，共同富裕的实现不是某一地、哪一人的问题，而是在一个宏大的背景下涉及全国范围、关乎全体人民的全局性的问题。认真对待和正确处理东西部地区协调发展、逐步消除两极分化、实现全体人民共同富裕的问题是中国的社会主义事业的重要内容。以江泽民同志为核心的党的第二代中央领导集体注重东西部地区经济社会的协调发展，正确处理和调节不同地区间的经济利益关系，实施西部大开发战略，进一步丰富中国共产党共同富裕思想的理论内涵和实践路径。早在1984年10月，中共十二届三中全会通过的《中共中央关于经济体制改革的决定》指出："对经济还很落后的一部分革命老根据地、少

---

❶ 《江泽民文选》（第一卷），人民出版社2006年版，第543页。
❷ 甘立勇、王永康：《"共同富裕"是社会主义的本质属性和中国共产党人的不懈追求》，《学术探索》，2012年第4期，第29页。

数民族地区、边远地区和其他贫困地区实行特殊的优惠政策,并给以必要的物质技术支援。"❶ 这些论断丰富和发展了共同富裕的方式及路径。在此基础上,江泽民把扶助西部地区贫困人口、帮助落后地区困难群众作为推进共同富裕的重要方法。实施西部大开发是不断完善社会主义市场经济体制过程中国家消除贫困、实现区域协调发展从而推进共同富裕的政策延续。世纪之交开始推行的西部大开发战略不但"关系到民族团结、社会稳定和边防巩固",还"关系到东西部协调发展和最终实现共同富裕"❷。1999 年 6 月,江泽民在西北地区国有企业改革和发展座谈会上发表讲话,强调:"中央对中西部地区的改革和发展是高度重视的,强调要把逐步缩小中西部地区同东部地区的发展差距作为一条长期坚持的重要方针。"❸ 实施西部大开发战略,不断强化对共同富裕的理论与实践探索,逐步缩短地区发展差距,正确地解决沿海经济发达地区与西部落后地区之间经济利益关系的问题,逐步加大解决地区差距继续扩大趋势的力度,这是关乎建立健全走向共同富裕的制度和体制机制的重要议题。

(3) 新世纪新阶段中国共产党对共同富裕认识的深化。

新世纪新阶段,以胡锦涛同志为核心的党的第四代中央领导集体提出科学发展观,探索保障公平正义的体制机制,推进城乡经济社会一体化发展,缩小收入差距,中国共产党对共同富裕的认识在不断深化。

一是注重保障公平正义。推进共同富裕是新世纪新阶段中国特色社会主义建设事业的根本任务和价值目标。社会主义市场经济体制的建立和完善,一方面加快经济改革和生产力的发展,为人民共同富裕创造条件,但另一方面也促使两极分化现象产生和发展。以胡锦涛同志为核心的党的第四代中央领导集体为了破解推进共同富裕进程中存在的不公平问题,不断探索保障公平正义的体制机制,确立了共同富裕的战略步骤和实现途径,

---

❶ 中共中央文献研究室:《十二大以来重要文献选编》(中),人民出版社 1986 年版,第 578 页。

❷ 吴炜、马慧怡:《中国共产党共同富裕观念的建构与演进》,《理论学刊》,2022 年第 3 期,第 47 页。

❸ 《江泽民文选》(第二卷),人民出版社 2006 年版,第 340 页。

确保发展成果能够惠及广大人民。胡锦涛在十七大报告中进一步明确了"共同富裕"的目标和任务,强调:"合理的收入分配制度是社会公平的重要体现。要坚持和完善按劳分配为主体、多种分配方式并存的分配制度,健全劳动、资本、技术、管理等生产要素按贡献参与分配的制度。"❶ 新世纪新阶段中国共产党为了给共同富裕创造良好的社会条件,将现代社会对保障和促进社会公平最直接的价值诉求即分配正义,在建立和逐步完善社会主义市场经济体制的基础上纳入了共同富裕的思想和理论体系之中。中国共产党更加注重公平原则,这就进一步明确了在市场经济条件下党和政府深化收入分配制度改革的基本方向。推进共同富裕取得明显成效的关键是追求效率基础上的公平,处理好二者之间的辩证关系,注重保障公平正义。市场经济条件下既不能为了公平而舍弃效率,也不能为了效率而忽视和损害公平。注重保障公平正义丰富和发展了新世纪新阶段中国特色社会主义共同富裕的理论体系和方法论,共同富裕的目标在实践中也越来越接近。

二是推进城乡经济社会一体化发展。新世纪新阶段推进共同富裕,党和政府必须统筹城乡经济社会发展,推进城乡经济社会一体化发展。乡村与城市比较,经济社会发展滞后,区域发展不平衡是最大的不平衡,社会主义初级阶段,推进共同富裕最繁重、最艰巨的任务在农村。因此党和政府把统筹城乡经济社会协调发展、建设社会主义新农村、全面建设小康社会作为推进共同富裕的根本要求。在城乡差距不断扩大的状况下,为了促进社会公平正义,解决好农业、农村和农民问题,推进共同富裕,必须统筹城乡经济社会发展。2003年1月8日,胡锦涛在中央农村工作会议上指出:"农村经济和城市经济是相互联系、相互依赖、相互补充、相互促进的。农村发展离不开城市辐射和带动,城市发展也离不开农村促进和支持。"❷ 党和政府在深化对社会主义初级阶段社会主义建设规律的认识的基

---

❶ 中共中央文献研究室编:《十七大以来重要文献选编》(上),中央文献出版社2009年版,第30页。

❷ 《胡锦涛文选》(第二卷),人民出版社2016年版,第18页。

础上,在这一时期把"三农"工作作为推进共同富裕的重中之重,对农村加大了扶贫开发的力度,缓解地区发展差异,增加了国家财政对农村基础设施建设的投入,保障农民各项权益,改善贫困地区农民的生产生活条件,不断满足他们的利益和需要,为他们创造更加幸福美好的生活。党的十六届五中全会提出了建设社会主义新农村的战略任务,党和政府采取一系列政策措施,通过持续关注和改善农村地区民生,增加农民的收入,推进广大群众实现共同富裕。共同富裕的前提是实现全民共享。在改善民生和推进共同富裕的过程中,党和政府提出了解决阻碍发展问题的思路,统筹城乡经济社会一体化发展,不断解决人民群众生存和发展所面临的矛盾,缩小城乡差距,建设社会主义新农村,使得乡村民众都能享受到经济社会发展的成果,引导和帮助农民走共同富裕道路。

三是缩小收入差距。在坚持按劳分配为主体和实行多种分配关系的基础上,胡锦涛着眼于缩小收入差距的新的实践和发展,提出了效率和公平的原则,强调公平分配这一社会主义社会的价值理念,为实现共同富裕开辟了新的途径。胡锦涛指出:"保护合法收入,调节过高收入,取缔非法收入。扩大转移支付,强化税收调节,打破经营垄断,创造机会公平,整顿分配秩序,逐步扭转收入分配差距扩大趋势。"❶ 随着改革开放的深入推进和人民生活水平的提升,人民群众对于消除两极分化、实现共享共富的美好期盼也越来越迫切。为了缩小收入分配差距,胡锦涛将改革收入分配制度作为实现共同富裕的内在要求,他进一步强调:"初次分配和再分配都要处理好效率和公平的关系,再分配更加注重公平。"❷ 这就指明了避免两极分化、推进共同富裕的根本保障和重要方法。新世纪新阶段,以胡锦涛同志为核心的党的第四代中央领导集体从全面建设小康社会全局着眼,切实贯彻科学发展观,增强社会创造活力,更加注重社会公平,合理调整收

---

❶ 中共中央文献研究室:《十七大以来重要文献选编》(上),中央文献出版社2009年版,第30页。

❷ 中共中央文献研究室:《十七大以来重要文献选编》(上),中央文献出版社2009年版,第30页。

入分配，使全体人民共享改革开放和现代化建设的成果，随着社会主义市场经济体制的建立和完善，在经济社会快速发展的过程中推进共同富裕目标的实现。

2. 小康社会奋斗目标的提出

建成小康社会，是中华民族在现代化推进过程中提出的追求共同富裕的一个阶段性目标，也是中国式现代化的内在要求。

一是"小康"的提出。"小康"概念的提出和使用是有文化积淀的。"小康"一词最早见于《诗经》，在这部诗歌总集内有"民亦劳止，汔可小康"的记载。这里的"小康"意指安定、舒适、安乐和富足，抒发和表达了古代劳动人民对共同富裕美好生活的向往和期盼，在人民心中埋下了"共同富裕"的种子。1979年12月，邓小平在会见日本首相大平正芳时，站在新的历史起点上，在构想和设计发展生产力与人民共同富裕的统一时，使用了"小康"的概念："我们要实现的四个现代化，是中国式的四个现代化。我们的四个现代化的概念，不是像你们那样的现代化的概念，而是'小康之家'"。❶ 1984年3月，在规划中国如何发展战略设计时，邓小平进一步指出："翻两番，国民生产总值人均达到八百美元，就是到本世纪末在中国建立一个小康社会。"❷ 邓小平将共同富裕的目标、小康目标的实现和中国的现代化"三步走"战略紧密结合，从温饱到小康，再到比较富裕，小康目标的实现是一个梯次推进的过程。邓小平首次把小康目标与共同富裕紧密结合起来，提出的小康目标不仅包含有生产力发展的指标，还包含着社会进步和发展的内容特别是收入和财富分配的公平要求。达到小康水平就是要使人民群众的收入水平更高和社会分配格局更加公平，工与农、城与乡之间要实现协调发展、共同进步，共同贫穷的面貌逐步得到改变，因此小康奋斗目标是扎实推进全体人民共同富裕的必然要求，它的实现必然为促进共同富裕创造良好条件。

---

❶ 《邓小平文选》（第二卷），人民出版社1994年版，第237页。
❷ 《邓小平文选》（第三卷），人民出版社1993年版，第54页。

二是全面建设小康社会的提出。20世纪90年代，随着改革开放的深入推进，社会主义市场经济体制建立和逐步完善，推动了总体小康目标的实现，为扎实推动共同富裕奠定了良好的物质基础。但"现在达到的小康还是低水平的、不全面的、发展很不平衡的小康"❶，党的十六大在邓小平"三步走"战略基础上，提出全面建设小康社会的目标，十六大报告中提出了符合广大人民利益的"全面建设小康社会、开创中国特色社会主义事业新局面"❷的科学发展规划。为了推进共同富裕和全面建设小康社会，中共十六届三中全会提出了统筹城乡发展、统筹区域发展、统筹经济社会发展等发展战略，并推出多项改革举措，从经济、政治、文化、党的建设等领域科学擘画了全面建设小康社会的路线和具体行动纲领。在经济社会快速发展的基础上，2012年党的十八大报告提出了确保到2020年"全面建成小康社会"的行动纲领和奋斗目标，表明党对中国特色社会主义共同富裕发展规律认识的深化。

全面建成小康社会的目标是中国共产党在共同富裕思想和理论的指导下在反贫困实践的过程中逐步提出的。共同富裕规定了全面建设小康社会的方向，体现了实现中华民族伟大复兴的中国梦的本质要求，我们要"围绕坚持开放、深化改革，科学发展的思想，促进社会事业全面发展，推动社会经济合理有序发展，全面建设小康社会，最终实现共同富裕"❸。全面建设小康社会体现了共同富裕的内容，同消除两极分化、实现共同富裕目标之间存在必然的和明显的逻辑关系。在全面建设小康社会的进程中，党和政府不断完善各种利益协调机制和实现机制，积极部署全面建设小康社会的底线任务，不断满足最大多数人的利益要求，加大调节贫富分化的力度，夯实共同富裕的基础。

---

❶ 中共中央文献研究室：《十六大以来重要文献选编》（上），中央文献出版社2011年版，第14页。

❷ 中共中央文献研究室：《十六大以来重要文献选编》（上），中央文献出版社2011年版，第1页。

❸ 甘立勇、王永康：《"共同富裕"是社会主义的本质属性和中国共产党人的不懈追求》，《学术探索》，2012年第4期，第29页。

3. 在实践基础上的理论创新

改革开放和社会主义现代化建设新时期，中国共产党利用共同富裕理论这条"红线"，把邓小平理论、"三个代表"重要思想和科学发展观等与时俱进的马克思主义中国化的理论创新成果贯穿起来。可以说中国共产党的共同富裕思想和相关理论是马克思主义中国化理论的重要组成部分。坚持实事求是、不断创新的邓小平理论、"三个代表"重要思想和科学发展观等创新理论一脉相承，这些重大的理论成果是中国共产党在中国社会主义建设特别是改革开放伟大实践的基础上对推进共同富裕经验不断总结、不断进行理论创新的结果。

一是邓小平理论。邓小平理论是以邓小平同志为代表的中国共产党人在推进共同富裕过程中，总结中国改革开放这一伟大实践的历史经验而形成的科学理论体系。改革开放之初，以邓小平同志为核心的党的第二代中央领导集体坚持马克思主义基本原理同中国具体实际相结合，高举实现共同富裕的伟大旗帜，逐步提出了共同富裕的基本构想，此后不断进行新的阐述和说明，构建起中国特色社会主义共同富裕的理论框架，形成了关于共同富裕的系统思想和理论体系。共同富裕思想成为邓小平理论的一个重要内容，是邓小平理论中熠熠生辉的瑰宝，具有重大的理论价值和实践意义。共同富裕是邓小平理论中关于社会主义的本质问题中一个居于核心和灵魂地位的问题。在邓小平理论中，党和人民所创造的一切与共同富裕有关的科学思想和理论体系，丰富、发展和超越了马克思主义经典作家的理论和认识。党的十五大明确地阐述邓小平理论的形成过程、理论内涵和对未来中国发展的指导意义，"在当代中国，只有把马克思主义同当代中国实践和时代特征结合起来的邓小平理论，而没有别的理论能够解决社会主义的前途和命运问题。"❶ 邓小平理论的科学体系包含了丰富的经济公平思想，共同富裕是这个理论体系中的一个科学概念、理论范畴。在邓小平理论的指引下，中国共产党人适应建立和完善社会主义市场经济体制的新要

---

❶《江泽民文选》（第二卷），人民出版社 2006 年版，第 9 页。

求和深化改革开放的新环境,坚持共同富裕的社会主义原则、目标和方向,正确协调人民内部利益矛盾,逐步探索出符合中国实际的推进共同富裕的工作理路和实践路径。随着改革开放和社会主义现代化建设的深入推进,共同富裕的推进不断步入更高的水平和阶段。

二是"三个代表"重要思想。实践在不断深入发展,科学社会主义的理论体系也必将随着时代的进步和推移不断创新。与时俱进是马克思主义最重要的理论品质,这是不以任何人的意志为转移的客观规律。党的十三届四中全会以来,为了使改革成果为人民共享,以江泽民同志为核心的党的第三代中央领导集体,逐步实现社会公平正义,进一步解决好共同富裕和现代化建设中的重大问题,把实现全体人民共同富裕摆在治国理政的重要位置,进一步丰富发展了马克思主义共同富裕的思想和理论体系,形成了"三个代表"重要思想。"代表先进生产力发展要求,是对新时期如何解决贫困问题、实现'共同富裕'作出的与时俱进的回答。"❶ "三个代表"重要思想是跨世纪发展新阶段党领导人民实现共同富裕的伟大思想旗帜,把社会主义初级阶段条件下推进"共同富裕"的认识提升到了一个崭新的高度。在"三个代表"重要思想的指引下,党领导人民继续推进共同富裕之路,实现全面建设小康社会的发展目标。在建设社会主义共同富裕的进程中,中国共产党实践"三个代表"重要思想的要求,把发展作为党执政兴国的第一要务,在消除贫困、消除两极分化和推进共同富裕的伟大事业中取得了举世瞩目的成就,让发展成果惠及全体人民,使中国社会迅速向小康社会迈进。

共同富裕从理论到实践的发展,为马克思主义基本原理、科学社会主义的伟大实践注入了新的生机和活力,"三个代表"重要思想拓展了共同富裕的理论内涵,深化了党对"三大规律"的理解与把握,是对共同富裕思想的继承与发展,标志着对马克思主义共同富裕的认识、社会主义富裕蓝图的构想发展到一个新的阶段、新的水平、新的境界,有效地指导了21

---

❶ 张学森:《共同富裕思想的理论意义》,《社会主义研究》,2006年第3期,第44页。

世纪消除贫困工作的开展,有利于社会主义价值目标——共同富裕的实现。

三是科学发展观。以全面协调可持续为核心的科学发展观是新世纪新阶段中国共产党对马克思主义共同富裕思想的继承与创新,党的十六大以来,以胡锦涛同志为核心的党的第四代中央领导集体坚持马克思主义的世界观和方法论,不断进行理论创新,形成了科学发展观这一科学的理论体系。中国共产党领导人民以科学发展观为指导,进一步阐释了共同富裕的价值目标、实践路径,开启了全面建设小康社会的新征程。科学发展观对发展观的本质问题作出了科学论断和回答,将社会和谐、可持续发展、人的全面发展、公平正义纳入共同富裕的内涵之中,尊重人民主体地位,强调发展成果由人民共享。其中"'以人为本'深刻揭示了共同富裕的本质和内涵,'全面发展'反映了共同富裕的必然要求,'协调发展'体现了共同富裕的实现途径,'可持续发展'指出了共同富裕的增长方式"❶。在科学发展观的统领下,为了加快彻底打破城乡二元结构局面,党中央作出了统筹城乡发展、缩小贫富区域差距、推进农村改革发展、促进社会公平正义,加快社会主义新农村建设的战略决策和战略部署,出台了一系列扶持"三农"发展的重要政策和有力措施,建立以工促农、以城带乡的长效机制,逐步实现城乡共同发展的现实图景。

科学发展观是在更高层次、更高水平上对新阶段中国特色社会主义主题和行动纲领的科学概括,"以人为本"的核心内涵和发展理念,把统筹城乡发展和农村开发扶贫相结合,使共同富裕的目标越来越清晰,给中国共产党推进共同富裕的伟大事业提供了新的动力和目标方向。"要通过发展增加社会物质财富、不断改善人民生活,又要通过发展保障社会公平正义、不断促进社会和谐。"❷ 科学发展观是中国共产党对发展问题的认识的一个飞跃,更加关注公平问题,从单纯的经济层面拓展到人的全面发展。

---

❶ 于成文:《中国共产党人共同富裕思想研究述评》,《探索》,2011 年第 4 期,第 25 页。
❷ 《胡锦涛文选》(第二卷),人民出版社 2016 年版,第 625 页。

这一科学理论对共同富裕进行了制度设计和实践推进，丰富与发展了马克思主义的共同富裕思想，使共同富裕科学理论体系更加丰富全面，使共同富裕的实践道路越走越宽广。

二、对共同富裕的持续探索和实践举措

改革开放和社会主义现代化建设新时期，中国共产党在总结世界社会主义发展与中国社会主义建设历史经验的基础上对共同富裕的理论内涵、价值目标、实现路径进行了制度设计和实践推进。共同富裕思想在这一时期得到了进一步发展，共同富裕理论创新及实践探索渐趋理性。"共同富裕不仅是经济发展道路问题，而且是一个党、一个国家、一个民族必须实施的政治实践和经济实践。"❶ 社会主义共同富裕是发展目的的回归。改革开放和社会主义现代化建设新时期，党和政府领导人民在马克思主义中国化理论的指导下，对共同富裕的理论认识和实践探索进一步深化，采取了一系列政策和举措，使全体人民朝着共同富裕的方向稳步前进，推进了实现共同富裕的历史进程。

1. 吹响农村改革号角

改革开放初期，以邓小平同志为核心的党的第二代中央领导集体吹响农村改革号角，中国的改革从农村开始，家庭联产承包责任制的实施拉开了农村改革的帷幕。改革开放初期，农村的经济文化落后，贫困人口多，为了解放生产力，推动农村经济发展，解决农民普遍性贫困问题，推进共同富裕，党的十一届三中全会全面纠正"左"倾错误后，农村改革的大幕拉开，家庭联产承包责任制的推行，使农民获得了生产自主性、积极性。从1982年到1986年，党中央连续制定和颁布了5个关于农村工作的"一号文件"，农户利用农业剩余劳动力开展多种经营，发展商品生产，出现了大批重点户、专业户和新的经济联合体，从而使生产要素得以合理组

---

❶ 李正图、徐子健：《中国特色共同富裕实践：制度保障、精神动力与科学理论》，《经济纵横》，2022年第4期，第1页。

合,加快了农村经济发展的速度,提高了农业经济效益,促进了农业全面丰收和农村经济的活跃,许多农民依靠勤劳走上了致富道路。

中共十三届四中全会以来,以江泽民同志为核心的党的第三代中央领导集体重视解决"三农"问题,进一步改革农村集体生产经营体制,初步建构了适应社会主义市场经济发展要求的农村新经济体制框架。农业是发展国民经济和实现共同富裕的重要基础,1997年党的十五大报告指出,"坚持把农业放在经济工作的首位,稳定党在农村的基本政策,深化农村改革,确保农业和农村经济发展、农民收入增加。"❶ 这一时期,党中央为了推动"三农"问题的解决,先后发布了一系列关于解决"三农"问题的政策和文件,如20世纪90年代,中共中央先后发布了《关于进一步加强农业和农村工作的决定》(1991)、《关于农业和农村工作若干重大问题的决定》(1998)等关于推进"三农"工作的重要文件。1994年国家启动"八七"扶贫攻坚计划,把农村扶贫开发纳入国家总体发展战略,成立扶贫开发专项机构。这一时期党采取的这些政策措施把尊重农民首创精神与中央的顶层设计结合起来,使推进农村共同富裕和消除贫困工作取得了显著成效。

新世纪新阶段,以胡锦涛同志为核心的党的第四代中央领导集体面对不断拉大的城乡差距和农业的薄弱地位所带来的痼疾和深层次矛盾,为了进一步推动"三农"工作,中共中央、国务院从2004年到2012年,连续发布了9个以推动"三农"工作为主题的中央"一号文件"。党和国家坚持农村改革与扶贫工作相结合,把农业农村改革提上重要日程,进一步深化农村土地制度改革,调整农村产业结构,加大农村劳动力转移力度。自2006年1月开始,中央全面免除农业税,大大减轻了农民的负担,同时开启城乡统筹、城乡一体化的发展战略。中共十六届五中全会决定开展社会主义新农村建设,加快了农村城镇化和农业现代化的步伐,加大对农业农

---

❶ 中共中央文献研究室:《十五大以来重要文献选编》(上),中央文献出版社2011年版,第22页。

村的转移支付力度。2007年，党的十七大报告提出："建立以工促农、以城带乡长效机制，形成城乡经济社会发展一体化新格局。"❶ 翌年10月，中共中央为了进一步缩小城乡发展差距、推进共同富裕，又出台了《关于推进农村改革发展若干重大问题的决定》。高度重视解决"三农"问题，是中国共产党在新世纪新阶段站在全面建设小康社会的高度对推进全体人民共同富裕的回应。新世纪新阶段党和政府采取的一系列政策措施，改变了不适应农业生产力发展的体制机制，进一步深化农村改革，有助于共同富裕目标的实现。

2. 推进分配制度改革

共同富裕的实现，必须首先解决好收入分配差距拉大的问题。"在社会主义语境下，'共同富裕'无疑是分配伦理的基本内涵。"❷ 改革开放和社会主义现代化建设新时期，以邓小平、江泽民、胡锦涛为核心的历代党的中央领导集体，深入推进分配制度的改革，调动生产者的积极性和创造性，打破了平均主义的分配模式，推行按劳分配为主体、多种分配方式并存的分配制度，力图在动态中实现收入分配和财富分配的相对平衡和稳定，以推动社会主义共同富裕目标的实现。

改革开放初期，以邓小平同志为核心的党的第二代中央领导集体开启了分配制度改革的历史进程，使按劳分配的主体地位得以坚持和巩固。新中国成立后一段时间内一度出现普遍贫穷现象，就是因为采取了平均主义的分配模式，把共同富裕等同于"同步富裕""同时富裕"，背弃了马克思主义的按劳分配原则。为了打破传统体制束缚，扫除发展社会生产力的障碍，邓小平在改革开放之初，在不同时间、不同场合多次强调收入分配以按劳分配为主，克服平均主义，在分配中强调效率优先。这一时期，党和政府制定法令政策，采取一系列措施，开始分配制度改革，以推进社会主

---

❶ 中共中央文献研究室：《十七大以来重要文献选编》（上），中央文献出版社2009年版，第18页。

❷ 阳芳、刘慧敏：《社会主义共同富裕的历史逻辑、理论逻辑与实践逻辑》，《湖北大学学报》（哲学社会科学版），2022年第3期，第13页。

义的共同富裕。1985 年 9 月,中国共产党全国代表会议通过的《中共中央关于制定国民经济和社会发展第七个五年计划的建议》强调:"必须进一步贯彻按劳分配原则,继续落实鼓励一部分地区、一部分企业和一部分人先富起来的政策,着重克服平均主义的弊端,同时防止收入差距的过分悬殊,以保障社会的安定团结和体现社会主义制度的优越性。"❶ 1987 年 10 月,中共十三大报告强调:"我们的分配政策,既要有利于善于经营的企业和诚实劳动的个人先富起来","对过高的个人收入,要采取有效措施进行调节;对以非法手段牟取暴利的,要依法严厉制裁"❷。社会主义社会分配的平等要靠国家的调节来实现,改革开放初期,以邓小平同志为核心的党的第二代中央领导集体开始改革分配制度,一方面废除平均主义的分配制度,另一方面关注不同社会群体之间的分配公平,实现分配正义,减少社会矛盾。分配制度改革,使生产关系更好地适应生产力发展,推进了共同富裕实现的历史进程。

跨世纪发展新阶段,以江泽民同志为核心的党的第三代中央领导集体,深化分配制度改革,在社会主义基本分配制度上保障了财富分配的公平正义。先富带动后富是经济文化落后的中国在社会主义初级阶段实现共同富裕的策略安排。社会主义市场经济体制下实行按劳分配为主体、多种分配方式并存的分配制度,一方面能够推动生产力的发展,做大"蛋糕",为共同富裕的实现奠定物质基础,另一方面必然导致一定程度的贫富差距,因此党和政府只有深化分配制度改革,缩小收入分配差距,才能不断促进社会和谐,从而使全体人民实现共同富裕的道路更加顺畅。1989 年 6 月,江泽民就解决分配不公、防止贫富悬殊的问题,在《求是》杂志发表《认真消除社会分配不公现象》一文,文章强调:"既要有利于善于经营的企业和诚实劳动的个人先富起来,合理拉开收入差距,又要防止贫富悬

---

❶ 中共中央文献研究室:《十二大以来重要文献选编》(中),人民出版社 1986 年版,第 828 页。

❷ 中共中央文献研究室:《十三大以来重要文献选编》(上),人民出版社 1991 年版,第 32-33 页。

殊,坚持共同富裕的方向,在促进效率提高的前提下体现社会公平。"❶ 因此,党和政府必须通过生产和分配制度改革使人民共同富裕。1990 年 12 月,中共十三届七中全会通过的《中共中央关于制定国民经济和社会发展十年规划和"八五"计划的建议》强调:"既要克服工资分配上的平均主义,又要消除工资外收入差距悬殊的现象。对合法收入要予以保护;对过高收入要通过税收,包括个人收入调节税、遗产税和赠与税等,进行必要的调节;对非法收入要依法取缔。"❷ 解决分配体制的重大弊端,深化分配制度改革,构建"橄榄型"的社会分配结构,才能一方面激发社会创造活力,另一方面解决分配不公的问题,从而在经济社会发展的同时,逐步消除两极分化,实现全体人民共同富裕。

新世纪新阶段,以胡锦涛同志为核心的党的第四代中央领导集体,进一步深化改革开放,兼顾公平与效率,健全分配制度,维护社会的公平正义秩序。党的十六届三中全会通过的《中共中央关于完善社会主义市场经济体制若干问题的决定》,对收入分配制度改革作出了明确规定,强调:"整顿和规范分配秩序,加大收入分配调节力度,重视解决部分社会成员收入差距过分扩大问题。以共同富裕为目标,扩大中等收入者比重,提高低收入者收入水平,调节过高收入,取缔非法收入。"❸ 这份文件对社会主义市场经济条件下进一步加大收入分配调节力度作出了明确规定,体现了社会主义分配制度公平正义的核心内涵。只有形成公平公正的分配机制,在财富分配上实现社会成员共同占有,才能实现地区发展平衡和各阶层共同富裕。2005 年 10 月,党的十六届五中全会通过的《中共中央关于制定国民经济和社会发展第十一个五年规划的建议》规定:"规范个人收入分配秩序,努力缓解地区之间和部分社会成员收入分配差距扩大的趋势。注重社会公平,特别要关注就业机会和分配过程的公平,加大调节收入分配

---

❶ 《江泽民文选》(第一卷),人民出版社 2006 年版,第 52 页。
❷ 中共中央文献研究室:《十三大以来重要文献选编》(中),人民出版社 1991 年版,第 1401 页。
❸ 中共中央文献研究室:《十六大以来重要文献选编》(上),中央文献出版社 2005 年版,第 475 页。

的力度,强化对分配结果的监管。"❶ 从马克思主义政治经济学而言,只有注重建立多次分配的协同机制,在做大"蛋糕"的同时分好"蛋糕",消除财富和收入的分配不公现象,才能根除引发社会矛盾和冲突的社会根源,逐步实现全体人民的共同富裕。

3. 实施西部大开发

实施西部大开发战略是为了实现我国现代化第三步战略目标,以江泽民同志为核心的党的第三代中央领导集体代表人民的根本利益而作出的重大战略举措,是一项以缩小地区发展差异、实现区域协调发展和最终实现共同富裕为目标而实施的重大战略工程,也是对邓小平"两个大局"战略构想和共同富裕思想的继承和发展。针对我国贫困县绝大多数集中分布在西部地区的现状,党中央调整我国经济发展布局,更加注重解决区域发展不平衡引起的贫困问题。进入 21 世纪以来,中央提出并实施了西部大开发战略,作出宏观规划和设计,把缩小东西部地区经济发展差距作为一条长期坚持的重要方针和协调区域发展的重大战略任务,以促进沿海与内地之间的协调发展和共同富裕的实现。

1995 年 9 月 28 日,江泽民在中共十四届五中全会上讲话,提出社会主义现代化建设中应正确处理的十二个重大关系,其中之一就是"东部与中西部地区的关系",他强调:"要更加重视支持中西部地区经济发展,逐步加大解决地区差距继续扩大趋势的力度,积极朝着缩小差距的方向努力。"❷ 1999 年 6 月 17 日,江泽民在西安主持召开西北地区国有企业改革和发展座谈会时就西部大开发的重要性发表讲话强调:"实施西部大开发,是一项振兴中华的宏伟战略任务。""没有西部地区的稳定就没有全国的稳定,没有西部地区的小康就没有全国的小康,没有西部地区的现代化就不能说实现了全国的现代化。"❸ 1999 年 9 月,中共十五届四中全会通过的

---

❶ 中共中央文献研究室:《十六大以来重要文献选编》(中),中央文献出版社 2006 年版,第 1080 页。

❷ 《江泽民文选》(第一卷),人民出版社 2006 年版,第 466 页。

❸ 《江泽民文选》(第二卷),人民出版社 2006 年版,第 344 页。

《中共中央关于国有企业改革和发展若干重大问题的决定》明确提出："国家要通过优先安排基础设施建设、增加财政转移支付等措施,支持中西部地区和少数民族地区加快发展。国家要实施西部大开发战略。"❶ 2000年1月,国务院成立了由朱镕基担任组长、温家宝担任副组长的西部地区开发领导小组。2000年10月26日,为了加快中西部地区发展,国务院发出《关于实施西部大开发若干政策措施的通知》,主要包括增加资金投入、改善投资环境、扩大对外对内开放吸引人才和发展科技教育等方面的政策措施,为最终实现东中西部地区协调发展和共同富裕打开新的局面。为了深入实施西部大开发战略,加速实现全面建成小康社会的目标和推进共同富裕,2010年6月29日,中共中央、国务院印发《关于深入实施西部大开发战略的若干意见》,对深入实施西部大开发战略指导思想、基本原则、主要目标、行动纲领等方面作出了明确规定。

只有对整个经济结构实施战略性调整,实施西部大开发,缩小东西部差距,才能最终走向共同富裕。21世纪以来,党中央把西部大开发作为一项重大战略任务来抓,重视和采取一系列有效措施大力解决地区差距问题,这绝不是短期的战术行为和权宜之计,这同邓小平社会主义本质论强调的"最终达到共同富裕"的思想是一脉相承的。

西部大开发战略是实现我国现代化第三步战略目标的重大举措,它的推行必将促进区域经济协调发展,西部地区相对落后的面貌也将从根本上得到改观,从而最终实现共同富裕的目标。因此西部大开发战略的实施对于逐步缩小发展差距、实现共同繁荣、推进共同富裕具有重大的意义。

4. 实施扶贫开发工程

改革开放和现代化建设新时期,党和政府作出了20世纪末基本实现小康的庄严承诺,在实施扶贫开发工程的进程中,制定并不断适时地调整不同发展阶段的具体行动纲领和政策举措,采取一系列具体政策措施,逐步

---

❶ 中共中央文献研究室:《十五大以来重要文献选编》(中),中央文献出版社2011年版,第169页。

消除贫困，缩小区域经济发展差异，以推进共同富裕目标的实现。

改革开放初期，以邓小平同志为核心的党的第二代中央领导集体按照社会主义的长期战略目标，开始启动扶贫工程。1982年12月，国务院启动使人民尽快摆脱贫困的"三西"农业建设专项扶贫计划，"三西"地区（甘肃河西地区、定西地区和宁夏西海固地区）是全国第一个区域性扶贫开发实验地，这一计划的推行开创了改革开放和社会主义现代化建设新时期有组织、有计划、大规模减贫行动的先河。1983年，为了使贫困人口大幅减少，国家有计划、有步骤地设立"三西"地区农业建设专项补助资金。1986年5月，中央成立了国务院贫困地区经济开发领导小组这一议事协调机构。

1986年5月14日，国务院贫困地区经济开发领导小组第一次全体会议提出，要用制度化、专业化的方式开展扶贫开发工作，争取在"七五"期间利用社会主义制度的政治优势解决大多数贫困地区人民的温饱问题，使他们尽快迈上富裕之路。在这一过程中，党和政府要求彻底改变单纯救济的扶贫办法，不断创新反贫困理论与实践，实行新的经济开发方式，这就开启了历史上规模最大的农村专项反贫困计划。当年，确定绝对贫困人口标准为1985年农民年人均纯收入低于206元，国家重点扶持贫困县标准为1985年农民年人均纯收入低于150元。按此标准，1986年全国贫困人口约为1.25亿，国家重点扶持贫困县为331个，同时划定18个集中连片贫困地区。❶ 在党和政府的领导下，反贫困专项计划的实施使贫困地区的经济实现较快增长，贫困人口大大减少，与全国农民平均收入的差距也逐渐缩小。

20世纪90年代以来，以江泽民同志为核心的党的第三代中央领导集体加大扶贫力度，继续支援"老、少、边、穷"地区的经济发展，以缩小地区发展差异，推进共同富裕。1990年2月23日，国务院批转国务院贫困地区经济开发领导小组的旨在使农村贫困人口最终解决温饱问题、尽快

---

❶ 中共中央党史和文献研究院：《全面建成小康社会大事记》，《人民日报》，2021年7月28日，第1版。

消除贫困的《关于九十年代进一步加强扶贫开发工作的请示》，文件明确指出：从1991年初开始，为了加快反贫困进程的推进，全国贫困地区要在解决大多数群众温饱问题的基础上，为实现小康水平的目标创造条件，尽快转入以脱贫致富为主要目标的经济开发新阶段。在国家相关扶贫政策支持下，各级政府激发制度扶贫的改革效应，发挥贫困地区自身优势进行开发性生产建设，阻断贫困再生产的自然和社会根源，依靠贫困地区有利自然条件和贫困人口的自身发展能力，有力推进中国特色扶贫开发的进程，从而实现脱贫致富。

1991年3月20日，国务院贫困地区经济开发领导小组为了尽快提高扶贫开发工作的成果和水平，在关于"八五"期间扶贫开发工作部署的报告中强调："今后五年的扶贫开发工作，要以稳定解决温饱问题为重点，向最贫困、最偏僻、最落后的地区延伸。"❶ 1994年2月底至3月初，为进一步解决农村贫困问题，达到全国绝对贫困现象基本消除，缩小地区经济社会发展差距，国务院召开全国扶贫开发工作会议，部署下一阶段的扶贫攻坚工作。1994年4月15日，国务院印发深入推进贫困治理的《国家八七扶贫攻坚计划》，该计划更加注重反贫困战略的统筹协调，把扶贫开发事业推向新阶段，从形势与任务、奋斗目标、方针与途径、资金的管理使用、政策保障、部门任务、社会动员、国际合作、组织与领导九个方面对扶贫攻坚工作作了部署和安排，反贫困从救济式扶贫向开发式扶贫转变。《国家八七扶贫攻坚计划》要求力争在20世纪末实现反贫困的阶段性的战略目标，基本解决全国农村贫困人口的温饱问题，加快实现共同富裕的奋斗目标。

1996年9月23日，江泽民在中央扶贫开发工作会议上发表讲话强调：要不断拓展中国特色减贫道路，要坚持开发式扶贫的方针，尽快解决贫困农民的温饱问题，彻底消除困扰中国人民的绝对贫困问题，这就为反贫困提供了重要理论指导和实践遵循。中国特色减贫道路的开辟逐步增强了贫

---

❶ 中共中央文献研究室：《十三大以来重要文献选编》（下），人民出版社1993年版，第1473页。

困地区的自我发展能力。1996年10月23日，为了通过体制改革和开发式扶贫方针加速反贫困的进程，中共中央、国务院作出《关于尽快解决农村贫困人口温饱问题的决定》，指出：贫困地区以消除贫困为首要任务，逐步缩小东西部地区贫富差距，并对打好扶贫攻坚战进行了部署安排。1999年6月9日，江泽民在中央扶贫开发工作会议上讲话，强调扶贫开发的重大意义，认为组织扶贫开发，促进人的全面发展和全体人民共同富裕，是一项伟大的社会工程。1999年6月28日，为了尽快改变贫困地区落后面貌，中共中央、国务院作出《关于进一步加强扶贫开发工作的决定》，以加快解决农民的贫困问题，这份重要文件总结了20世纪90年代以来扶贫开发的主要成就和基本经验，并对下一步扎实推进农村扶贫开发工作提出了总体要求。这些重大政策举措，从制度上推进了尽快改变贫困地区相对落后的面貌的进程，是对邓小平反贫困理论和共同富裕思想的实践应用和理论发展。

20世纪90年代以来，党中央充分调动一切可利用的社会力量和自然资源，坚定不移地推进我国扶贫开发事业，到20世纪末，除少数社会保障对象和一部分特殊人群外，全国农村贫困人口的温饱问题已经基本解决。党和政府加大对贫困地区的扶持力度，使贫困地区农村经济社会的风貌大为改观，《国家八七扶贫攻坚计划》的实施取得了显著成果，确定的战略目标基本实现，充分体现了社会主义制度的优越性。在全国农村贫困人口的温饱问题已经基本解决的基础上，2001年6月13日，国务院部署新世纪第一个十年扶贫工作的计划，以加快贫困地区脱贫致富的进程，加快全面建设小康社会，《中国农村扶贫开发纲要（2001—2010年）》的印发和实施，力图从根本上解决中国贫困的根源问题，把新世纪我国扶贫开发事业推向一个新的阶段。反贫困是社会主义自身发展的战略目标，扶贫济困是实现共同富裕的重要内容。《中国农村扶贫开发纲要（2001—2010年）》出台后，随着西部大开发战略的全面实施，中西部地区改革开放步伐的加快，党和国家把中西部近600个县确立为扶贫开发工作重点县，持续加大这些地区的交通、生产等基础设施投入，扶持贫困户创造消除贫困的基础条件，不断探索减少贫困现象、推进共同富裕的有效路径。

新世纪新阶段，以胡锦涛同志为核心的党的第四代中央领导集体，进一步强化各项政策措施，加大扶贫开发力度，以最大的努力帮助贫困地区、贫困人口消除贫困，走上致富道路，以加速共同富裕目标的实现。城乡差距和贫富差距的扩大问题，仍然是新世纪新阶段中国推进共同富裕面临的最大挑战。2003 年 1 月 8 日，胡锦涛在中央农村工作会议上讲话强调：要加大扶贫开发力度，加快实现共同富裕的进程，以改善生产生活条件和增加农民收入为核心，调动一切力量共同参与反贫困斗争，加快贫困地区脱贫步伐，逐步消除由区域性经济发展不足导致的贫困。

贫困地区大多经济落后，基础设施薄弱，为进一步缩小地区差距，加速扶贫工作进程，2004 年 11 月，全国扶贫开发工作会议在西安召开，会议提出：探索并创建多样化的扶贫机制，扶贫开发重点从贫困县转向贫困村，大力实施"整村推进"扶贫计划，着力改善贫困村的基本生产生活条件和生态环境。2011 年 5 月 27 日，中共中央、国务院印发《中国农村扶贫开发纲要（2011—2020 年）》，要求采取开发式扶贫战略作为以城带乡实现"共同富裕"的保障，以加快贫困地区经济社会发展，推进全面建设小康社会的历史进程，进而实现共同富裕。

扶贫开发是全面建成小康社会的重大任务，消除贫困关系到最终实现全国人民共同富裕这个大局。在改革开放和社会主义现代化建设新时期，党和政府掌握调节贫富差距的时机和方法，不断扩充扶贫力量和扶贫渠道，实施扶贫计划，充分挖掘社会资源和社会力量存在的潜力，制定贴合贫困地区致贫根源的扶贫方式方法，使贫困地区经济实现较快增长，让越来越多贫困人口脱贫致富，过上了小康生活。

5. 建设社会主义新农村

社会主义新农村建设是针对"三农"问题提出的一项战略决策和战略举措，是中国特色社会主义的重要实践形式。建设社会主义新农村要求统筹城乡经济发展，使农村摆脱贫困落后的局面，缩小城乡差距，促进广大农民更快富裕起来。因此建设社会主义新农村对于按期完成全面建成小康社会的历史任务以及推进共同富裕和社会主义现代化建设有着重大的理论意义和现实意义。

社会主义新农村这一概念，最早见于20世纪50年代《人民日报》发表的题为《建设社会主义新农村的伟大纲领》的社论，反映了全党全国人民决心改变农村一穷二白落后面貌的勇气和信心。改革开放初期，邓小平提出"小康"概念和建设构想，其中建设社会主义新农村就是小康社会的重要内容之一，是共同富裕实现的重要步骤和阶段性目标。

1998年10月14日，中共十五届三中全会通过《关于农业和农村工作若干重大问题的决定》，提出在社会利益格局发生深刻变化的背景下到2010年建设有中国特色社会主义新农村的奋斗目标。建成富裕民主文明的社会主义新农村为新世纪实现农业和农村现代化指明了方向和路径，推动了农村向共同富裕迈进。党的十六大明确指出，"统筹城乡经济社会发展，建设现代农业，发展农村经济，增加农民收入，是全面建设小康社会的重大任务。"[1] 2005年10月，中共十六届五中全会提出建设社会主义新农村的重大历史任务，全会通过的《关于制定国民经济和社会发展第十一个五年规划的建议》，指出要统筹城乡发展，把社会主义新农村建设放在经济社会发展工作的第一位，在以人为本的视角下转变发展方式和发展方向。社会主义新农村建设成为推进共同富裕和建设小康社会具体实施和实践推进的第一篇章。

为了全面繁荣农村经济，2005年12月31日，在实现总体小康的基础上，中共中央、国务院印发《关于推进社会主义新农村建设的若干意见》，这就是2006年的"中央一号文件"，文件指出：要按照"生产发展、生活宽裕、乡风文明、村容整洁、管理民主"的要求，协调推进农村经济建设、政治建设、文化建设、社会建设和党的建设。[2] "一号文件"从强化产业支撑、夯实经济基础、改善物质条件、培养新型农民和健全体制保障等

---

[1] 中共中央文献研究室：《十六大以来重要文献选编》（上），中央文献出版社2005年版，第17页。

[2] 中共中央文献研究室：《十六大以来重要文献选编》（下），中央文献出版社2008年版，第140页。

方面对社会主义新农村建设作出明确部署和安排,拉开了建设社会主义新农村的序幕。

2008年10月,为了进一步加快缩短城乡发展差距,使农村农民朝着实现共同富裕的目标迈进,党的十七届三中全会通过了《关于推进农村改革发展若干重大问题的决定》。伴随国家工业化的发展和经济实力的增强,党中央提出了建设社会主义新农村的一系列新思路、新举措,不断调整优化农业和农村经济结构,及时调整城乡关系的政策导向。

党的十六大以来,党和政府出台了一系列强农惠农政策,全国上下形成一股开展新农村建设的热潮,各地按照中央统筹城乡发展的要求,大力促进农业和农村发展、减少农民负担、促进农民增收,引导和帮助农民走上共同富裕的道路。"三农"工作被作为新世纪新阶段党和国家的重点任务加以推进,深化农村税费改革和农村综合改革、取消农业税、推动我国农业发展方式转变、加大对农村发展的财政投入、加快补齐农村发展短板、开展新型农村合作医疗保险,等等,这些举措推进城乡基本公共服务均等化,激发农村发展活力,加快缩小城乡地区发展差距,改变农村的落后面貌,使全体人民共享经济社会发展成果。

新世纪新阶段,以胡锦涛同志为核心的党的第四代中央领导集体立足于中西部经济协同发展的宏观大局,将建设社会主义新农村列为经济社会发展的首要任务,提出区域发展平衡战略,统筹城乡经济社会发展,推进共同富裕和全面小康社会建设。科学发展观的一个重要内容和要求,就是要实现经济社会的全面协调可持续发展。只有实行统筹城乡经济社会发展的科学方略,才能加快全面建设小康社会的进程。建设社会主义新农村是把反贫困事业推向新阶段的重大举措,是表征和检验农村发展阶段和水平的一个标尺,更是推进共同富裕进程中的一项重大的战略任务。社会主义新农村建设进一步缩小了城乡之间的贫富差距,使我国城乡逐步呈现出共同发展、共同富裕、充满生机勃勃的现实图景。

6. 发展社会保障

改革开放以来,社会保障等重点民生资源面临发展不平衡不充分的问题,引发了社会心理失衡,影响了社会稳定。"社会保障体系和基本公共服务体系是社会发展的稳定器,也是共同富裕社会的基石。"❶ 新世纪新阶段,为了切实解决好人民群众最关心的利益问题,实现社会的公平正义,不断通过制度改革和体制创新,保障人民群众共享发展成果,推进全体人民共同富裕的历史进程,党和政府采取了一系列政策措施深化分配制度改革,发展社会保障事业,建立更加公平可持续的社会保障制度,完善公共服务体系,保证全体人民享有共同富裕的公平正义。

2000年8月,经中共中央批准,国务院决定加强共同富裕配套措施建设,建立全国社会保障基金,以完成消除贫困的底线任务,进一步完善社会保障体系。党和政府在建立健全社会主义市场经济体制的过程中统筹公平与效率,逐步探索社会参与共同富裕的体制机制与政策体系,不断完善社会保障体系,使社会保障能够在初次分配和再分配领域中发挥重要作用,在经济社会的快速发展中保证社会公平正义的实现。

2002年11月,党的十六大在社会保障体系的构建方面强调:"坚持社会统筹和个人账户相结合,完善城镇职工基本养老保险制度和基本医疗保险制度。健全失业保险制度和城市居民最低生活保障制度。多渠道筹集和积累社会保障基金。"❷ 鉴于社会保障制度在减少社会主义市场经济体制下收入差距方面发挥着日益重要的作用,2004年3月14日,第十届全国人大二次会议通过《中华人民共和国宪法修正案》,为了夯实共同富裕的基础,会议将建立健全社会保障制度纳入宪法。党和政府把共享发展的理念体现在政策的各个层面,这就要求各级政府必须关注民生,加快建立覆盖城乡的居民社会保障体系,巩固前期共同富裕推进的成果,逐步缩小城乡区域发展差距,扎实推进城乡公共服务资源一体化。

社会保障是调节和改善收入分配、逐步实现共同富裕的重要手段。胡锦涛在党的十七大报告中强调:大力发展社会事业,建立覆盖城乡居民

---

❶ 乔惠波:《试论共同富裕的内涵、基础及推进路径》,《东岳论丛》,2022年第2期,第23页。

❷ 中共中央文献研究室:《十六大以来重要文献选编》(上),中央文献出版社2005年版,第22页。

的社会保障体系,"要以社会保险、社会救助、社会福利为基础,以基本养老、基本医疗、最低生活保障制度为重点,以慈善事业、商业保险为补充,加快完善社会保障体系"❶。顺应人民对社会公平正义的要求,党和政府把维护好、发展好人民群众的根本利益作为最根本的价值指向,构建可持续发展的社会保障体系,发挥共同富裕稳定器的重要作用。

新世纪新阶段,中国共产党从执政、发展和社会建设等方面全方位关注民生,强化社会保障的帮扶作用,缩减城乡居民享有的社会保障差异,建立健全同经济发展水平相适应的多层次社会保障体系,保证人民平等参与、平等发展权利,逐步实现全覆盖、均等化的社会保障体系,促进了社会经济持续稳定发展,使共同富裕的社会基础越来越雄厚。

三、持续探索和推进共同富裕的重大成就

改革开放和社会主义现代化建设新时期,以邓小平、江泽民、胡锦涛同志为代表的共产党人着眼于新的实践和新的发展,带领人民矢志不渝地为探索实现共同富裕目标而努力奋斗,丰富和发展了马克思主义共同富裕的策略、思想和理论,擘画了在推进中国式现代化的动态过程中实现共同富裕的宏伟蓝图,形成了实现共同富裕的强大整合能力、动员能力和执行能力,在推动全体人民共同富裕方面取得了重大成就。

1. 加速农业农村现代化

改革开放以来,党和政府把推进"三农"工作作为各项工作的重中之重,在农村加大扶贫开发的力度,增加了国家财政对农村基础设施建设的投入,推动工业化、城镇化和农业现代化协调发展,改善农民的生产生活条件,加速农业农村现代化,促进农村工业化、农村城镇化进一步发展。

一是农业现代化水平提高。农业现代化是实现四个现代化的关键和根本前提,也是工业进一步发展的必然要求。"没有农业农村现代化,共同

---

❶ 中共中央文献研究室:《十七大以来重要文献选编》(上),中央文献出版社2009年版,第30页。

富裕是不完整、不全面、不牢固的。"❶ 改革开放和社会主义现代化建设新时期,党和政府对加快农业发展、推进农业现代化作出具体部署,家庭联产承包责任制的全面推行以及农村土地制度改革的不断深入,逐步实现了土地所有权、承包权和使用权的分离,极大地解放了农村生产力,推动农户和现代农业发展有机衔接,使农村经济开始向专业化、商品化、现代化转变。党和政府增加技术、资本等生产要素的投入,发展适度规模经营,壮大集体经济,使农业科学技术创新和推广应用持续推进,推动农业生产体系和经营体系现代化,打造高质量农业人才队伍,丰富了现代农业的技术条件。农业先进科技的推广,化肥、农药的科学使用,再兼以实施作物种子革命,农业的现代化有了长足的进步。"粮食产量自1984年突破4亿吨以后,1996年突破5亿吨,连续上了新台阶,成为世界上最大的粮食生产国,以不足世界7%的耕地面积,解决了世界22%人口的吃饭问题。"❷ 农业科技应用和农业生产结构的调整,新型农业生产经营体系的构建,使粮食产量稳步增长,推进了农业现代化,为共同富裕的实现准备了前提条件。

改革开放以来,党和政府为满足实现农业现代化发展对各项要素资源的迫切需求,进行加快推进农业农村现代化的长远安排,采取科学化和差异化的发展思路,进一步优化农业生产要素的分工、协作,建立现代农业产业体系及现代生产和经营体系,促进农业现代化发展,缩小城乡发展差距,农业现代化建设取得了长足的进步和发展,为我国实现由农业大国向农业强国迈进奠定了基础。

二是基础设施建设成效明显。在实施西部大开发战略和建设社会主义新农村的过程中,党和政府重塑城乡关系,促进城乡融合发展,打破城乡二元经济结构,加大财政支持力度,加强以农田水利为重点的农业农村基

---

❶ 周文、施炫伶:《共同富裕的内涵特征与实践路径》,《政治经济学评论》,2022年第3期,第20页。
❷ 唐任伍、唐堂、李楚翘:《中国共产党成立100年来乡村发展的演进进程、理论逻辑与实践价值》,《改革》,2021年第6期,第32-33页。

础设施和公共服务体系建设,因而这一时期西部地区、农村地区的基础设施建设成效明显,为推进共同富裕创造了物质条件。

由于自然条件、历史文化和政策体制等多方面的原因,农村经济文化比较落后,与城市相比较,农村地区在基础设施建设方面存在较大的差距。改革开放以来,特别21世纪以来开展以"生产发展、生活宽裕、乡风文明、村容整洁、管理民主"为主要目标和农村现代化建设为发展方向后,党和政府加大公共财政及项目资金向农村地区的转移支付力度和投入力度,农村水电、交通、网络、通信等原来基础设施落后和匮乏的局面大大改观,全国绝大部分农村改善了贫困地区的基础设施条件,部分地区行路难、用电难、吃水难、通信难等问题得到了全面解决。2008年3月,温家宝总理在政府工作报告中指出:从2003年到2008年,中央"大幅度增加对农业农村投入,中央财政用于'三农'的支出五年累计一万六千亿元,其中用于农村基础设施建设近三千亿元,地方也较多增加了投入。五年新增节水灌溉面积六百六十六万七千公顷、新增沼气用户一千六百五十万户、新建改建农村公路一百三十万公里,解决了九千七百四十八万农村人口饮水困难和饮水安全问题。"❶ 2008年到2013年,党和政府"加强农村水电路气等基础设施建设,新建改建农村公路一百四十六万五千公里,改造农村危房一千零三十三万户,解决了三亿多农村人口的饮水安全和无电区四百四十五万人的用电问题,农村生产生活条件不断改善"❷。社会主义新农村建设使农村人居环境逐步改善,农民的基本生存发展条件得到了相当程度的改善,形成集聚并吸引人才、资本等要素的可持续发展优势。

完善的、现代化的公共基础设施能够为农业生产提供基本的硬性保障,有助于解决区域经济社会发展不平衡不充分的问题。加强基础设施促进农村利用独特资源优势发展现代农业,增加农业收入,从而推进共同富

---

❶ 中共中央文献研究室:《十七大以来重要文献选编》(上),中央文献出版社2009年版,第293－294页。

❷ 中共中央文献研究室:《十八大以来重要文献选编》(上),中央文献出版社2014年版,第174页。

裕。改革开放以来，落后地区基础设施建设取得的成就，改善了人们的生产生活条件，提升了农业地区的综合生产能力，提高了经济发展水平和民生保障质量，保障了贫困人口的生存权和发展权，破解了乡村凋敝和"空心化"等发展困局，使落后地区的贫困群众摆脱贫困，迈出了走向中国特色社会主义共同富裕的重要一步。基础设施建设是西部大开发和社会主义新农村建设的重点领域。基础设施建设的开展及取得的重大成就提高了贫困地区的自主脱贫能力，使人们共同享受经济社会发展的成果，共同富裕的推进获得了更加坚实的物质保障。

三是农民素质提高。改革开放以来，党和政府采取了一系列措施，大力开展扫盲运动，提升农民文化素质。文化落后特别是成年人文盲率过高会严重制约经济建设和生产力的发展，列宁指出："在一个文盲充斥的国家内是无法建成社会主义的。"❶ 劳动者素质的提高是推进社会主义现代化建设和共同富裕的内在要求。

改革开放和社会主义现代化建设新时期，党和政府采取一系列政策措施，扫除文盲，提高劳动者文化素质。为了促进社会主义物质文明和精神文明建设，1988年2月，国务院颁布《扫除文盲工作条例》，该条例的颁布实施，全面攻破扫盲难题，扫除文盲同开展技能培训相结合，提高劳动者素质，有利于增加居民就业，为维护社会公平、推进共同富裕夯实了基础。

提高劳动者素质是社会主义现代化建设的重要条件和根本保证。落后农村地区的劳动者以文盲半文盲居多，文化程度偏低，制约了生产力的发展，阻碍了农村地区社会的进步。扫盲运动的开展，大大降低了文盲率，提高了劳动者的文化素质。据统计，2001年至2010年，16至24岁贫困农户青年文盲率降低至2%。❷ 在党的领导下，各级政府积极采取措施，大力扫除青壮年文盲，开展职业教育和技术教育，让农民学习掌握科学技术和

---

❶ 《列宁全集》（第三十九卷），人民出版社1986年版，第309页。
❷ 程承坪、曾瑾：《中国共产党治理贫困的百年历程、成就与未来展望——写在中国共产党建党百年之际》，《当代经济管理》，2021年第6期，第15页。

文化知识，从根本上缓解了农村落后和农民贫苦的局面。

改革开放以来，党和政府采取措施，加强农村文化建设，推动农村实现"精神富裕"。共同富裕是物质富裕与精神富裕两个层面的辩证统一。精神富裕蕴含更高层次的追求，针对精神富裕问题相较于物质富裕滞后的问题，党和政府满足农民的精神需求，加强农村文化建设，提高农民文化素质，为建设精神家园提供良好的文化氛围，推动农村地区形成良好的社会风气。一般而言"精神富裕"指广大人民"有坚定的理想信念、崇高的道德品质、丰富的文化知识和严格的纪律自觉"[1]。强化社会主义价值观的培育和践行，大力加强社会主义精神文明建设，在全社会形成精神富裕的共识，实现全体人民精神富裕，对小康社会建设和推进共同富裕具有重要价值引领作用。

物质富裕与精神富裕的统一是社会主义共同富裕的本质特征。共同富裕与促进人的全面发展是高度统一的。丰富农民的文化生活，开展农村文化建设，培育良好社会氛围，形成正确的价值导向，培养懂技术、有文化的"新型劳动者"，可以使人的素质得到全面发展，使其达到精神上的充分富裕，为推进物质文明建设贡献精神源泉。深入推动移风易俗使农村社会焕发新的活力，有利于推进农村"精神富裕"水平提升。精神富裕是实现共同富裕的应有之义，改革开放以来人民群众在需要层次和需求结构等方面提出了越来越高的要求，精神富裕符合社会全面进步和文明发展的趋势和方向，内在于人的自由而全面的发展，为追求共同富裕凝聚起强大的精神动力，它的实现会进一步推动物质文明建设、巩固物质富裕的成果。

2. 减少农村贫困现象

改革开放和社会主义现代化建设新时期，以邓小平、江泽民、胡锦涛同志为代表的中共产党人，逐步深化农村改革，解放和发展生产力，从根本上解决人与自然之间的物质交换关系，在大力推进中国减贫事业、探索

---

[1] 韩振峰、王露：《习近平共同富裕观的理论探源、核心要义及价值意蕴》，《大连理工大学学报》（社会科学版），2022年第6期，第2页。

和推进共同富裕的道路上,取得了历史性的重大成就。

一是贫困人口减少。解决贫困问题始终是经济学的永恒主题,也是推进共同富裕的关键。摆脱贫困是一代代共产党人孜孜以求的目标,改革开放之前,中国农村贫困人口数量居高不下,贫困发生率高。以1978年为例,农村居民家庭人均纯收入133.6元,恩格尔系数高达67.7%;中国农村还有2.5亿人尚未解决温饱问题,贫困发生率仍然达到30.7%。❶这说明社会主义制度只是为摆脱贫困提供制度保障,生产力如果得不到充分的发展,消除贫困、实现共同富裕就会是纸上谈兵。

消除贫困是实现共同富裕的必然要求和阶段性目标让农村贫困人口彻底实现脱贫,历史性地解决绝对贫困问题,是现代化进程中推进共同富裕绕不过的难题。中共十一届三中全会以来,各地根据中央批转的《全国民政工作会议纪要》的要求,认真做好农村扶贫工作,取得了显著成绩,截至1982年8月,四川、黑龙江、西藏、河南、山东、湖北、福建、辽宁、吉林、浙江、安徽、江西、广西、山西、天津15个省、自治区、直辖市扶持的234万贫困户中,已有91万多户摆脱贫困处境,占贫困户总数的39%,其中有些户已开始富裕起来,其余户的生活条件也有改善。❷根据1983年政府工作报告,改革开放之初,从1978年到1983年短短的几年时间内,"全国原来低产贫困的二百四十多个县,绝大部分农民的温饱问题已经基本上解决。一些出名的穷县改变了原来的面貌,一跃而为新的商品生产基地"❸。改革开放以来,党领导的中国特色反贫困的伟大实践尤其是"八七扶贫攻坚计划"的成功实施,使贫困人口逐步减少,"从20世纪80年代中期开始,我国开始实施大规模的扶贫战略,向近1/4人口的贫困开战。经过近20年的努力,我国已经成功地使2亿多农村贫困人口摆脱了绝对贫困状态。到2002年,中国农村贫困人口已经降到2800万人,大约只

---

❶ 国家统计局:《新中国五十年统计资料汇编》。转引自刘丸源、邹曦:《中国共产党百年减贫思想略论》,《政治经济学评论》,2021年第6期,第49页。
❷ 《全国农村扶贫工作取得成绩》,《人民日报》,1982年8月21日,第2版。
❸ 中共中央文献研究室:《十二大以来重要文献选编》(上),人民出版社1986年版,第320页。

占农村总人口的3%左右。"❶ 在党和政府的领导下，中国的贫困现象得到了大幅度、大面积的缓解，根据2003年政府工作报告，从1998年到2003年，五年来人民生活显著改善，总体达到小康水平。农村贫困人口由4960万人减少到2820万人。❷ 改革开放以来，中国政府努力协调好改革进程中的各种利益关系，加快贫困地区脱贫致富的进程，逐步由消除普遍贫穷到消除落后地区、少数人的绝对贫困，反贫困的规模和速度是空前的，这一伟大的历史性成就已获得举世公认。

贫困作为特定的社会经济现象是一个异常复杂的问题，消除贫困、实现共同富裕是古今中外治国安邦的大事。共同富裕是以社会生产力的发展和物质充分的增加为前提条件，改革开放和社会主义现代化建设新时期，为尽快改变农村贫困落后面貌，党和政府把反贫困当作社会主义自身发展的战略目标，在农村开始推行联产承包责任制，改革经济体制和落后的生产关系，不断探索解放和发展生产力的有效路径，并采取一系列政策措施，阻断贫困代际传递的根源，推动贫困地区、贫困人口脱贫致富，在共同富裕之路上取得了实质性进展。

二是农民收入增加。改革开放初期，在总结社会主义建设经验和反贫困实践的基础上，党以消除贫困为首要任务，以改善民生为根本目的，放宽了农村经济政策，调动了农民生产的积极性、主动性，很多农民走上致富道路，农民收入与往年相比有了显著的增加，生活总体水平得到了明显的改善。根据调查统计，贵州省农村年人均纯收入80元以下的户，1980年占农户的14%，1981年下降为11.2%。年人均收入100元以下的户，1981年比1980年下降5.4%，全省富裕户和初步富裕户都有显著增加。1978年，年人均纯收入300元以上的户，不超过1%，1980年达到8.7%，1981年已达到14.9%，比1980年又上升6.2%。1981年，全省农民年人

---

❶ 吴鹏森：《全面理解"共同富裕"思想，正确认识当代中国的社会分化》，《南京师大学报》（社会科学版），2014年第1期，第8页。

❷ 中共中央文献研究室：《十六大以来重要文献选编》（上），中央文献出版社2005年版，第162页。

均纯收入152元（集体部分66元，自营部分86元），比1978年增加67.8元，增长80.5%，比1980年增加28元，增长22.6%。❶这就初步显示了社会主义制度的优越性，说明党解决贫困问题的新思路新方法是可行的。中共十一届三中全会的"致富政策"，像一声春雷，打破了深山幽谷里的安宁，五莲山区到处在修整农田，挖坑筑坝，劈山开路，栽树营林，仅仅三年多的时间，这里就发生了巨变：山青了，水绿了，村庄美了，千家万户开始富裕起来了。芙蓉庄大队党支部书记张善德说："俺村三年迈了三大步。1978年人均集体分配只有183元，去年达到515元。全大队172户人家，这几年盖新房的就有110户。"❷社会主义初级阶段只有不断深化经济体制改革，解放和发展生产力，推行邓小平同志"先富带动后富"的共同富裕政策，破除贫困年代对"共同富裕"形成的"平均主义""同步富裕"的误解，才能筑牢共同富裕的雄厚基础，让贫困户逐步摆脱贫困，进而实现共同富裕。改革开放以来，全国形成的以先富帮助后富、减少贫困现象的成功做法和经验不可胜举。

3. 推进小康社会建设

实现共同富裕是一个重大而现实的历史性课题。改革开放和社会主义现代化建设新时期，中国共产党基于不同经济发展阶段，在推进共同富裕的进程中，始终保持正确的方向，把小康社会建设与共同富裕目标联系起来，提高了综合国力与人民群众的生活水平，加快了全面建设小康社会的步伐，推进了全面建设小康社会的历史进程，在中华大地书写了全面建设小康社会的华美篇章。

邓小平认为共同富裕与小康社会二者关系密切，在推进现代化的过程中把共同富裕与小康社会的建设目标联系在一起。"如果我们达到人均国民生产总值四千美元，而且是共同富裕的，到那时就能够更好地显示社会

---

❶ 《三中全会以来农村变化显著 各地穷队大量减少》，《人民日报》，1982年8月21日，第2版。

❷ 林晞等：《五莲山区打开了致富大门》，《人民日报》，1982年11月18日，第2版。

主义制度优于资本主义制度。"❶ 1990年，中国国内生产总值完成了既定目标的任务，"三步走"战略的第一步目标已经实现。全国绝大多数地区解决了温饱问题。"生活资料更加丰裕，消费结构趋于合理，居住条件明显改善，文化生活进一步丰富，健康水平继续提高，社会服务设施不断完善。"❷ 进入20世纪90年代以后，我国开始向小康社会迈进，在共同富裕的道路上迈出了坚实而关键的一步，经济稳步发展，人民生活水平得到了极大的提高。

1991年，国家统计局等12个部门人员组成的专项课题组，按照中共中央、国务院提出的小康社会的内涵，在深刻分析中国国情和小康社会特点的基础上，遵循经济社会发展规律，明确了小康社会的16个基本监测指标和小康进展程度的评价指标的临界值。这样就使小康社会有了可供操作的衡量指标，得以在实现共同富裕的过程中分阶段、有计划地推进。2000年10月，《中共中央关于制定国民经济和社会发展第十个五年计划的建议》指出，"从新世纪开始，我国将进入全面建设小康社会，加快推进社会主义现代化的新的发展阶段。""我们已经实现现代化建设的前两步战略目标，经济和社会全面发展，人民生活总体上达到小康水平，开始实施第三步战略部署。"❸ 21世纪伊始，中国共产党立足全面建成小康社会的战略目标，不断推进经济社会的全面发展，领导人民在推进现代化的进程中向共同富裕的目标奋进。

2002年11月，党的十六大报告《全面建设小康社会，开创中国特色社会主义事业新局面》在实现人民生活从温饱不足到总体小康的基础上，提出全面建设小康社会的奋斗目标，"在本世纪头二十年，集中力量，全面建设惠及十几亿人口的更高水平的小康社会，使经济更加发展、民主更加健全、科教更加进步、文化更加繁荣、社会更加和谐、人民生活更

---

❶ 《邓小平文选》（第三卷），人民出版社1993年版，第195-196页。
❷ 中共中央文献研究室：《十三大以来重要文献选编》（中），中央文献出版社1991年版，第1374页。
❸ 中共中央文献研究室：《十五大以来重要文献选编》（中），中央文献出版社2011年版，第487页。

加殷实。"❶ 党的十六大在人民的物质文化需要满足的达到小康水平和目标的基础上，提出了"小康社会"的新概念，并提出了全面建设小康社会的目标和宏伟蓝图，小康社会是能够满足人民的多样化、多层次、多方面的需求的社会，不仅仅囿于经济和物质层面。小康社会是人的发展和社会发展的统一，不仅要实现社会成员物质上的丰裕，而且要精神上的充实和富足，全面建设小康社会的提出是对共同富裕目标的有力践行。

2005 年中共十六届五中全会提出了在推进现代化和共同富裕的进程中建设社会主义新农村建设的战略任务，社会主义新农村建设推进了全面建设小康社会的历史进程。2007 年 10 月，中国共产党第十七次全国代表大会通过了题为《高举中国特色社会主义伟大旗帜，为夺取全面建设小康社会新胜利而奋斗》的报告。在全面建设社会主义现代化国家和推进共同富裕的新阶段，党的十七大报告提出了实现全面建设小康社会奋斗目标的新要求。在科学发展观的指引下，报告强调到 2020 年实现第一个百年奋斗目标之时，中国"将成为工业化基本实现、综合国力显著增强、国内市场总体规模位居世界前列的国家，成为人民富裕程度普遍提高、生活质量明显改善、生态环境良好的国家，成为人民享有更加充分民主权利、具有更高文明素质和精神追求的国家，成为各方面制度更加完善、社会更加充满活力而又安定团结的国家"❷。党的十七大提出使共同富裕和小康社会建设迈入新的发展阶段，大会将党的十六大提出的国内生产总值到 2020 年力争比 2000 年翻两番的经济增长目标，调整为实现人均国内生产总值到 2020 年比 2000 年翻两番。新世纪新阶段中国共产党对共同富裕的认识无论在理论还是实践上都进入了一个新的阶段，在明确小康社会内涵、凝聚社会共识的基础上，党提出的全面建设小康社会的奋斗目标和行动纲领，推动全体人民共同富裕和小康社会全面建设取得了明显的实质性进展和重大成就。

2010 年 10 月，中共十七届五中全会通过的《关于制定国民经济和社

---

❶《江泽民文选》（第三卷），人民出版社 2006 年版，第 543 页。
❷ 中共中央文献研究室：《十七大以来重要文献选编》（上），中央文献出版社 2009 年版，第 16 页。

会发展第十二个五年规划的建议》是新世纪新阶段党领导人民全面建设小康社会的行动指南和具体纲领,对全面建设小康社会作出全面部署,主要涉及:加快转变经济发展方式,开创科学发展新局面;坚持扩大内需战略,保持经济平稳较快发展;推进农业现代化,加快社会主义新农村建设;发展现代产业体系,提高产业核心竞争力;促进区域协调发展,积极稳妥推进城镇化;加快建设资源节约型、环境友好型社会,提高生态文明水平;深入实施科教兴国战略和人才强国战略,加快建设创新型国家;加强社会建设,建立健全基本公共服务体系;推动文化大发展大繁荣,提升国家文化软实力;加快改革攻坚步伐,完善社会主义市场经济体制;实施互利共赢的开放战略,进一步提高对外开放水平;全党全国各族人民团结起来,为实现"十二五"规划而奋斗等方面。❶ 这就为我们在新的发展阶段全面建设小康社会明确了奋斗目标、具体措施和实施路径,为下一步经济社会发展指明了方向,提供了根本遵循和行动指南。

中国共产党对全面小康社会建设的理论、实践与共同富裕探索和推进一脉相承,体现出中国式现代化进程中社会主义的本质要求和马克思主义政党所肩负的历史责任。在马克思主义共同富裕思想指导下,改革开放和社会主义现代化建设新时期,党围绕"什么是社会主义、怎样建设社会主义"这个根本问题,领导人民在建设小康社会的过程中,不断深化对社会主义本质的认识,将共同富裕从社会主义发展的价值目标转化为具体的发展目标,走出一条具有中国特色的反贫困道路,推进中国式现代化建设,取得了举世瞩目的历史性成就和令人民满意自豪的创新性成果,极大地推进了共同富裕和全面建设小康社会的历史进程。

4. 加速区域协调发展

改革开放和社会主义现代化建设新时期,党和政府把推进区域协调发展作为实现共同富裕的一项重大方略。区域协调发展一系列措施政策的推

---

❶ 中共中央文献研究室:《十七大以来重要文献选编》(中),中央文献出版社2011年版,第972－997页。

行，打破了各地区间资源要素流动壁垒，为促进共同富裕奠定了坚实的基础，推进了共同富裕的历史进程，同时，在推进共同富裕和现代化建设的过程中，也加速了区域协调发展，解决了区域发展不平衡的问题，使东西部之间和城乡之间的发展差距逐步减少。

一是东西部地区协调发展。为了推进实现共同富裕取得实质性进展，1988年9月，邓小平在听取有关部门经济工作的汇报时从发扬社会主义团结互助精神出发，创造性地提出了"两个大局"的战略构想，使推进共同富裕的方针政策逐步定型化，即"沿海地区要加快对外开放，使这个拥有两亿人口的广大地带较快地先发展起来，从而带动内地更快地发展，这是一个事关大局的问题。内地要顾全大局。反过来，发展到一定的时候，又要求沿海拿出更多力量来帮助内地发展，这也是个大局。那时沿海也要服从这个大局"❶。不同地区"先富"带动"后富"的区域发展方式是有梯次的，党和政府打破均衡，把区域协调发展问题摆在共同富裕问题的重中之重，促进区域之间协调发展，优化先富地区对后富地区的帮扶方式和举措，以推进共同富裕目标的实现。"两个大局"的战略构想为新世纪新阶段实现协调发展和推进共同富裕提供了科学的指导思想，实践证明这一思想是非常英明和伟大的创造性构想，"两个大局"战略构想已经从前一个大局向后一个大局转变，推进共同富裕取得了实质性的进步和历史性的成就。

20世纪90年代以来，以江泽民同志为核心的党的第三代中央领导集体为了让贫困地区尽快摆脱贫穷，在建立和完善社会主义市场经济体制和深化改革开放的过程中，深化对"共同富裕"观念的认识，着手考虑如何按照邓小平"两个大局"的战略构想，实现东西部地区的协调发展。1995年9月，江泽民在中共十四届五中全会发表讲话，强调把"东部与中西部地区的关系"作为我国现代化建设中应正确处理的十二个重要关系之一的高度来加以认识，这是对邓小平发展理论的创新，强调坚持区域经济协调发展，使得不同群体的人民共享改革发展的成果，推动实现共同富裕。

---

❶ 《邓小平文选》（第三卷），人民出版社1993年版，第277-278页。

1999年，党中央正式推出西部大开发的发展战略。西部大开发是实施"两步走"战略第二步的关键，这既是对经济社会发展客观规律的把握与遵循，也有其重要的历史现实考量。这一打破"均衡"发展思想禁锢的战略的实施，使共同富裕目标取得阶段性成果，极大地推动了西部地区基础设施建设、特色产业发展和生态文明进步。西部大开发战略推行十年来成绩斐然："西部大开发取得巨大成就。青藏铁路、西气东输、西电东送等标志性工程相继建成，基础设施建设取得突破性进展；退耕还林、退牧还草等一批重点生态工程全面实施，生态建设和环境保护取得显著成效；特色优势产业快速发展，综合经济实力大幅提升，经济增长速度高于全国平均水平；'两基'攻坚计划如期完成，社会事业和人才开发得到加强，人民生活水平明显提高；改革开放深入推进，东中西部地区协调互动，对内对外开放新格局初步形成；城乡面貌发生历史性变化，广大干部开拓创新意识明显增强，各族群众精神风貌昂扬向上，西部地区已经站在新的历史起点上。"[1] 实现区域协调发展的西部大开发战略是深化改革过程中经济社会发展布局的一次重大战略调整，标志着邓小平"两个大局"的设想中的第二个大局在新世纪新阶段正式启动，西部大开发取得的这些成就使得西部地区不同群体的人民共享改革发展的成果，满足了人民对美好生活的热望，极大地改变了西部地区的落后面貌，在区域经济社会协调发展上取得了长足的进步。

新世纪新阶段，以胡锦涛同志为总书记的党中央着眼于区域协调发展，又相继推出了振兴东北等老工业基地战略和实现东部、中部、西部的对等互补发展举措，把缩小区域发展差距作为一条长期坚持的重要方针。2010年6月，为了进一步推进协调发展，中共中央、国务院印发《关于深入实施西部大开发战略的若干意见》，以促进地区经济合理布局和协调发展，实现共同繁荣、共同富裕，更好地落实"两个大局"中的"第二个大

---

[1] 中共中央文献研究室：《十七大以来重要文献选编》(中)，中央文献出版社2011年版，第821页。

局"构想。区域经济社会从非平衡发展到协调发展的战略设想,在现代化建设推进过程中逐步得到实现。

二是城乡协调发展。改革开放以来,中国共产党以马克思主义关于城乡关系的理论为指导,逐步形成了中国特色社会主义城乡关系理论,出台了一系列助力城乡协调发展以推进共同富裕的政策措施,协调好改革进程中的各种利益关系,努力开创现代化建设和小康社会建设的新局面。

城乡协调发展是全面建设小康社会和共同富裕的必然要求和重要保障。在推进共同富裕过程中以协调发展理念统筹整合各类资源,加大城市对乡村地区的帮扶力度,逐步缩小城乡区域间群众收入差距,促进资源高效利用和区域协调发展,提高发展的平衡性与协调性。

21世纪以来,乡村与城市相比较,其发展仍然是不平衡、不充分的,这将影响到全面建设小康社会和共同富裕的推进事业。因此,以胡锦涛同志为核心的党的第四代中央领导集体提出了全面、协调、可持续的科学发展观。其中"协调"要求我们在经济社会发展的过程中必须以统筹城乡经济社会发展为方略。"当前农业和农村发展仍然处在艰难的爬坡阶段,农业基础设施脆弱、农村社会事业发展滞后、城乡居民收入差距扩大的矛盾依然突出。"❶ 针对这种城乡发展的巨大差距,党和政府在城乡、区域上实施协调发展战略,2006年"中央一号文件"《中共中央、国务院关于推进社会主义新农村建设的若干意见》专门就社会主义新农村建设作出安排部署,以加快改变农村经济社会发展滞后的局面,实现城乡协调发展,从而推进全面建设小康社会和共同富裕的进程。党和政府采取的一系列加快城乡协调发展的政策措施"极大地调动了农民积极性,有力地推动了社会主义新农村建设,农村发生了历史性变化,亿万农民由衷地感到高兴。农业的发展,为整个经济社会的稳定和发展发挥了重要作用。"❷ 建设社会主

---

❶ 中共中央文献研究室:《十六大以来重要文献选编》(下),中央文献出版社2008年版,第139页。

❷ 中共中央文献研究室:《十七大以来重要文献选编》(上),中央文献出版社2009年版,第294页。

新农村的发展战略，以城乡经济社会一体化发展为取向，关心农民对美好生活的需求，努力提高发展的平衡性、协调性，从而逐步形成城乡相互促进和协调发展之路，帮助解决农村各领域与各地区面临的发展问题与短板，缩小城乡地区之间的差距。总之，新世纪新阶段社会主义新农村建设的提出及推行，使共同富裕的推进和社会主义现代化建设取得了实质性和阶段性的重大成就。

本章小结

共同富裕是一个长远的目标，改革开放和社会主义现代化建设新时期，实现共同富裕仍然是党和国家不断前进和努力的方向。中国共产党从社会主义初级阶段的基本国情出发，在马克思主义经典作家共同富裕思想的基础上，进一步深化了毛泽东共同富裕思想，进一步深化对社会主义与共同富裕之间的关系的认识，特别是围绕着"什么是社会主义、怎样建设社会主义"这个根本问题，提出了社会主义本质的著名论断，体现了对社会主义建设规律的新认识。这一时期，中国共产党人不断进行理论创新，提出共同富裕的理论蓝图，开启推进共同富裕的伟大社会实践，取得了开创性的理论成就和重大的实践成果。

这一时期中国共产党根据马克思主义关于社会生产发展不平衡规律的原理，对共同富裕的认识深化和理论创新主要体现在：提出关于"先富带动后富，最终实现共同富裕"的思想、关于社会主义本质的创新理论等方面。"发展生产力和实现全体人民共同富裕是途径与目标的关系。"❶ 党在总结社会主义建设的历史经验的基础上，从社会主义本质的高度揭示了共同富裕的实现路径和科学内涵，在探索共同富裕的过程中破除了市场经济

---

❶ 袁超越、朱耘婵：《共同富裕的政治经济学阐释》，《湖北大学学报》（哲学社会科学版），2023 年第 3 期，第 9 页。

与社会主义制度之间的错误认识,深刻认识到社会主义初级阶段的共同富裕不是"同步""平均""同步"的富裕,"进一步廓清了人们在'先富'带来的贫富悬殊两极分化问题认识上的矛盾"❶。党的十六大在邓小平"三步走"战略基础上,提出全面建成小康社会的目标。全面建成小康社会的目标是中国共产党在共同富裕思想和理论的指导下在反贫困实践的过程中逐步提出的。共同富裕规定了全面建设小康社会的方向,体现了实现中华民族伟大复兴的中国梦的本质要求。

改革开放和社会主义现代化建设新时期,中国共产党利用共同富裕理论这条"红线",把邓小平理论、"三个代表"重要思想和科学发展观等与时俱进的理论创新成果贯穿起来。实现共同富裕是中国特色社会主义的价值目标,是社会主义本质不可分割的重要因素,可以说,共同富裕思想是马克思主义中国化理论的灵魂和核心内容。蕴含着实事求是、不断创新因子的邓小平理论、"三个代表"重要思想和科学发展观承袭了中国共产党致力于实现共同富裕目标的优良传统,丰富和发展了共同富裕的科学内涵和实践路径,三者一脉相承。这些重大的理论成果是中国共产党在中国社会主义建设特别是改革开放伟大实践的基础上对推进共同富裕经验不断总结、不断进行理论创新的结果。

改革开放和社会主义现代化建设新时期是推动实现全体人民共同富裕的重要阶段,在这一时期,以邓小平、江泽民、胡锦涛同志为代表的共产党人着眼于新的实践和新的发展,充分发挥社会主义基本经济制度的独特优势,带领人民矢志不渝地为探索实现共同富裕目标而努力奋斗。共同富裕需要建立在生产力充分发展和公平合理的分配制度的基础上,为了推进共同富裕目标的实现,一方面党和政府要推动经济的持续快速发展,把"蛋糕"做大,另一方面要深化收入分配制度改革,保障社会的公平正义,把"蛋糕"分好。党领导人民在探索和推进共同富裕的过程中不懈奋斗,

---

❶ 黄晓娟:《中国共产党"共同富裕"概念的历史溯源与语义变迁——以党的历史文献为中心的文本考察》,《社会主义研究》,2023年第5期,第7页。

主要采取了以下重大举措,如吹响农村改革号角、推进分配制度改革、实施西部大开发、实施扶贫开发工程、建设社会主义新农村、发展社会保障等方面。社会主义基本经济制度决定了社会主义初级阶段中国经济社会发展的方向和共同富裕的内涵特征及实现形式。"统筹生产力与生产关系的协调发展,使两者形成良性互动,是扎实推动共同富裕的必然要求。"❶ 在推进中国式现代化建设的进程中,党和政府制定了消除贫困、实现共同富裕的奋斗目标和行动纲领,持续推动共同富裕体制机制创新,对推进共同富裕进行了全面的实践探索与理论创新,引导中国反贫困事业沿着正确的方向前进。

改革开放和社会主义现代化建设新时期,在扎实推动共同富裕的进程中,中国共产党丰富和发展了马克思主义共同富裕的策略、思想和理论,坚持以人民为中心的发展思想,坚持在推进中国式现代化的动态过程中实现共同富裕的宏伟蓝图,形成了实现共同富裕的强大整合能力、动员能力和执行能力,在推动全体人民共同富裕方面取得了重大成就。这些成就主要涉及加速农业农村现代化、减少农村贫困现象、推进小康社会建设、加速区域协调发展等几个方面。这些成就标志着推进共同富裕伟大事业取得了阶段性的胜利。共同富裕取得的重大成果归因于中国共产党的正确而全面的领导,归因于全国各族人民的努力奋斗。消除贫困现象、推进共同富裕实质上也是建设社会主义现代化的过程,因此这些成就和重大成果为新时代创造美好生活、全面建成小康社会、推进中国式现代化建设和共同富裕的最终实现奠定了坚实而全面的基础,使中国向着共同富裕的道路迈出了坚实的一步。

---

❶ 周文、何雨晴:《共同富裕的政治经济学理论逻辑》,《经济纵横》,2022 年第 5 期,第 6 页。

第四章

中国特色社会主义新时代中国共产党对共同富裕的进一步推进和伟大成就

第四章 中国特色社会主义新时代中国共产党对共同富裕的进一步推进和伟大成就

党的十八大以来，中国特色社会主义进入了新时代，中国共产党对社会主义共同富裕的认识在实践中进一步深化和发展，不断进行共同富裕的理论创新、制度创新和实践创新。共同富裕是中国共产党人初心使命的价值体现。共同富裕这一蕴含马克思主义理论情怀的破解人类贫困难题的伟大构想被提出后，便成为中国共产党人为之不懈奋斗的价值目标和实践指针。"共同富裕是习近平新时代中国特色社会主义思想的核心内容、基本内涵和重要目标。"❶ 习近平新时代中国特色社会主义思想推动了共同富裕思想理论体系进一步完善与发展，呈现出鲜明的马克思主义理论的时代特征。在习近平新时代中国特色社会主义思想的指引下，党中央把逐步实现全体人民共同富裕摆在了更加突出的重要位置上，把推进共同富裕作为经济社会发展的重要任务，把实现共同富裕从未来期盼一步步发展为直接的现实目标和行动方案。"共同富裕顺应了人民群众对美好生活的向往，是我国最广大人民群众根本利益的集中体现。"❷ 以习近平同志为核心的党中央采取了一系列推进共同富裕的政策措施，不断促进人的全面发展，凝聚起人民的智慧和力量，开辟了共同富裕实践的新路径、新方法，加快贫困地区的经济社会发展，历史性地完成脱贫攻坚的艰巨任务，谱写了人类减贫史上的壮丽篇章，全体人民共同富裕取得了更为显著的实质性进展，在共同富裕的道路上迈出更加坚实的步伐。

一、新时代推进共同富裕的理论和思想

中国共产党在坚持走共同富裕道路的过程中，非常重视理论创新，重视马克思主义共同富裕思想的传承性和创新性对共同富裕伟大实践的导向性的作用。习近平新时代中国特色社会主义思想使共同富裕的方针政策更加定型化，是新时代马克思主义共同富裕理论创新的最新成果，是内涵丰

---

❶ 杨煌：《共同富裕：中国共产党百年的奋斗与追求》，《世界社会主义研究》，2021年第9期，第26页。
❷ 罗健：《习近平关于共同富裕重要论述探析》，《马克思主义研究》，2022年第3期，第75页。

富的科学的思想理论体系,科学地总结概括了中国共产党领导和推进共同富裕的规律性特征,升华了马克思主义共同富裕的理论,为共同富裕制定了更加清晰的路线图和时间表,把反贫困事业和推进共同富裕提升到新的高度。共同富裕"是习近平新时代中国特色社会主义思想的价值旨归"❶。在习近平新时代中国特色社会主义思想的指导下,党领导人民走好新时代中国特色社会主义共同富裕道路,在开展脱贫攻坚、推进小康社会和共同富裕伟大事业、加快全球减贫进程等方面取得了明显的成效。

(一) 新时代中国共产党对共同富裕的理论创新

习近平新时代中国特色社会主义思想是马克思主义同中国实际相结合的重大成果,集中体现了新时代的特征,昭示着中国共产党面对新情况、新问题、新矛盾提出的关于共同富裕的一系列新的思想认识、理论体系和实践举措。习近平新时代中国特色社会主义思想将党的贫困治理和推进共同富裕理论提升到新高度,创新发展了改革开放以来中国共产党以解决贫困问题为底线任务的共同富裕理论。习近平新时代中国特色社会主义思想中的"十个明确"中第三个强调:"明确新时代我国社会主要矛盾是人民日益增长的美好生活需要和不平衡不充分的发展之间的矛盾,必须坚持以人民为中心的发展思想,发展全过程人民民主,推动人的全面发展、全体人民共同富裕取得更为明显的实质性进展。"❷ 习近平新时代中国特色社会主义思想十四条基本方略中的第八条"坚持在发展中保障和改善民生"明确规定:"深入开展脱贫攻坚,保证全体人民在共建共享发展中有更多获得感,不断促进人的全面发展、全体人民共同富裕。"❸ 习近平新时代中国特色社会主义思想蕴含着从根本上摆脱贫困、推进共同富裕的价值理念和

---

❶ 徐俊峰、葛扬:《"城乡共富":"共同富裕"的内涵要义与实践遵循》,《西北农林科技大学学报》(社会科学版),2022年第6期,第20页。

❷ 中共中央党史和文献研究院:《十九大以来重要文献选编》(下),中央文献出版社2023年版,第504页。

❸ 中共中央党史和文献研究院:《十九大以来重要文献选编》(上),中央文献出版社2019年版,第17页。

理论本源，为发展马克思主义共同富裕思想作出了一系列重大的创新性贡献，不断谱写马克思主义共同富裕思想中国化新篇章，成为实现中华民族伟大复兴中国梦的行动指南，因此共同富裕思想和相关理论是习近平新时代中国特色社会主义思想的重要内容。"中国共产党的领导是实现共同富裕的独特政治优势。"❶ 中国特色社会主义进入新时代以来，根据不断变化的国内外形势，以习近平同志为核心的党中央立足时代和实践的新发展，创立了新时代中国特色社会主义思想，走出了独具中国特色的共同富裕道路。中国共产党坚持以人民为中心的基本方略，以解决现实问题为导向，在政治、经济、文化、社会、生态等多个领域深化改革，形成了新时代中国特色社会主义共同富裕理论内涵，规划了实现全体人民共同富裕的路线图，开创了马克思主义共同富裕思想和理论中国化的新境界，为在新的历史起点上扎实推进共同富裕提供了基本遵循。共同富裕思想和中国式现代化理论是马克思主义中国化一以贯之的核心内容与灵魂所在，习近平新时代中国特色社会主义思想中凸显了中国式现代化本质特征的、更加成熟的共同富裕理论，以独创性思维、创新性理论丰富和发展了马克思主义共同富裕思想，是推动全体人民迈上共同富裕之路的动力，为新时代推进共同富裕创造了良好的理论基础和政策环境。

（二）习近平关于共同富裕的重要论述

习近平关于共同富裕的重要论述明晰了中国式现代化建设过程中实现全体人民"共同富裕"的理论本质与实践要旨，推动了"共同富裕"程度递进式发展，成为马克思主义共同富裕思想、理论体系与新时代推进共同富裕伟大实践相结合的理论创新成果。"习近平总书记关于共同富裕重要论述是马克思主义经典作家关于共同富裕经典论述的中国化时代化最新成果。"❷

---

❶ 刘洪森：《新时代共同富裕的生成逻辑、科学内涵和实践路径》，《思想理论教育》，2022年第3期，第27页。

❷ 欧健、谷曼：《习近平关于共同富裕的重要论述：生成逻辑·核心内容·价值意蕴》，《吉首大学学报》（社会科学版），2023年第3期，第2页。

这些论述指导人民在共同富裕的路上迈出了更加坚实的步伐。

一是在关于共同富裕的内涵和本质问题上。

中国特色社会主义进入新时代以来，习近平在消除贫困和推进现代化建设的进程中有许多关于共同富裕的内涵本质、实践路径的重要讲话，提出了一系列关于推进共同富裕的重要论断，这些重要论述使社会主义共同富裕的内涵和外延不断丰富扩大、目标要求不断深化提高，对全面建成小康社会和推进共同富裕有着重要的方法论意义，推动了新时代马克思主义共同富裕思想的创新发展。

2012年12月底，习近平总书记在河北省阜平县考察扶贫开发工作时指出："消除贫困、改善民生、逐步实现共同富裕，是社会主义的本质要求。"❶ 结合新时代具体国情，习近平总书记把消除贫困、实现共同富裕与社会主义本质进一步联系起来，把实现共同富裕作为建设社会主义现代化强国的价值目标和行动指南。2015年10月，习近平总书记在中共十八届五中全会第二次全体会议上指出："让广大人民群众共享改革发展成果，是社会主义的本质要求，是社会主义制度优越性的集中体现，是我们党坚持全心全意为人民服务根本宗旨的重要体现。"❷ 这一论述指明新时代共同富裕以"全体人民"为主体对象，必须坚持以人民为中心的发展思想，才能达到和实现共同富裕，让人民共享改革发展成果，从而体现社会主义制度的优越性。

在关于共同富裕内涵和特征的问题上，习近平指出："共同富裕是社会主义的本质要求，是中国式现代化的重要特征。我们说的共同富裕是全体人民共同富裕，是人民群众物质生活和精神生活都富裕，不是少数人的富裕，也不是整齐划一的平均主义。"❸ 在这里，习近平把共同富裕、社会主义本质和中国式现代化联系起来，指出了三者之间的重要关系，明确了

---

❶ 中共中央党史和文献研究院：《十八大以来重要文献选编》（下），中央文献出版社2018年版，第52页。

❷ 中共中央文献研究室：《十八大以来重要文献选编》（中），中央文献出版社2016年版，第827页。

❸ 《习近平谈治国理政》（第四卷），外文出版社2022年版，第142页。

贫困和富裕问题背后的制度问题，进一步强调共同富裕的内涵包括物质富裕和精神富裕两个层面，强调发展成果由全体人民共享，共同富裕不是平均富裕。2021年8月，为了进一步厘清共同富裕和社会主义的辩证关系，习近平总书记在中央财经委员会第十次会议上发表讲话，再次强调："共同富裕是社会主义的本质要求，是中国式现代化的重要特征，要坚持以人民为中心的发展思想，在高质量发展中促进共同富裕。"❶ 这一论述再次阐释了共同富裕与社会主义的关系，强调了中国式现代化对于共同富裕的意义，也指明了推进共同富裕的方法论原则和实践路径。

二是把共同富裕的实现与全面建成小康社会相联系。

全面建成小康社会是中华民族伟大复兴征程中的一项战略性任务，也是一座重要的里程碑。新时代全面建成小康社会是推进社会主义共同富裕的阶段性目标和重要抓手。小康社会与共同富裕密切相关，党的十八大以来，习近平总书记多次在不同时间和场合强调把共同富裕的实现与全面建成小康社会相联系，强调小康社会建设的必要性和重要意义，指出小康社会的建成为社会主义进入新的更高的发展阶段奠定雄厚的物质基础和社会基础。2012年12月，习近平在河北省阜平县考察扶贫开发工作时强调："全面建成小康社会，最艰巨最繁重的任务在农村、特别是在贫困地区。没有农村的小康，特别是没有贫困地区的小康，就没有全面建成小康社会。"❷ 建成小康社会是中国共产党向人民作出的庄严承诺。这一论述强调了新时代如果不能如期建成小康社会，社会主义的共同富裕目标就不可能完全实现，必须把扎实推进小康社会建设和共同富裕摆在更加突出的位置，否则就会脱离社会主义的本质。2013年12月23日，习近平在中央农村工作会议上的讲话强调，农村能否实现小康，关键看能不能脱贫致富，能不能消除发展差距。"农村还是全面建成小康社会的短板。中国要强，

---

❶ 习近平：《在高质量发展中促进共同富裕统筹做好重大金融风险防范化解工作》，《人民日报》，2021年8月18日，第1版。

❷ 中共中央党史和文献研究院：《习近平扶贫论述摘编》，中央文献出版社2018年版，第4页。

农业必须强；中国要美，农村必须美；中国要富，农民必须富。"❶ 这一论述指明了反贫困和建成小康社会对推进共同富裕的重大意义。反贫困是农村贫困人口生存与发展面临的难题，进入全面建设小康社会的新发展阶段后，党和政府必须以更为明显、更加实际的政策举措，消除贫困，建成小康社会，才能为促进人的自由而全面发展提供条件，实现全面建成小康社会和实现共同富裕的协调推进。2017年10月25日，在十九届中央政治局常委同中外记者见面时习近平发表讲话指出，中国特色社会主义进入了新时代，到2020年，"我们将全面建成小康社会。全面建成小康社会，一个也不能少；共同富裕路上，一个也不能掉队"❷。全面建设小康社会是21世纪头20年党带领人民为美好生活而奋斗的奋斗目标。党立足全面建设小康社会的战略要求，坚持以人民为中心的发展思想，把小康社会的建成作为推进共同富裕的一个重要步骤，创新发展了中国特色扶贫开发新方式、新路径，实现经济社会协调发展，推动共同富裕实践取得新成就。

三是把共同富裕的实现与脱贫攻坚相联系。

党的十八大以来，习近平强调实现共同富裕，必须加快建立解决相对贫困的长效机制，首先要完成脱贫攻坚的历史任务，把贫困人口脱贫作为全面建成小康社会和实现共同富裕的前提。2013年11月，习近平总书记在湖南省花垣县十八洞村考察扶贫工作时首次创造性提出关于"精准扶贫"的重要论述，强调了以问题为导向的精准扶贫重要思想，将脱贫攻坚摆在治国理政的突出位置。这标志着中国共产党将中国扶贫事业上升到战略的高度，从扶贫开发走向决战脱贫，反贫困的思路有了历史性转变。2014年1月，为了强调"城乡共富"的基本向度，尽快消除贫困现象，中共中央办公厅、国务院办公厅印发了《关于创新机制扎实推进农村扶贫开发工作的意见》，其在扶贫工作实践中取得实然性成就的基础上，提出构

---

❶ 中共中央文献研究室：《十八大以来重要文献选编》（上），中央文献出版社2014年版，第658页。

❷ 中共中央党史和文献研究院：《十九大以来重要文献选编》（上），中央文献出版社2019年版，第86页。

建政府、市场、社会协同推进的大扶贫开发格局、建立精准扶贫工作机制等，此后脱贫攻坚战在全国范围内如火如荼地展开。

2015年2月13日，为了进一步推进东西部地区的区域协调发展，习近平在陕西延安主持召开陕甘宁革命老区脱贫致富座谈会时讲话强调，"我们实现第一个百年奋斗目标、全面建成小康社会，没有老区的全面小康，特别是没有老区贫困人口脱贫致富，那是不完整的。这就是我常说的小康不小康、关键看老乡的涵义。"❶ 只有老区人民真正消除贫困，农村贫困人口全部脱贫，才能确保老区人民同全国人民一道进入全面小康社会，促进区域协调发展，推进全体人民共同富裕。此后，习近平于2015年在贵阳召开部分省区市扶贫攻坚与"十三五"时期经济社会发展座谈会、2016年在银川召开东西部扶贫协作座谈会、2017年在太原召开深度贫困地区脱贫攻坚座谈会、2018年在成都召开打好精准脱贫攻坚战座谈会、2019年在重庆召开解决"两不愁三保障"突出问题座谈会、2020年在北京召开决战决胜脱贫攻坚座谈会。截止到2021年2月，习近平共进行了50多次调研扶贫工作，走遍14个集中连片特困地区，了解真扶贫、扶真贫、脱真贫的实际情况。❷ 精准扶贫把贫困问题和共同富裕联系起来，结合不同贫困地区存在差异性的实际情况，各地政府针对实际情况构建了一套行之有效的精准扶贫的政策体系和扶贫制度。结合新时代的具体国情，中共十八届五中全会把"扶贫攻坚战"改成"脱贫攻坚战"，重点攻克深度贫困地区的脱贫任务，就实施脱贫攻坚工程作出部署和精准安排，把共同富裕作为以后经济工作的出发点和落脚点。

2015年11月，习近平总书记在中央扶贫开发工作会议上强调：打赢脱贫攻坚战，关键是要做到"六个精准"，确立脱贫攻坚实践方略。从探索到规范不断深入发展的过程中，党和政府要重点解决好"扶持谁""谁来扶""怎么扶""如何退"的问题。"全面建成小康社会，关键是要把经

---

❶ 中共中央党史和文献研究院：《习近平扶贫论述摘编》，中央文献出版社2018年版，第7页。

❷ 中共中央党史和文献研究院：《全面建成小康社会大事记》，《人民日报》，2021年7月30日，第8版。

济社会发展的'短板'尽快补上,否则就会贻误全局。全面建成小康社会,最艰巨的任务是脱贫攻坚,最突出的短板在于农村还有七千多万贫困人口。"❶ 这一论述明确了脱贫攻坚的基本思路,为推进共同富裕指明了方向。2015年11月29日,为了确保如期完成全面建成小康社会的艰巨任务,加快破除发展瓶颈制约,中共中央、国务院作出《关于打赢脱贫攻坚战的决定》,以实际行动践行脱贫攻坚的历史承诺。习近平总书记把打赢脱贫攻坚战同促进全体人民共享改革发展成果、全面建成小康社会、实现共同富裕联系起来,只有通过"精准扶贫"战略,打赢脱贫攻坚战,实现区域协调发展,加快补齐"城乡共富"全面实现共同富裕中的这块突出短板,才能围绕新的中心任务,加快推进共同富裕的历史进程。

2017年12月28日,习近平在中央农村工作会议上指出:"全面小康目标能否如期实现,关键取决于脱贫攻坚战能否打赢。没有农村贫困人口全部脱贫,就没有全面建成小康社会,这个底线任务不能打任何折扣。"❷ 这一论述指明了脱贫攻坚任务的完成对小康社会建设和推进共同富裕的重要性和必要性,脱贫攻坚是全面建成小康社会的基础,也是推进共同富裕的重要手段。

四是把共同富裕的实现与"三农"工作相联系。

"三农"工作是新时代中国式现代化建设和实现共同富裕的根本性问题,要实现共同富裕,必须解决好发展不平衡不充分的问题。习近平多次强调要把共同富裕的实现与"三农"工作相联系,要举全党全社会之力推进农业农村的现代化发展,做好"三农"工作,才能推进共同富裕。习近平关于共同富裕的重要论述为今后"三农"工作的开展指明了方向。因此只有落实好农业农村优先发展的总方针,解决我国城乡发展的不平衡问题,加快农业农村的全面发展和现代化,才能推进全体人民共同富裕的进程。

---

❶ 中共中央党史和文献研究院:《十八大以来重要文献选编》(下),中央文献出版社2018年版,第29页。

❷ 中共中央党史和文献研究院:《十九大以来重要文献选编》(上),中央文献出版社2019年版,第153—154页。

2012年12月,习近平在革命老区调研民生改善、"三农"工作及扶贫开发工作时指出:"'三农'工作是重中之重,革命老区、民族地区、边疆地区、贫困地区在'三农'工作中要把扶贫开发作为重中之重,这样才有重点。"❶ 做好"三农"工作是缩小贫富差距问题的根本出路,党的十八大以来,实现社会主义共同富裕最艰巨、最繁重的任务就是"三农"工作,只有消除农村贫困现象,做好"三农"工作,才能让农民走上共同富裕道路。

2017年12月28日,习近平在中央农村工作会议上强调,"坚持把解决好'三农'问题作为全党工作重中之重,坚持农业农村优先发展,按照产业兴旺、生态宜居、乡风文明、治理有效、生活富裕的总要求,建立健全城乡融合发展体制机制和政策体系。"❷ 党和政府把实施乡村振兴战略作为新时代做好"三农"工作和推进共同富裕的总抓手,把农村人力资本开发放在重要位置,建立城乡要素流动机制,走中国特色社会主义乡村振兴道路,全面推进农业农村现代化。"三农"工作是社会主义初级阶段关系国计民生和共同富裕目标实现的兜底性的问题,为了解决发展不平衡不充分的问题,有效破解我国当前的社会主要矛盾,2018年,中共中央、国务院先后印发《关于实施乡村振兴战略的意见》《乡村振兴战略规划(2018—2022年)》两个重要文件。这两个文件聚焦"三农"工作紧紧围绕农业农村现代化这个总目标,解决乡村发展的不充分问题,为实施乡村振兴战略、扎实推进农业农村现代化、推进中国特色共同富裕提供了根本遵循。

2020年10月29日,习近平在中共十九届五中全会第二次全体会议上指出:"实现农业农村现代化是全面建设社会主义现代化国家的重大任务,是解决发展不平衡不充分问题的必然要求。要坚持把解决好'三农'问题

---

❶ 中共中央党史和文献研究院:《习近平扶贫论述摘编》,中央文献出版社2018年版,第33页。
❷ 中共中央党史和文献研究院:《十九大以来重要文献选编》(上),中央文献出版社2019年版,第141页。

作为全党工作重中之重,全面实施乡村振兴战略。"❶ 乡村振兴是促进农业农村现代化发展的重要抓手,"三农"工作在整个经济社会发展中起基础性的决定作用,全党务必充分认识新发展阶段做好"三农"工作对于扎实推进共同富裕具体目标的重要性和紧迫性,推进农业农村现代化,举全党全社会之力推动乡村振兴以实现中国特色社会主义共同富裕。2020年12月,习近平在中央农村工作会议上强调:"我们的使命就是全面推进乡村振兴,这是'三农'工作重心的历史性转移。"❷ 乡村振兴是新发展阶段广大农村地区扎实推进共同富裕的必由之路,是新时代中国特色农业农村发展的基本方向。2021年1月4日,中共中央、国务院印发的《关于全面推进乡村振兴加快农业农村现代化的意见》,把全面推进乡村振兴摆在更加重要的位置上,对新发展阶段全面推进乡村振兴作出总体部署,以加快补齐农业农村短板与弱项,激发乡村发展内生动力,解决区域发展不平衡不充分的问题,推动城乡区域协调发展,进而促进整个国家经济社会协调平衡发展。

共同富裕是中国特色社会主义本质属性的根本体现,昭示着新时代中国共产党的初心使命和政策重心。习近平关于共同富裕的重要论述以马克思主义分配理论为基础,厘清了"共同"与"富裕"的辩证关系,为深入推进共同富裕指明了原则与方向,进一步丰富发展了中国特色社会主义共同富裕的理论内涵与实践路径,为促进全体人民的共同富裕提供了坚实的思想基础。脱贫攻坚是全面建成小康社会和推进共同富裕的底线任务和重要指标,根据习近平关于共同富裕和"精准扶贫、精准脱贫"的重要论述,党和政府采取一系列措施推进"三农"工作的深入,组织了人类历史上规模最大、力度最强的脱贫攻坚战,使全体社会成员共享经济社会发展成果,朝着共同富裕的方向阔步前进。

---

❶ 中共中央党史和文献研究院:《习近平论"三农"工作》,中央文献出版社2022年版,第301页。

❷ 中共中央党史和文献研究院:《习近平论"三农"工作》,中央文献出版社2022年版,第5页。

二、新时代共同富裕的实践推进

共同富裕是中国共产党自诞生以来就孜孜以求的奋斗目标和美好愿景，也是社会主义制度优越性的本质体现和内在要求。党的十八大以来，为了加速共同富裕目标的实现，以习近平同志为核心的党中央将脱贫攻坚摆在治国理政的突出位置，不断从理论与实践角度思考共同富裕问题，推动理论创新与实践创新的良性互动，通过实施精准扶贫、贯彻新发展理念、推进农业农村现代化、推动城乡一体化发展、深化收入分配制度改革、实施乡村振兴战略等一系列举措，推动全面建设小康社会和脱贫攻坚，全体人民共同富裕取得了更为明显的实质性进展。

（一）实施精准扶贫

党的十八大以来，面对新的社会主要矛盾，以习近平同志为核心的党中央更加关注消除贫困以实现全体人民的共同富裕，开创性地制定了精准扶贫方略。精准扶贫是以马克思主义共同富裕思想为指导并针对中国贫困问题实际而提出的反贫困理念和行动方案，开拓了马克思主义反贫困和推进共同富裕理论的新境界，为解决反贫困这一世界难题提供了中国方案、中国智慧。

中国特色社会主义新时代，脱贫攻坚任务呈现出新的特点，作为贫困治理政策的顶层设计者，中国共产党始终坚持以推进社会公平正义为前提，结合新时代具体国情，提出精准扶贫、精准脱贫的理念和战略。2013年11月，习近平在湖南考察时针对反贫困呈现出的粗放和低效状况，指出："扶贫要实事求是，因地制宜。要精准扶贫，切忌喊口号，也不要定好高骛远的目标。"❶ 在这里，习近平首次提出"精准扶贫"这一概念和反贫困的重要理念。"理清真实贫困状况与目标，构建精准识别体系，是新

---

❶ 转引自程恩富、吕晓凤：《中国共产党反贫困的百年探索——历程、成就、经验与展望》，《北京理工大学学报》（社会科学版），2021年第4期，第9页。

时代中国特色反贫困理论的鲜明特征。"❶ 精准扶贫是反贫困工作进入最后攻坚期、冲刺期而提出的科学理念和重要政策，形成了新时代中国特色社会主义共同富裕理论内涵，有力指导了反贫困和追求共同富裕的实践，形成扶贫开发工作强大合力，解决区域发展的不平衡不充分矛盾，开辟了共同富裕的新境界。

  进入新时代，只有以更高要求、更高标准开展反贫困，才能尽快消除贫困，加速全面建设小康社会的进程。精准扶贫是新时代推进全面小康和消除贫困的实践进路。习近平指出，"精准识别贫困人口是精准施策的前提"，"各地花了大量精力做建档立卡工作，就是要把不清不楚变成一清二楚。"❷ 脱贫对象、帮扶对象明确后，制定精准脱贫政策是攻克深度贫困地区脱贫难题的关键。这就需要"按照贫困地区和贫困人口的具体情况，实施'五个一批'工程"❸。2015年1月，习近平在云南省考察时，要求进一步构建精准扶贫政策体系，强调："要以更加明确的目标、更加有力的举措、更加有效的行动，深入实施精准扶贫、精准脱贫，项目安排和资金使用都要提高精准度，扶到点上、根上，让贫困群众真正得到实惠。"❹ 精准扶贫是在明确打赢脱贫攻坚战的总体要求的基础上对中国共产党长期反贫困理论和实践的传承性创新，对消除贫困具有极强的针对性、政策性和指导性，为了贯彻落实精准扶贫的理念，把握贫困发生和发展的共性和规律，推进共同富裕的实现，这一时期中央先后出台了《关于创新机制扎实推进农村扶贫开发工作的意见》（2014）、《关于打赢脱贫攻坚战的决定》（2015）等一系列文件，明确了精准扶贫的基本思路，提出了"六个精准"和"五个一批"，建立精准扶贫工作机制，扶贫工作从"大水漫灌"型向

---

  ❶ 王禹潞：《共同富裕与中国特色反贫困理论对西方减贫理论的超越》，《中共中央党校（国家行政学院）学报》，2022年第2期，第114页。

  ❷ 中共中央党史和文献研究院：《十八大以来重要文献选编》（下），中央文献出版社2018年版，第35页。

  ❸ 中共中央党史和文献研究院：《十八大以来重要文献选编》（下），中央文献出版社2018年版，第40页。

  ❹ 《习近平在云南考察工作时强调坚决打好扶贫开发攻坚战 加快民族地区经济社会发展》，《云岭先锋》，2015年第2期，第4-5页。

"精准滴灌"型转变,精准扶贫成为新时代消除绝对贫困的行动纲领和关键举措。

党的十八大以来,以习近平同志为核心的党中央从多种层面认识和构建了农村反贫困理论,精准扶贫的内涵"经过不断完善,最终形成了坚持'六个精准'、实施'五个一批'、最终解决'四个问题'的反贫困基本方略"❶。所谓"六个精准",就是"扶持对象精准、项目安排精准、资金使用精准、措施到户精准、因村派人精准、脱贫成效精准"❷。所谓"五个一批",就是"发展生产脱贫一批、易地搬迁脱贫一批、生态补偿脱贫一批、发展教育脱贫一批、社会保障兜底一批"❸。所谓最终解决"四个问题",就是解决好"扶持谁、谁来扶、怎么扶、如何退"的问题。❹只有扶贫扶到点上扶到根上,才能构建精准识别和管理机制,坚决制止扶贫工作中的形式主义。

精准脱贫方略的核心要义和目的是发展,标志着反贫困事业从扶贫开发向决战脱贫的重大转变。习近平指出:"坚持把发展作为解决贫困的根本途径,改善发展条件,增强发展能力,实现由'输血式'向'造血式'帮扶转变,让发展成为消除贫困最有效的方法。"❺实现贫困人口全部脱贫是全面建成小康社会的重要标志之一,只有解决好发展这一问题,才能实现完成脱贫攻坚和建成小康社会的目标任务。精准扶贫超越了西方反贫困理论,是打赢脱贫攻坚战推进共同富裕的重要手段和一大法宝。

精准扶贫体现了中国共产党以人民为中心的宗旨,促进了城乡区域协

---

❶ 魏枫、周灵丽、完颜含玥:《中国共产党反贫困理论研究》,《理论探讨》,2021年第5期,第24页。

❷ 中共中央文献研究室:《十八大以来重要文献选编》(中),中央文献出版社2016年版,第720页。

❸ 中共中央党史和文献研究院:《十八大以来重要文献选编》(下),中央文献出版社2018年版,第40—43页。

❹ 中共中央党史和文献研究院:《习近平扶贫论述摘编》,中央文献出版社2022年版,第82页。

❺ 习近平:《在全国脱贫攻坚总结表彰大会上的讲话》,《人民日报》,2021年2月26日,第2版。

调发展战略的大力实施,规划了实现全体人民共同富裕的路线图,有利于构建共建共治的扶贫机制,确保全面小康过程中每一个人都能享受发展成果和改革红利,逐步提升共同富裕建设水平。精准扶贫理念和相关政策为在新的历史起点上扎实推进共同富裕提供了理论遵循和行动指南,使新时代推进共同富裕取得更为明显的实质性进展,开创了共同富裕道路上理论创新和实践创新的新局面。

(二)贯彻新发展理念

新发展理念是中国特色社会主义进入新时代后,中国共产党随着社会主要矛盾的转化而适时提出的发展理念和战略。贯彻新发展理念是促进社会生产力的发展并协调好各种社会经济关系,以推进共同富裕的根本保证。共同富裕是中华民族的价值理念和接续奋斗的理想追求,实现共同富裕已经成为新时代中国式现代化建设过程中最广大人民的价值目标和根本利益诉求。中国特色社会主义进入新时代后,党和政府坚持以人民为中心的根本立场,把新发展理念贯彻到新时代经济社会发展全过程和各领域中,既要做大"蛋糕"又要分好"蛋糕",推动中国经济从高速增长阶段转向高质量发展阶段,从而促进经济社会各方面快速发展以推动共同富裕目标的实现。

一是新发展理念的提出及内涵。

新发展理念的提出是推进共同富裕和实现社会主义现代化强国目标的发展要求,因此它的提出不是偶然的。2015年10月26日,习近平在中共十八届五中全会上作关于《中共中央关于制定国民经济和社会发展第十三个五年规划的建议》的说明中指出:"发展理念是发展行动的先导,是管全局、管根本、管方向、管长远的东西,是发展思路、发展方向、发展着力点的集中体现。"[1] 中国共产党在深化对我国生产力充分和平衡发展重要

---

[1] 中共中央文献研究室:《十八大以来重要文献选编》(中),中央文献出版社2016年版,第774页。

性的认识的基础上,提出了新的发展理念,开始探索符合新时代要求的共同富裕实现路径,朝着共同富裕方向稳步前进。

关于新发展理念内涵的理解,新发展理念中的"共享"是实现共同富裕的内在要求,"共享"和共同富裕是中国特色社会主义的本质要求。2015年10月29日,中共十八届五中全会通过的《中共中央关于制定国民经济和社会发展第十三个五年规划的建议》提出:"破解发展难题,厚植发展优势,必须牢固树立创新、协调、绿色、开放、共享的发展理念。"❶针对新时代创新不足、发展不平衡不充分、两极分化等经济社会发展的问题,中国共产党将马克思主义发展理论与中国实践相结合,坚持以人民为中心的立场,在新时代提出科学的发展理念。五大发展理念中,"共享是中国特色社会主义的本质要求。必须坚持发展为了人民、发展依靠人民、发展成果由人民共享,作出更有效的制度安排,使全体人民在共建共享发展中有更多获得感,增强发展动力,增进人民团结,朝着共同富裕方向稳步前进。"❷发展是消除贫困和推进共同富裕的根本路径。贯彻新发展理念能够筑牢共同富裕的民生底线基础,让改革发展成果更多更公平地惠及全体人民,是扎实推进共同富裕的中心环节。

二是新发展理念的贯彻推行。

共同富裕是一项系统性、综合性的长远的复杂工程,贯彻新发展理念、实现高质量发展是破解发展难题以更好满足人民对共同富裕的追求的根本手段。2016年10月,习近平强调:"我们必须坚持以经济建设为中心,坚持以新发展理念引领经济发展新常态,破解发展难题,厚植发展优势,不断为坚持和发展中国特色社会主义奠定强大物质基础。"❸新发展理念体现了对生产力与生产关系矛盾运动规律的把握,新发展阶段是推动实现全体人民共同富裕的不可逾越的重要阶段,在新时代、新阶段全面建设

---

❶ 中共中央文献研究室:《十八大以来重要文献选编》(中),中央文献出版社2016年版,第792页。

❷ 中共中央文献研究室:《十八大以来重要文献选编》(中),中央文献出版社2016年版,第793页。

❸ 《习近平谈治国理政》(第二卷),外文出版社2017年版,第54页。

社会主义现代化国家过程中,新发展理念的贯彻、高质量发展的结果必然是实现全体人民共同富裕。

2017年10月18日,习近平在党的十九大报告中强调要贯彻新发展理念,建设现代化经济体系。习近平新时代中国特色社会主义思想十四条基本方略中的第四条"坚持新发展理念"规定:"发展是解决我国一切问题的基础和关键,发展必须是科学发展,必须坚定不移贯彻创新、协调、绿色、开放、共享的发展理念。"❶ 坚持新发展理念是习近平新时代中国特色社会主义思想的重要内容,它对发展方式和发展理念的不断优化,能够建构有助于创新、协调、绿色、开放和共享发展的制度环境,以高质量发展破解发展起来以后出现的各种社会矛盾和问题,一方面通过生产力的持续发展,另一方面通过深化改革、坚持和完善基本经济制度来推动共同富裕目标的实现。

2018年3月11日,第十三届全国人民代表大会第一次会议通过《中华人民共和国宪法》(修正案),在"自力更生,艰苦奋斗"前增写"贯彻新发展理念。"❷ 中国共产党把贯彻新发展理念写入宪法作为治国理政的指导思想,这就为共同富裕提供了坚实的保障,促进经济社会各领域实现质量变革,筑牢我国由富到强的生产力基础,对推进中国式现代化建设起到了重要的指导作用。

新时代贯彻新发展理念是推进和实现共同富裕的根本保证,"共同富裕社会是一种与全面小康社会衔接的、提档升级的、更高层次的社会形态。"❸ 为了进一步满足人民对美好生活的需要,推进共同富裕,党和政府必须大力贯彻新发展理念,推动经济社会的快速协调发展。2021年1月,为了更好地阐释新发展阶段、新发展理念同共同富裕的关系,习近平在主

---

❶ 中共中央党史和文献研究院:《十九大以来重要文献选编》(上),中央文献出版社2019年版,第15页。

❷ 中共中央党史和文献研究院:《十九大以来重要文献选编》(上),中央文献出版社2019年版,第334页。

❸ 周文、何雨晴:《共同富裕的政治经济学理论逻辑》,《经济纵横》,2022年第5期,第3页。

持十九届中央政治局第二十七次集体学习时强调:"进入新发展阶段,完整、准确、全面贯彻新发展理念,必须更加注重共同富裕问题。""共同富裕本身就是社会主义现代化的一个重要目标。我们要始终把满足人民对美好生活的新期待作为发展的出发点和落脚点,在实现现代化过程中不断地、逐步地解决好这个问题。"❶ 新发展阶段是中国特色社会主义发展进程中的一个重要阶段,新发展理念是新时代中国特色社会主义共同富裕理论的重要内容,只有贯彻新发展理念,把握新发展阶段,推动高质量发展,大力发展生产力,才能实现全体人民的共同富裕。

2022 年 10 月,习近平在党的二十大报告中强调:"贯彻新发展理念是新时代我国发展壮大的必由之路","必须完整、准确、全面贯彻新发展理念,坚持社会主义市场经济改革方向,坚持高水平对外开放,加快构建以国内大循环为主体、国内国际双循环相互促进的新发展格局。"❷ 新时代中国共产党在进行理论创新的基础上,提出和践行新发展理念,真正实践马克思主义的共同富裕思想,把我国生产力发展水平不断推到新的高度,推动社会全面进步和协调发展,进而实现更高水平的共同富裕目标。

新时代中国共产党以新发展理念为指引,围绕"什么是中国特色社会主义、怎样建设中国特色社会主义"这个根本问题,凸显以高质量发展为主题的生产力运动对于推进人民共同富裕的重大意义,重视提升发展效益,采取切实有效的策略举措,深化供给侧结构性改革,完成了脱贫攻坚战的艰巨任务,全面建成了小康社会。共同富裕实现的前提和物质基础是生产力的高度发展,整个社会能够创造出足够的财富。"实现共同富裕,就要坚持以人民为中心的发展思想,贯彻共享发展理念,着力改善民生。"❸ 新发展理念的贯彻大力解决贫困人口的脱贫问题和发展成果共享问

---

❶ 《习近平在中共中央政治局第二十七次集体学习时强调 完整准确全面贯彻新发展理念 确保"十四五"时期我国发展开好局起好步》,《人民日报》,2021 年 1 月 30 日,第 1 版。

❷ 习近平:《高举中国特色社会主义伟大旗帜,为全面建设社会主义现代化国家而团结奋斗——在中国共产党第二十次全国代表大会上的报告》,《人民日报》,2022 年 10 月 26 日,第 1 版。

❸ 逄锦聚:《中国共产党带领人民为共同富裕百年奋斗的理论与实践》,《经济学动态》,2021 年第 5 期,第 14 页。

题，着力扭转社会生产落后的局面，推进了现代化经济体系建设，反映了社会主义逐步实现共同富裕的本质要求，促使全体人民在新时代的高质量发展中不断迈向共同富裕。

（三）推进农业农村现代化

中国特色社会主义进入新时代后，以习近平同志为核心的党中央领导集体采取了一系列政策措施，大力推进农业农村现代化，消除城乡发展的不平衡，以推进全体人民共同富裕目标的实现。

在全面建设社会主义现代化国家和推进共同富裕的新征程中，农业农村现代化是关键环节和根本保证。"中国共产党面对的'三农'问题是动态变化的，在不同生产力发展阶段，'三农'政策也随之调整完善。"❶ 从建设社会主义新农村，到推动农业农村现代化发展，这是新时代党关于农业农村发展理念的一个转变，但在实现农民农村共同富裕这一目标上是无差别的。

中国共产党面临的城乡发展不平衡问题是与工业化、现代化联系在一起的，要缩短城乡发展差距推进共同富裕，必须加快推进农业农村现代化。2019年8月，中共中央印发的《中国共产党农村工作条例》指出："加快推进乡村治理体系和治理能力现代化，加快推进农业农村现代化，让广大农民过上更加美好的生活。"❷ 中国共产党将推进农业农村现代化、推进"三农"工作放在事关实现社会主义现代化全局的高度来看待，农业农村现代化为高质量发展提供了雄厚的物质基础，是推进社会主义现代化强国和实现共同富裕的关键一步。

中国特色社会主义进入新时代后，农业农村发展的滞后仍然是破解城乡发展不平衡、全面建设社会主义现代化国家、推进人民共同富裕的最大

---

❶ 郑有贵：《战略维度和实现路径：中国共产党百年破解"三农"问题的考察》，《中共中央党校（国家行政学院）学报》，2021年第5期，第42页。
❷ 中共中央党史和文献研究院：《十九大以来重要文献选编》（中），中央文献出版社2021年版，第158页。

短板和制约。农业农村现代化是中国特色社会主义的主要内容，也是推进共同富裕的根本路径。为了实现农村由发展滞后到农民富裕、农村富强的转变，党和政府大力推进农业农村现代化，2020年10月29日，习近平在中共十九届五中全会上强调："实现农业农村现代化是全面建设社会主义现代化国家的重大任务，是解决发展不平衡不充分问题的必然要求。要坚持把解决好'三农'问题作为全党工作重中之重，全面实施乡村振兴战略。"❶共同富裕实际上就是全民共享、城乡共进。农业农村现代化是农村农民走向共同富裕的必经之路，如果农业农村没有实现现代化，乡村振兴和共同富裕就只能是一句空话。农业农村现代化指引新时代中国美丽乡村建设。

党中央从全局和战略高度来把握和处理城乡关系，强调加快农业农村现代化以推进共同富裕，2020年12月28日，习近平在中央农村工作会议上讲话指出："巩固拓展脱贫攻坚成果，全面推进乡村振兴，加快农业农村现代化，是需要全党高度重视的一个关系大局的重大问题。"❷鉴于农业农村尚处于传统向现代转型升级的阶段，习近平还强调全党务必充分认识新发展阶段做好"三农"工作对促进共同富裕的重要意义，坚持把解决好乡村振兴问题作为关系实现共同富裕全局的首要任务，发展强大的现代农业，大力推动乡村振兴，让低收入人口和欠发达地区共享发展成果，从而推动农村农民共同富裕的发展。

2021年1月，为了实现共同富裕从量的积累到质的提升的转变，中共中央、国务院印发了《关于全面推进乡村振兴加快农业农村现代化的意见》，这就是2021年中央对农村改革和农业发展作出具体部署的"一号文件"。该文件指出："要坚持把解决好'三农'问题作为全党工作重中之重，把全面推进乡村振兴作为实现中华民族伟大复兴的一项重大任务，举

---

❶ 中共中央党史和文献研究院：《十九大以来重要文献选编》（中），中央文献出版社2021年版，第829页。

❷ 中共中央党史和文献研究院：《十九大以来重要文献选编》（下），中央文献出版社2023年版，第48页。

全党全社会之力加快农业农村现代化,让广大农民过上更加美好的生活。"❶ 中国特色社会主义制度优势是促进农业农村现代化的制度基础。2021年中央出台的"一号文件"尊重经济发展规律,立足新的历史起点,把加快农业农村现代化作为推进乡村振兴、追求共同富裕的重要手段提出来,让广大农民拥有更多的幸福感和安全感,为推进共同富裕指明了方向和路径。什么是农业农村现代化?农业农村现代化的内涵是什么?中共中央、国务院《关于全面推进乡村振兴加快农业农村现代化的意见》面向新的百年目标,对农业农村现代化的目标任务作了全面安排和明确规定:"到二〇二五年,农业农村现代化取得重要进展,农业基础设施现代化迈上新台阶,农村生活设施便利化初步实现,城乡基本公共服务均等化水平明显提高。农业基础更加稳固,粮食和重要农产品供应保障更加有力,农业生产结构和区域布局明显优化,农业质量效益和竞争力明显提升,现代乡村产业体系基本形成,有条件的地区率先基本实现农业现代化。脱贫攻坚成果巩固拓展,城乡居民收入差距持续缩小。农村生产生活方式绿色转型取得积极进展,化肥农药使用量持续减少,农村生态环境得到明显改善。乡村建设行动取得明显成效,乡村面貌发生显著变化,乡村发展活力充分激发,乡村文明程度得到新提升,农村发展安全保障更加有力,农民获得感、幸福感、安全感明显提高。"❷ 党和政府从整个国家现代化发展进行总体把握,坚持把农业农村摆在优先发展的位置,对农村地域空间综合价值追求进行高标准规划和建设,以推进和实现农业农村现代化。某种程度上来说,农业农村现代化的目标任务可视为新时代农业农村现代化的内涵,为推动"三农"问题提供现代生产要素,为新时代乡村发展、农村改造指明了方向。各地要充分利用农村农业资源的比较优势,推进农业供给侧结构性改革,加快建立现代化的农业产业体系,培育农业农村发展新动

---

❶ 中共中央党史和文献研究院:《十九大以来重要文献选编》(下),中央文献出版社2023年版,第64页。

❷ 中共中央党史和文献研究院:《十九大以来重要文献选编》(下),中央文献出版社2023年版,第65页。

能，以推进乡村振兴和共同富裕的实现。

为了进一步健全乡村振兴的体制机制，推进农业农村现代化，2021年2月25日，习近平在全国脱贫攻坚总结表彰大会上讲话强调："全面实施乡村振兴战略的深度、广度、难度都不亚于脱贫攻坚，要完善政策体系、工作体系、制度体系，以更有力的举措、汇聚更强大的力量，加快农业农村现代化步伐，促进农业高质高效、乡村宜居宜业、农民富裕富足。"❶ 这就为进一步推进农业农村现代化和农村农民共同富裕指明了前进的方向，要求我们采取有效的政策措施，开展乡村建设行动，建立健全农业农村现代化的体制机制和共同富裕的政策体系，以更大的力度、更实的举措全面推进乡村振兴，以加快城乡融合发展的步伐，缩小城乡发展不平衡的差距，促进农民农村共同富裕。

农业农村现代化是对"三农"工作的重大理论创新，在全面推进乡村振兴的过程中，城乡发展不平衡不充分、农业农村现代化程度低等现实问题，是推进中国式现代化和实现共同富裕的重要障碍，农业强、农民富、农村美既是农业农村现代化的现实图景，也是共同富裕的主要标志和重要内涵。党将加快农业农村现代化置于共同富裕目标体系中，始终把调动广大农民的积极性作为制定农村政策的首要出发点，进行农村集体产权制度改革，建立城乡融合发展体制机制，补齐农业农村短板弱项，发展新型农村集体经济，坚持农民主体地位，激活农村产业及资源，推进农业农村现代化，推动城乡均等化公共服务体系的构建和完善，带领广大农民推动农业农村现代化实践深入发展，在促进全体人民向着共同富裕目标迈进的道路上取得实质性的进展。

（四）推动城乡一体化融合发展

党的十八大以来，为了促进农村农民共同富裕，以习近平同志为核心

---

❶ 中共中央党史和文献研究院：《十九大以来重要文献选编》（下），中央文献出版社2023年版，第169—170页。

的党中央将"三农"工作置于更加突出的地位,发展了马克思主义城乡关系理论,先后提出了"城乡一体化""城乡融合"等重要的战略举措,大力推动城乡一体化融合发展,进一步突破了以往"城市反哺农村"的单向思路,丰富了共同富裕实践路径的认识,逐步消除城乡发展的差别,以推进全体人民共同富裕目标的实现。

一是实行推动城乡一体化发展战略。新世纪新阶段在城乡差距不断扩大的状况下,以胡锦涛同志为核心的党的第四代中央领导集体强调要实现城乡经济社会一体化发展,逐步消除城乡发展差距。2003年1月,为了推动农村在共同富裕的道路上迈出坚实的一大步,胡锦涛在中央农村工作会议上指出:"统筹城乡经济社会发展,就是要充分发挥城市对农村的带动作用和农村对城市的促进作用,实现城乡经济社会一体化发展。"❶ 2007年10月,党的十七大报告强调:"要加强农业基础地位,走中国特色农业现代化道路,建立以工促农、以城带乡长效机制,形成城乡经济社会发展一体化新格局。"❷ 城乡经济社会发展一体化新格局提出了破解城乡二元结构的新命题,使基本公共服务实现均等化,逐步实现生产要素合理流动,从而使改革发展成果更多更公平地惠及全体人民。可见,党的十六大以来,以胡锦涛同志为总书记的党中央提出科学发展观,强调统筹城乡经济社会一体化发展,以提高城镇化水平,加大对农业的扶持和保护力度,使协调发展成为推进现代化建设和共同富裕的内生动力。

中国特色社会主义进入新时代以来,党和政府致力于重塑城乡关系,激发城市带动农村发展的作用,促进农业农村现代化,以破解现代化进程中"三农"工作受弱质性困扰而出现农村发展滞后的现象。2012年11月,中共十八大提出推动城乡发展一体化的战略任务,指出:"解决好农业农村农民问题是全党工作重中之重,城乡发展一体化是解决'三农'问题的根本途径。要加大统筹城乡发展力度,增强农村发展活力,逐步缩小城乡

---

❶ 《胡锦涛文选》(第二卷),人民出版社2016年版,第18页。
❷ 《胡锦涛文选》(第二卷),人民出版社2016年版,第630页。

差距，促进城乡共同繁荣。坚持工业反哺农业、城市支持农村和多予少取放活方针，加大强农惠农富农政策力度，让广大农民平等参与现代化进程、共同分享现代化成果。"❶ 为了给扎实推进农民农村共同富裕打下坚实基础，中共十八大还强调要"加快完善城乡发展一体化体制机制，着力在城乡规划、基础设施、公共服务等方面推进一体化，促进城乡要素平等交换和公共资源均衡配置，形成以工促农、以城带乡、工农互惠、城乡一体的新型工农、城乡关系。"❷ 新时代党中央推动城乡发展一体化战略任务的提出，使推进农民农村共同富裕的政策举措更加全面，使城乡统筹发展在资源配置方面进一步深化，进一步缩小城乡发展差距，为乡村发展提供了重大契机。

2015 年 4 月 30 日，中央政治局就健全城乡发展一体化体制机制进行第二十二次集体学习，为了彻底打破城乡二元结构，推进区域协调发展，习近平在主持学习时指出："推进城乡发展一体化，是工业化、城镇化、农业现代化发展到一定阶段的必然要求，是国家现代化的重要标志。"❸ 习近平还强调："推进城乡发展一体化要坚持从国情出发，从我国城乡发展不平衡不协调和二元结构的现实出发，从我国的自然禀赋、历史文化传统、制度体制出发，既要遵循普遍规律、又不能墨守成规，既要借鉴国际先进经验、又不能照抄照搬。要把工业和农业、城市和乡村作为一个整体统筹谋划，促进城乡在规划布局、要素配置、产业发展、公共服务、生态保护等方面相互融合和共同发展。着力点是通过建立城乡融合的体制机制，形成以工促农、以城带乡、工农互惠、城乡一体的新型工农城乡关系，目标是逐步实现城乡居民基本权益平等化、城乡公共服务均等化、城乡居民收入均衡化、城乡要素配置合理化，以及城乡产业发展融合化。"❹ 这一讲话强

---

❶ 中共中央文献研究室：《十八大以来重要文献选编》（上），中央文献出版社 2014 年版，第 18 页。

❷ 中共中央文献研究室：《十八大以来重要文献选编》（上），中央文献出版社 2014 年版，第 19 页。

❸ 中共中央党史和文献研究院：《习近平论"三农"工作》，中央文献出版社 2022 年版，第 156 页。

❹ 中共中央党史和文献研究院：《习近平论"三农"工作》，中央文献出版社 2022 年版，第 157 页。

调了推进城乡发展一体化的重大意义、推进途径、着力点和目标，强调了"城乡共富"的基本向度，城乡资源互动、城乡优势互补，为推进共同富裕指明了方向。"一切划时代的体系的真正的内容都是由于产生这些体系的那个时期的需要而形成起来的。"❶ 党的十八大以来，农业农村仍然是实现共同富裕的短板弱项。通过城乡发展一体化战略模式和制度措施的推行，党和国家充分结合先发地区和后发地区的各自优势，进一步在政策上加大对农业农村农民发展的支持力度，利用新的条件对城乡关系进行再调整，形成互补型经济格局，城乡关系逐步迈向协调发展的新时代。

二是实行推动城乡融合发展战略。党的十九大将"城乡一体化"升级为"城乡融合发展"，促进城乡融合发展成为推进共同富裕的重要路径。马克思主义经典作家对消除旧的分工及城乡融合的重要性和现实意义有着深刻的认识，恩格斯指出："通过消除旧的分工，通过产业教育、变换工种、所有人共同享受大家创造出来的福利，通过城乡的融合，使社会全体成员的才能得到全面的发展。"❷ 新时代中国共产党发展了马克思主义的城乡融合发展思想，党中央对农业农村发展的重视提到前所未有的高度。2017年10月，党的十九大报告指出："建立健全城乡融合发展体制机制和政策体系，加快推进农业农村现代化。"❸ 在社会主义新农村建设取得巨大成就的基础上，继党的十八大提出加快城乡一体化发展的新战略之后，党的十九大报告中使用城乡融合发展的新提法，推动城乡关系从统筹发展向融合发展转变，开创了城市与乡村互相促进的"城乡融合"新格局，明确了推进农业农村现代化的新路径。

2017年12月，习近平在党的十九大之后召开的第一次中央农村工作会议上指出，建立科学的公共政策体系，巩固拓展脱贫攻坚成果，推进全

---

❶ 中共中央文献研究室：《十六大以来重要文献选编》（上），中央文献出版社2005年版，第366页。

❷ 《马克思恩格斯选集》（第一卷），人民出版社2012年版，第308–309页。

❸ 中共中央党史和文献研究院：《十九大以来重要文献选编》（上），中央文献出版社2019年版，第22–23页。

面建设小康社会,必须基于城乡关系演进历程的时代特征与多维实践重塑城乡关系,进一步加快城乡一体化发展,走城乡融合发展之路,实现全体人民共同富裕,"要坚持以工补农、以城带乡,推动形成工农互促、城乡互补、全面融合、共同繁荣的新型工农城乡关系"❶。2018 年的"中央一号文件"《中共中央国务院关于实施乡村振兴战略的意见》将"坚持城乡融合发展"列为实施乡村振兴战略的基本原则之一,要求:"坚决破除体制机制弊端,使市场在资源配置中起决定性作用,更好发挥政府作用,推动城乡要素自由流动、平等交换,推动新型工业化、信息化、城镇化、农业现代化同步发展。"❷ 新时代我国实现全体人民共同富裕的目标定位更为高远,只有统筹城乡关系,实现城乡要素自由流动,破除现有的制约因素,才能推动城乡融合发展,消除城乡地域空间上承载的权利差别,促使发展成果在全体社会成员中更公平地分配。

2019 年 4 月 15 日,中共中央、国务院印发《关于建立健全城乡融合发展体制机制和政策体系的意见》,根据党的十九大作出的重大决策部署,这一文件提出了建立健全城乡融合发展制度安排和公共服务均等化政策体系的指导思想、基本原则和主要目标,强调要建立健全有利于城乡要素流转和合理配置、城乡公共服务均等化、城乡基础设施一体化发展、农村经济多元化和产业化发展、农村农民迈上共同富裕之路的体制机制。只有建立健全城乡融合发展体制机制和政策体系,才能消除二元分割发展态势,提出对应的城乡关系发展策略,从根本上改变农村贫困落后的状态,促进乡村振兴和农业农村现代化。

城乡融合发展是农村农民实现共同富裕的必由之路,为了进一步推动我国城乡一体化发展,推进西部大开发,2019 年 5 月,中共中央、国务院印发了《关于新时代推进西部大开发形成新格局的指导意见》,对如何大

---

❶ 中共中央党史和文献研究院:《习近平论"三农"工作》,中央文献出版社 2022 年版,第 242 页。

❷ 中共中央党史和文献研究院:《十九大以来重要文献选编》(上),中央文献出版社 2019 年版,第 160 页。

力促进城乡融合发展进行了擘画:"深入实施乡村振兴战略,做好新时代'三农'工作。培养新型农民,优化西部地区农业从业者结构。以建设美丽宜居村庄为目标,加强农村人居环境和综合服务设施建设。在加强保护基础上盘活农村历史文化资源,形成具有地域和民族特色的乡村文化产业和品牌。因地制宜优化城镇化布局与形态,提升并发挥国家和区域中心城市功能作用,推动城市群高质量发展和大中小城市网络化建设,培育发展一批特色小城镇。加大对西部地区资源枯竭等特殊类型地区振兴发展的支持力度。有序推进农业转移人口市民化。推动基本公共服务常住人口全覆盖,保障符合条件的未落户农民工在流入地平等享受城镇基本公共服务。总结城乡'资源变资产、资金变股金、农(市)民变股东'等改革经验,探索'联股联业、联股联责、联股联心'新机制。统筹城乡市政公用设施建设,促进城镇公共基础设施向周边农村地区延伸。"❶ 这就要求未来推动城乡融合必须和农业农村现代化同步发展,将农村农民纳入城乡融合发展规划,不断提高基本公共服务的供给水平,提高农业农村的现代化水平,以缩小城乡发展差距,使城乡成为功能互补、利益协调的地域共同体,促进农民农村共同富裕。

2019年8月,中共中央印发的旨在深入实施乡村振兴战略、推进共同富裕的《中国共产党农村工作条例》明确规定:"坚持农业农村优先发展,坚持多予少取放活,推动城乡融合发展,集中精力做好脱贫攻坚、防贫减贫工作,走共同富裕道路。"❷ 在探索打破城乡分治的二元扶贫模式的基础上,中国共产党探究城乡运动的历史规律,更加重视"三农"工作,重申了形成新型城乡关系的重要性与现实意义,坚持推动城乡融合发展,更好地解决我国城乡发展不平衡问题,从而加快脱贫攻坚、实现共同富裕的步伐。

---

❶ 中共中央党史和文献研究院:《十九大以来重要文献选编》(中),中央文献出版社2021年版,第41-42页。

❷ 中共中央党史和文献研究院:《十九大以来重要文献选编》(中),中央文献出版社2021年版,第159页。

在脱贫攻坚与全面建成小康社会取得决定性胜利的基础上，2021年1月4日，中共中央、国务院出台了21世纪以来第18个指导"三农"工作的中央"一号文件"，即《关于全面推进乡村振兴加快农业农村现代化的意见》，文件指出："推进以人为核心的新型城镇化，促进大中小城市和小城镇协调发展。把县域作为城乡融合发展的重要切入点，强化统筹谋划和顶层设计，破除城乡分割的体制弊端，加快打通城乡要素平等交换、双向流动的制度性通道。"❶ 在优先农村发展和农民受益的前提下，城乡融合发展尤其要剖析城乡关系演变机理，推进以县域为单元的公共服务体系建设，将共同富裕摆在更加突出的位置，从体制机制上推进工业和农业融合发展，完善公共服务资源对口帮扶的政策支持体系。城乡融合发展只有立足于乡村振兴基础上的城乡等值发展，强化以县城为中心向周边农村地区覆盖优质公共服务资源的配置能力，才能破解发展不平衡不充分的矛盾。

共同富裕在中国式现代化的推进过程中被赋予了城乡融合发展与社会和谐稳定的向度。2022年10月，党的二十大报告指出："坚持农业农村优先发展，坚持城乡融合发展，畅通城乡要素流动。加快建设农业强国，扎实推动乡村产业、人才、文化、生态、组织振兴。"❷ 只有坚持城乡融合发展，注重城市工作和"三农"工作的统筹协调，激发乡村发展内生动力，才能够遏制城乡差距日益扩大的趋势，促进全体人民共同富裕。

党的十八大以来，党中央坚持从城乡关系演变的大历史观视域出发，因势利导及时调整城乡发展策略，先后提出城乡一体化、城乡融合发展战略。从城乡一体化发展到城乡融合发展，不是简单的对接、衔接，而是在全面建设小康社会的基础上，重塑城乡关系，大力发展乡村经济，彻底改变农村贫穷落后的面貌。因此只有促进城乡协调发展，促进生产要素在城乡、地区之间自由流动，形成破解"三农"短板难题的新路径，才能逐步

---

❶ 中共中央党史和文献研究院：《十九大以来重要文献选编》（下），中央文献出版社2023年版，第74页。

❷ 习近平：《高举中国特色社会主义伟大旗帜，为全面建设社会主义现代化国家而团结奋斗——在中国共产党第二十次全国代表大会上的报告》，《人民日报》，2022年10月26日，第1版。

缩小城乡差距，朝着全体人民共同富裕的道路不断前进。

（五）深化收入分配制度改革

党的十八大以来，以习近平同志为核心的党中央坚持市场效率与分配公平的均衡，保障社会公平正义，深化收入分配制度改革，在动态中实现社会主义市场经济体制下收入分配和财富分配的相对平衡和稳定，以推进全体人民共同富裕。"实现共同富裕不仅是经济问题，而且是关系党的执政基础的重大政治问题。"❶ 共同富裕不仅是中国共产党孜孜以求的价值目标，还关系到执政党政权的稳固。只有实现地区发展平衡和各阶层共同富裕，才能实现社会和谐稳定，巩固党的执政地位。

中国特色社会主义进入新时代，我国城乡收入、行业收入差距问题比较明显，我国正处在社会问题和社会矛盾的凸显期，必须深化收入分配制度改革，才能推进共同富裕。在以习近平同志为核心的党中央的领导下，我国不断深化分配制度改革，收入分配制度及其政策的设计理念和顶层设计思路越来越清晰，制度、政策越来越完善。党的十八大报告强调："调整国民收入分配格局，加大再分配调节力度，着力解决收入分配差距较大问题，使发展成果更多更公平惠及全体人民，朝着共同富裕方向稳步前进。"❷ 中国特色社会主义进入新时代，鉴于当前中国收入分配问题的复杂性和艰巨性，为了着力打好规范收入分配秩序的硬仗，2013年2月3日，国务院批转国家发展改革委等部门《关于深化收入分配制度改革的若干意见》，这是新时代党和政府深化收入分配制度改革、推进共同富裕的第一个指导性文件。该意见强调：要"完善收入分配结构和制度，增加城乡居民收入，缩小收入分配差距，规范收入分配秩序"❸。文件对如何深化收入

---

❶ 习近平：《把握新发展阶段，贯彻新发展理念，构建新发展格局》，《求是》，2021年第9期。

❷ 中共中央文献研究室：《十八大以来重要文献选编》（上），中央文献出版社2014年版，第12页。

❸ 中共中央文献研究室：《十八大以来重要文献选编》（上），中央文献出版社2014年版，第142页。

分配制度改革，实现社会公平正义，打造一个以公开透明、公正合理为特点的规范性的收入分配秩序，使发展成果更多更公平惠及全体人民，进行了擘画和安排，对减少收入两极分化、推进共同富裕有着重要的指导作用。

针对分配领域中利益失衡和贫富分化现象在一定程度上还存在的问题，党的十九大报告强调："坚持按劳分配原则，完善按要素分配的体制机制，促进收入分配更合理、更有序。""履行好政府再分配调节职能，加快推进基本公共服务均等化，缩小收入分配差距。"❶ 因此推进共同富裕，必须构建人人享有的合理分配格局，营造有利于实现共同富裕的财税政策环境，形成公平与效率相互促进的关系。

共同富裕是社会主义经济制度优越性的本质要求。2020 年 5 月，《中共中央、国务院关于新时代加快完善社会主义市场经济体制的意见》强调："坚持按劳分配为主体、多种分配方式并存，优化收入分配格局，健全可持续的多层次社会保障体系，让改革发展成果更多更公平惠及全体人民。"❷ 由此再次强调必须确立以所有人共同富裕为目的的制度安排，只有正确处理效率和公平的关系，才能保障收入分配的公平公正，使居民收入和实际消费水平差距逐步缩小。

共同富裕要求分配平等，实现分配正义，妥善处理分配问题。2021 年 8 月 17 日，习近平在中央财经委员会第十次会议上讲话指出："在高质量发展中促进共同富裕，正确处理效率和公平的关系，构建初次分配、再分配、三次分配协调配套的基础性制度安排。"❸ 党和政府主动适应社会矛盾新变化，通过以市场为主导的以经济手段为主要方式的效率最大化的初次分配、政府主导下的主要依靠行政手段或法律手段促进社会公平正义的再

---

❶ 习近平：《决胜全面建成小康社会，夺取新时代中国特色社会主义伟大胜利——在中国共产党第十九次全国代表大会上的报告》，《人民日报》，2017 年 10 月 28 日，第 4 版。

❷ 中共中央党史和文献研究院：《十九大以来重要文献选编》（中），中央文献出版社 2021 年版，第 519 页。

❸ 中共中央党史和文献研究院：《十九大以来重要文献选编》（下），中央文献出版社 2023 年版，第 393 页。

分配、社会主义核心价值观引领下主要依靠道德力量发展慈善公益事业的三次分配，建立多次分配的协同机制，优化收入分配结构，实现社会财富的再分配，从而推动实现共同富裕。

"共同富裕"是坚持公有制主体地位不动摇前提下社会主义分配伦理的基本内涵，是社会主义的终极发展目标。"公平分配的要求，体现的是生产关系范畴下的分配关系。"❶ 只有加快合理调整国民收入分配格局，构建社会主义市场经济体制下初次分配、再分配、三次分配协调配套的分配体系和制度安排，调节收入分配，才能逐步遏制区域发展差距和居民收入分配差距扩大的趋势，有效控制两极分化，进一步扎实推进共同富裕。

（1）充分体现初次分配的基础性作用。共同富裕是效率与公平的有机统一，一方面提高劳动报酬在初次分配中的比重，另一方面不断完善市场各要素的分配规则，优化分配格局，尊重各种生产要素在初次分配中的合理地位，发挥市场体系下各种要素报酬分配的微观激励作用。只有激活各生产要素效率，规范资本性生产要素所得，让劳动要素与其他要素共享分配成果，才能完善合理有序的初次分配体制和机制，保障社会公平正义，充分发挥初次分配的主导地位，使生产关系更好地适应生产力发展。

初次分配在收入分配制度体系中处于基础性地位，由市场按照效率原则进行分配，主要依靠市场机制完成。在进行初次分配的过程中，政府要完善初次分配的政策性安排，建立更加完善的生产要素市场，形成完备的收入分配秩序规范体系，营造生产要素所有者公平进入行业的竞争环境，促进工资收入的合理增长，从而优化初次分配的质量和效果。市场经济条件下，初次分配主要依靠经济手段，效率优先使按生产要素分配具有更快、更强的财富积累和裂变效应，往往会导致收入分配的两极分化，这是符合分配补偿劳动价值和生产要素价值的马克思主义收入分配逻辑的。

---

❶ 陈燕：《中国共产党的共同富裕：理论演进与实现路径》，《科学社会主义》，2021年第3期，第118页。

（2）积极发挥再分配的调节性功能。"共同富裕只能在市场经济基础上实现，并不意味着单纯依靠市场来解决分配问题。"❶ 再分配注重公平原则，发挥政府对收入分配的调控作用，加大社会保障、政府税收、扶贫救助、转移支付等调节力度，始终坚持以人民为中心的发展思想。在按劳分配主体地位得以坚持和维护的同时，政府发挥财政税收的调节杠杆功能，利用税收对不同行业和社会全体成员收入分配的调节作用，调整个人所得税征收力度，合理调节城乡、区域、不同群体间分配关系，减少财富和收入的相对贫困和分配不公。再分配能从国家层面调控整体的收入格局，增大消费税征收力度和范围，更好地发挥政府的宏观调控能力，强化政府的兜底性责任，干预和调控经济生活，实现高质量的分配。

社会主义市场经济体制下不同社会阶层之间必然会出现收入分配的差距，再分配就是基于正义性原则的再分配，由政府主要依靠行政手段或法律手段，按照兼顾公平与效率、更加注重公平的原则调整分配格局，对社会财富的分配进行调节，减少收入分配的差距，实现分配的公平公正。"一个社会的分配总是同这个社会的物质生存条件相联系。"❷ 因此，再分配在社会主义初级阶段收入分配体系中处于关键性地位，以政府强制力为保障，离不开政府不断完善的财税分配制度。只有市场机制与政府机制协调配合，发挥中国特色社会主义制度统筹效率与公平的优势，调整收入分配，保障弱势群体利益，才能逐步缩小收入差距，实现分配的公平正义。

（3）有效发挥三次分配的补充性效能。三次分配的主体是社会力量，政府引导先富的个人、企业和团体参与公益慈善事业。三次分配作为收入分配调节的一种重要补充手段，对于调整收入分配格局，参与推进共同富裕的过程之中，发挥着越来越重要的作用。高收入群体和先富者以自身财富回馈社会，增强公益意识，彰显以人民为中心的价值追求。在爱心、道德、文化等力量的推动下，他们基于自愿性原则回报社会，进行公益捐

---

❶ 萧冬连：《目标与路径——重温邓小平共同富裕构想的思考》，《中共党史研究》，2022年第2期，第31页。

❷ 《马克思恩格斯选集》（第三卷），人民出版社2012年版，第527页。

助，表现出参与者强烈的社会责任感和道德情怀。在开展三次分配的过程中，政府要建立健全公益慈善领域法律法规，发展慈善等社会公益事业，"引导、支持有意愿有能力的企业、社会组织和个人积极参与公益慈善事业。"❶ 加强社会公益慈善事业规范管理，进一步完善对慈善事业的监管，建立健全相应的法律法规，保护捐赠者与受帮扶人群的利益，完善税收性优惠政策，搭建公益活动平台，健全系统内激励机制，完善三次分配的激励体系，增强社会成员参与三次分配的积极性和自觉性。这种非强制性公益活动虽然是一种补充性的、辅助性的而非主流的分配形式，但也有利于进一步促进共同富裕。三次分配支持企业、个人和社会群体参与公益慈善事业，推动社会资源和财富流向低收入人群和地区，是社会主义市场经济体制下调整分配格局和促进共同富裕的重要路径。

三次分配是"市场和政府之外的重要'补充之手'"❷，通过社会责任等引导收入分配，体现出社会文明的进步与道德水平的提高。政府在进行三次分配的过程中，要根据主要矛盾的新变化解决分配结果不均，必须鼓励参与主体自觉主动地参与公益活动，提升他们公益情怀。为此要形成国家、企业和社会力量的协同参与机制，进一步增强法治建设，推动实施个人捐赠税收优惠和减免政策，完善财税制度的相关激励体系。三次分配是初次分配和再分配的有益补充，在开展三次分配的过程中不断完善产权保护制度并以自愿原则为基础，政府进一步激发各类参与主体参与公益慈善事业的积极性，调动社会力量积极参与三次分配，出台鼓励政策促进慈善事业发展，平衡地区差异，缩小收入差距，维护社会和谐，有效发挥其促进共同富裕的重要作用。

新时代党和政府将上述三种分配方式相互补充、协同推进，深化收入分配制度改革，建构了多效能、多主体和多样化的收入分配体系。在深化

---

❶ 习近平：《高举中国特色社会主义伟大旗帜，为全面建设社会主义现代化国家而团结奋斗——在中国共产党第二十次全国代表大会上的报告》，《人民日报》，2022年10月26日，第1版。
❷ 韩文龙、唐湘：《三次分配促进共同富裕的重要作用与实践进路》，《经济纵横》，2022年第4期，第27页。

收入分配制度改革的过程中,党和政府坚持三种分配方式的底线标准,在分配环节加快解决社会民众收入分配和城乡收入差距,在共享发展中不断调整、完善分配制度,发挥分配制度的过滤筛功能,维护社会的公平正义秩序,控制收入分配两极化。只有利用国民收入的多种再分配方式,遏制低收入群体通过市场进行的初次分配获得的工资水平提升缓慢甚至相对下滑趋势,才能有效保障他们的基本利益,扩大中等收入群体比重,防范收入分配的两极分化,构建"橄榄型"社会分配结构,逐步实现全体人民的共同富裕。

党的十八大以来,在经济持续发展的基础上,党和政府进一步完善了按劳分配为主体与按生产要素分配相结合的收入分配制度及其政策,加快收入分配体制机制改革,构建社会主义市场经济体制主导的三次收入分配制度。一方面在社会主义市场经济体制逐步完备的过程中,政府充分发挥初次分配的基础性作用,另一方面政府在再分配的过程中加强对收入分配的宏观调控,逐步减少收入差距。在初次分配和再分配的基础上,政府还发挥三次分配在收入分配中的补充作用,发展慈善公益事业。在深化分配制度改革的过程中,政府发挥再分配调节功能,正确处理效率与公平的关系,加大对保障和改善民生的投入,调节收入差距,居民收入差距持续缩小,使全体人民共享发展成果,据统计,2017年,城乡居民人均可支配收入之比较2007年下降0.43,较2012年下降0.17,但仍达到2.71。❶ 党的十八大以来,政府收入分配的政策设计、制定和实施发挥了社会主义分配制度的优势,调节收入差距并防止两极分化。据统计,"2013年全国居民收入差距的基尼系数从0.5775下降为0.4938,下降了约14%"❷。新时代发展不平衡,一般是指收入差距过大,导致两极分化。共享发展注重的是加大政府的宏观调控力度,解决社会公平正义问题。党的十八大以来,以

---

❶ 逢锦聚:《中国共产党带领人民为共同富裕百年奋斗的理论与实践》,《经济学动态》,2021年第5期,第13页。

❷ 李实、朱梦冰、詹鹏:《中国社会保障制度的收入再分配效应》,《社会保障评论》,2017年第4期,第19页。

习近平同志为核心的党中央极大地丰富和创新发展了马克思主义共同富裕思想及按劳分配理论和原则,深化收入分配制度改革,加大税收的调控力度和精准度,促进社会公平正义,逐步减少收入差距,在效率与公平之间达到大致平衡,为扎实推动共同富裕打造长效机制,使发展成果更多更公平惠及全体人民。

(六) 实施乡村振兴战略

乡村振兴是中国共产党在中国式现代化建设进程中为了推进新时代"三农"工作、推进全面建设小康社会和共同富裕而提出的发展战略。推进共同富裕和社会主义现代化建设不能只停留在减少农村贫困人口、消除贫困现象的层面,随着农业农村现代化的推进,它须上升到高标准规划和建设的"乡村振兴"。实施乡村振兴战略,"是决胜全面建成小康社会、全面建设社会主义现代化国家的重大历史任务"❶。乡村振兴是社会主义新农村建设的延续和纵深推进,二者本质上都是推进"三农"现代化。

一是乡村振兴战略的提出。

新时代乡村振兴是补齐农业农村发展短板、进一步促进城乡融合发展、扎实推进全体人民共同富裕的战略工程。2017年10月,习近平在党的十九大报告中提出了实施乡村振兴的战略,强调:"要坚持农业农村优先发展,按照产业兴旺、生态宜居、乡风文明、治理有效、生活富裕的总要求,建立健全城乡融合发展体制机制和政策体系,加快推进农业农村现代化。"❷之后党和政府颁行一系列政策措施特别是连续出台的中央"一号文件",对乡村振兴战略的实施作出战略规划和部署安排。2017年12月底,习近平在党的十九大之后召开的第一次中央农村工作会议上强调,农业农村农民问题是关乎共同富裕能否顺利推进的根本性问题,实施乡村振

---

❶ 中共中央党史和文献研究院:《十九大以来重要文献选编》(上),北京:中央文献出版社2019年版,第157页。

❷ 中共中央党史和文献研究院:《十九大以来重要文献选编》(上),中央文献出版社2019年版,第22-23页。

兴战略是推进"三农"工作和全面建成小康社会的根本路径，要大力推进农业农村现代化，推动乡村振兴取得新进展，推进农村农民共同富裕，让广大农民过上更加美好的生活。

为了完成消除绝对贫困和区域性整体贫困的历史任务，解决社会贫富差距和农业农村发展不平衡不充分的问题，2018年的中央"一号文件"《中共中央、国务院关于实施乡村振兴战略的意见》强调：必须"以更大的决心、更明确的目标、更有力的举措，推动农业全面升级、农村全面进步、农民全面发展，谱写新时代乡村全面振兴新篇章"❶。围绕健全城乡融合发展体系，完善社会生产关系以适应生产力发展要求，这份"一号文件"谋划了一系列重大举措，把农业农村摆在优先发展的位置，确立起乡村振兴战略的"四梁八柱"，建立乡村振兴的长效机制，推进"三农"工作的深入，成为实施乡村振兴战略、让改革发展成果更多更公平惠及全体人民的顶层设计。2018年9月，中共中央、国务院印发了实施乡村振兴战略第一个五年工作部署安排的《乡村振兴战略规划（2018—2022年）》，鉴于现代化建设中最薄弱的环节仍然是发展不平衡不充分的农村地区，该规划从顶层设计谋篇布局，明确了这五年的阶段性重点任务和目标，对农业农村现代化建设提出了更高要求，对乡村振兴工作进行了新的战略部署，对实施乡村振兴战略的三个阶段性目标任务作了安排。

二是乡村振兴战略的推行。

"产业兴旺、生态宜居、乡风文明、治理有效、生活富裕"是乡村振兴五大目标任务和总体要求，2020年10月29日，习近平在中共十九届五中全会第二次全体会议上指出："要坚持把解决好'三农'问题作为全党工作重中之重，全面实施乡村振兴战略。"❷党中央部署安排农业农村现代化的底线任务，乡村振兴战略反映了新时代乡村建设的发展走向和功能定

---

❶ 中共中央党史和文献研究院：《十九大以来重要文献选编》（上），中央文献出版社2019年版，第158页。

❷ 中共中央党史和文献研究院：《习近平论"三农"工作》，北京：中央文献出版社2022年版，第301页。

位，夯实了共同富裕的基础。2020年12月16日，中共中央、国务院印发的《关于实现巩固拓展脱贫攻坚成果同乡村振兴有效衔接的意见》为今后乡村发展、农村改造指明了方向，体现了新时代中国乡村建设的阶段特征和价值取向。这个文件指出实现巩固拓展脱贫攻坚成果同乡村振兴有效衔接的重要性和紧迫性，强调指出，举全党全社会之力推动乡村振兴，做好乡村振兴这篇大文章，能够实现从消除绝对贫困到减少相对贫困的过程转换，完善农村基础设施建设，接续推进脱贫地区发展和群众生活改善，促进城乡基本公共服务均等化，走向共同富裕，在现代化进程中实现城乡协调发展。农村农民的共同富裕是中国特色社会主义共同富裕实践的基础工程，为了加快农业农村现代化，2021年1月4日，中共中央、国务院印发了《关于全面推进乡村振兴加快农业农村现代化的意见》，明确了推进农业农村现代化的新路径，把全面推进乡村振兴摆在更加重要的位置上，对新发展阶段全面推进乡村振兴作出总体部署，以加快补齐农业农村短板弱项，激发乡村发展内生动力，大力发展新型农村集体经济，解决区域发展不平衡不充分的问题，从而推动城乡区域协调发展，进一步促进整个国家经济社会协调平衡发展。

实现农民农村共同富裕是新中国成立以来党和国家矢志不渝的价值追求和奋斗目标，乡村振兴是推进农民农村共同富裕的必由之路，随着对中国特色社会主义共同富裕内涵认识的不断深化。为了全面实施乡村振兴战略，2021年4月，以乡村振兴为主题的专门法律《中华人民共和国乡村振兴促进法》公布，并从2021年6月1日起正式施行。乡村振兴促进法总结了党和政府"三农"政策的演进逻辑，坚持农业农村优先发展，是有关"三农"工作和乡村振兴战略的顶层设计的重要法规，其颁行标志着乡村振兴有了坚实的法律保障和制度基础，乡村建设行动已进入法治化的轨道。

2022年3月，李克强总理在政府工作报告中强调，一是进一步明确实施乡村振兴战略的目标任务，以乡村振兴为重要抓手全面推进农村农民共同富裕工作，把乡村建设摆在社会主义现代化建设的重要位置，二是在乡村振兴方面要坚持遵循城乡发展建设规律，进一步推进城乡融合发展，启动乡村建设行动，大力改善农村生产生活条件，推动农村各项事业全面发展，以推进农业农村现代化。2022年5月，中共中央办公厅、国务院办公厅印发了以加快农业农村现代化更好推进乡村振兴和中国式现代化建设为目标的《乡村建设行动实施方案》，把全面实施乡村振兴作为推进全体人民共同富裕的一项重大任务。乡村建设是新时代推进城乡融合发展、实施乡村振兴战略的重要内容，也是推进中华民族伟大复兴和建设社会主义现代化国家的底线任务，《乡村建设行动实施方案》提出了系统性的政策体系，明确了乡村建设行动的进度表、路线图，把推进乡村全面振兴作为新时代新征程"三农"工作的总抓手，确保到2025年乡村建设取得实质性进展，农业农村现代化迈出新步伐。《乡村建设行动实施方案》强调要做好乡村发展、乡村建设、乡村治理重点工作，必须从加强乡村规划建设管理、实施农村道路畅通工程、实施数字乡村建设发展工程、实施农村人居环境整治提升五年行动、实施农村基本公共服务提升行动、加强农村基层组织建设、深入推进农村精神文明建设等十二个方面着手。❶《乡村建设行动实施方案》的实施推进了农村生产生活条件的持续改善，进一步提升了乡村宜居宜业水平。

为了进一步推动城乡融合发展，举全党全社会之力加快农业农村现代化，推进乡村振兴战略的有效实施，2022年11月28日，中共中央办公厅、国务院办公厅印发了以责任落实推动乡村振兴政策落实的《乡村振兴责任制实施办法》。这一文件为了全面推进乡村振兴落地见效，明确了乡村振兴责任制的总体要求，规定了乡村振兴部门责任和地方责任的责任内容、责任要求和责任主体，构建了一整套全方位考核监督机制和责任体系，努力打通乡村振兴战略推行的痛点、堵点和难点，实施职责明晰、分工明确、合力推进的乡村振兴推进方案和工作机制，对确保全面推进乡村振兴各项重点任务落到实处具有重要意义。

---

❶ 中共中央办公厅、国务院办公厅：《乡村建设行动实施方案》，《人民日报》，2022年5月24日，第1版。

为了解决农村群体性贫富差距和社会阶层固化的问题，在进入扎实推动共同富裕的新阶段后，党和政府按照乡村振兴 20 字的总体要求推进社会综合改革，推进城乡融合发展，确保全体人民的基本权利平等和发展机会公平，以推进农业农村现代化，使共同富裕推进取得更为明显的实质性进展。"全面实现共同富裕是全面推进乡村振兴的必然归宿。"❶ 乡村振兴战略的实施是关系推进全体人民共同富裕、全面建设社会主义现代化国家和中华民族伟大复兴的根本性、历史性任务。为了推进乡村振兴战略的实施，中共中央、国务院从 2022 年到 2024 年，连续 3 年发布了中央"一号文件"，《中共中央、国务院关于做好 2022 年全面推进乡村振兴重点工作的意见》（2022）、《中共中央、国务院关于做好 2023 年全面推进乡村振兴重点工作的意见》（2023）、《中共中央、国务院关于学习运用"千村示范、万村整治"工程经验有力有效推进乡村全面振兴的意见》（2024）这三个中央"一号文件"都聚焦乡村振兴这一主题。中央"一号文件"对新发展阶段优先发展农业农村、加强脱贫攻坚与乡村振兴的衔接，全面推进农业农村现代化作出总体部署，推进了乡村振兴战略的实施，发挥了乡村振兴在促进农村农民共同富裕中的突出作用。

乡村振兴战略是党的十九大提出的一项推进共同富裕和实现中华民族伟大复兴的重大战略，乡村振兴是具有中国特色、体现时代特点的乡村建设理论和实践发展模式。在实施乡村振兴战略的过程中，党中央统筹做好"三农"工作与农村脱贫问题的顶层设计，坚持党对基层"三农"工作的全面领导，走中国特色社会主义乡村振兴道路，充分体现以人为本的发展初衷与共同富裕的要求。

三、新时代推进共同富裕的伟大成就

党的十八大以来，中国特色社会主义进入了新时代，中国共产党把推

---

❶ 李正图、徐子健：《中国特色共同富裕实践：制度保障、精神动力与科学理论》，《经济纵横》，2022 年第 4 期，第 8 页。

进共同富裕提升到治国理政的重要位置和一个新的高度。以习近平同志为核心的党中央在马克思主义共同富裕思想的指引下，不断进行理论探索和实践创新，以新发展理念为统领，采取一系列推进共同富裕的政策措施，处理好物质文明建设和精神文明建设的关系，不断促进人的全面发展，凝聚起人民的智慧和力量，在高质量发展的基础上，开辟出中国特色社会主义共同富裕实践的新路径、新天地。新时代党领导人民坚持同贫困作斗争，实现物质财富和精神财富的极大丰富，组织了人类历史上规模最大、力度最强的脱贫攻坚战，"这种在一个政党领导下动员和集中全国优势力量在限定时间内消除贫困的做法，是人类历史上绝无仅有的"❶。党和政府因地制宜制定精准扶贫政策，构建精准扶贫识别体系，将扶贫与扶智有机结合，如期完成脱贫攻坚这一艰巨任务，谱写了人类减贫史上的壮丽篇章，全面建成小康社会，推进区域协调发展，全体人民共享改革发展成果，中国特色社会主义共同富裕取得了更为明显的实质性进展，在共同富裕的道路上迈出了坚实步伐。

（一）完成脱贫攻坚任务

由于自然条件和区域发展不平衡，再加上历史和文化方面的原因，在党的十八大召开之前，中国贫困群体的发展能力较弱，贫困发生率高，贫困人口数量较多。党的十八大以来，以习近平同志为核心的党中央对共同富裕和脱贫攻坚关系的认识达到了全新高度，党和政府把握贫困演变规律，坚持在发展中保障和改善民生，以新发展理念统筹落实扶贫工作，密集出台了一系列减贫和推动共同富裕的指导意见和举措，特别是精准扶贫方略的提出，使中国逐步消除贫困，如期完成脱贫攻坚这一艰巨任务，为共同富裕奠定坚实的物质基础。

---

❶ 徐勇、陈军亚：《国家善治能力：消除贫困的社会工程何以成功》，《中国社会科学》，2022年第6期，第119页。

一是脱贫攻坚的政策举措。

新时代共享发展理念是脱贫攻坚和小康社会的价值取向，而脱贫攻坚是扎实推进共同富裕的着力点，因此，基于党的十八届五中全会提出的五大新发展理念，中国共产党作出了脱贫攻坚与全面建成小康社会和推进共同富裕有效衔接的决策部署。2015年11月，中央扶贫开发工作会议召开，习近平对脱贫攻坚工作高度重视，发表了重要讲话，对打赢新时代脱贫攻坚战的必要性、紧迫性和方式途径作出了科学判断和深刻阐述。这次会议对精准打赢脱贫攻坚战作了部署安排，推进了五级书记（省、市、县、乡、村）抓扶贫工作重点、层层落实脱贫攻坚责任制的国家贫困治理体系的形成，以精准扶贫为基本方略全面打响脱贫攻坚战。2015年11月29日，根据中央扶贫工作会议精神和部署安排，中共中央、国务院出台了《关于打赢脱贫攻坚战的决定》，这一文件明确了新时代脱贫攻坚的中心内容与重点任务，为新时代脱贫攻坚的伟大实践和推进共同富裕提供了根本遵循。党和政府立足新发展理念，对贫困治理机制和帮扶政策进行梳理创新，集中精锐力量投向脱贫攻坚主战场，执行脱贫攻坚一把手负责制，确保党的领导贯穿脱贫攻坚全过程和各环节，推进脱贫攻坚取得历史性重大成就。

共同富裕是人的发展和社会发展的统一。新时代中国共产党把贫困人口脱贫作为全面建成小康社会和实现全体人民共同富裕的底线任务。为了推进革命老区和深度贫困地区的脱贫攻坚战的进程，尽快解决绝对贫困问题，把脱贫攻坚重大决策部署落到实处，中共中央办公厅、国务院办公厅在脱贫攻坚关键时期先后印发了《关于加大脱贫攻坚力度支持革命老区开发建设的指导意见》（2015年12月23日）、《关于支持深度贫困地区脱贫攻坚的实施意见》（2017年9月25日）两个重要文件，这些指导意见强调了如期完成脱贫攻坚任务的重要性、紧迫性。以让广大人民群众过上好日子为目标导向，党和政府对革命老区、"三区三州"等深度贫困地区加大政策倾斜力度，明确从财政、金融、土地等方面要采取更集中的支持、更有效的措施大力扶持，促进人才、资金、技术向贫困地区流动，最大限度动员各方力量完成脱贫攻坚这一任务，增强革命老区、贫困地区贫困人口创新创业和自我发展的能力。

在脱贫攻坚的关键时刻，为了进一步推动各地贯彻落实中央关于脱贫攻坚战的精神和工作部署，如期完成脱贫攻坚的艰巨任务，2018年6月15日，中共中央、国务院印发《关于打赢脱贫攻坚战三年行动的指导意见》，强调："确保到二〇二〇年贫困地区和贫困群众同全国一道进入全面小康社会，为实施乡村振兴战略打好基础。"❶ 完成反贫困的艰巨任务，需要不断改革创新扶贫机制和扶贫方式，这个指导意见为打赢脱贫攻坚战提供了明确方向和根本遵循，形成的制度体系和工作机制为攻克贫困堡垒提供有力支撑。通过系统全面的部署安排与实践推进，党和政府逐步建立健全专项扶贫、行业扶贫、社会扶贫协同推进三位一体的大扶贫格局，营造全社会关心扶贫、关心落后地区经济社会发展的良好氛围。在打赢脱贫攻坚战进入白热化的关键时期，党和政府凭借强大的国家组织能力和全体人民的共同努力，统筹考虑需要与可能，实行"尽锐出战"，消除贫困的伟大社会工程才最终获得成功，同时推进实现共同富裕取得实质性进展。

党和政府十分关注农村和后发展地区现代化的跨越，强调巩固拓展脱贫攻坚成果，在经济发展中减少和消除贫困，促进全体人民共享新时代发展成果。2020年12月16日，中共中央、国务院印发的《关于实现巩固拓展脱贫攻坚成果同乡村振兴有效衔接的意见》，强调："广泛动员社会力量参与，形成巩固拓展脱贫攻坚成果、全面推进乡村振兴的强大合力。"❷ 新时代党和政府根据新形势新特点新任务，不断深化扶贫体制机制改革，这一文件为巩固拓展脱贫攻坚成果与乡村振兴有效衔接提供了实践遵循，激发贫困地区的内生活力。推行乡村振兴战略从根本上破解了反贫困道路上的理论与现实难题，使共同富裕迈入新的发展阶段，以进一步的发展来减少和消除相对贫困。在实施乡村振兴战略的过程中，巩固拓展脱贫攻坚成

---

❶ 中共中央党史和文献研究院：《十九大以来重要文献选编》（上），中央文献出版社2019年版，第479页。

❷ 中共中央党史和文献研究院：《十九大以来重要文献选编》（下），中央文献出版社2023年版，第17页。

果,努力实现二者的有效衔接是实现全体人民共同富裕和建设社会主义现代化强国最终目标的必然要求。

二是脱贫攻坚任务的完成。

新时代党和政府采取了许多具有原创性、独特性的反贫困重大举措,经过全党全社会的不懈努力,脱贫攻坚战取得了阶段性的重大胜利和巨大成就,在实现共同富裕的道路上迈出了坚实的一大步。据统计,中国贫困发生率从 2012 年末的 10.2% 下降到 2017 年末的 3.1%,其中有 17 个省份贫困发生率已下降到 3% 以下。❶ 以下以内蒙古自治区为例说明,2019 年,内蒙古自治区全年实现 14.1 万贫困人口脱贫,贫困人口由 2013 年的 157 万减少至 2019 年底的 1.6 万,贫困发生率由 11.7% 下降到 0.11%。❷ 据国家统计局全国农村贫困监测调查,按现行国家农村贫困标准测算,2019 年末,全国农村贫困人口 551 万人,比上年末减少 1109 万人,下降 66.8%;贫困发生率 0.6%,比上年下降 1.1 个百分点。❸ 中国共产党凝聚最广泛的人心和力量,聚力攻克深度贫困堡垒,坚持用发展的办法解决发展不平衡不充分的问题,逐步消除贫困,减少贫困人口,稳步推进共同富裕。

中国共产党始终将发展作为摆脱贫困的根本手段。中国特色社会主义进入新时代后,党和政府担当起推动共同富裕取得实质性进展之重任,遵循经济发展规律,开辟了中国特色减贫道路,反贫困事业取得了重大成果。到 2020 年,"脱贫攻坚任务胜利完成。经过八年持续努力,近 1 亿农村贫困人口实现脱贫,全国 832 个贫困县全部摘帽,960 多万贫困人口实现易地搬迁,历史性地解决了绝对贫困问题"❹。脱贫攻坚任务的完成确保了全面建成小康社会目标的实现,使中国逐步实现从消除绝对贫困到减少

---

❶ 周艳红:《改革开放以来中国农村扶贫历程与经验》,《当代中国史研究》,2018 年第 6 期,第 56 页。

❷ 张枨:《去年内蒙古脱贫 14.1 万人 剩余 20 个国贫旗县即将全部摘帽》,《人民日报》,2020 年 1 月 11 日,第 2 版。

❸ 陆娅楠:《全国农村贫困人口去年减少 1109 万人 贫困发生率降至 0.6%》,《人民日报》,2020 年 1 月 25 日,第 1 版。

❹ 李克强:《政府工作报告——2023 年 3 月 5 日在第十四届全国人民代表大会第一次会议上》,《人民日报》,2023 年 3 月 15 日,第 5 版。

相对贫困的过程转变和角色转换。党和政府通过大规模的脱贫攻坚行动引领亿万贫困人口脱贫，实现了"两不愁三保障"，解决了困扰中华民族几千年的绝对贫困的历史性难题，使贫困人口更好地共享社会发展成果。实践证明，改变造成贫困的自然和社会根源，逐步消除贫困，推进共同富裕，只能依靠国家有组织的、有计划、有步骤的反贫行动。

三是脱贫攻坚成果的巩固。

就业是民生之本，也是巩固拓展脱贫攻坚成果、提升可持续发展能力的基本措施。帮助贫困群众就地就业是推进共同富裕的长远之计。党和政府推出了一系列举措，建立起职业培训与脱贫人口就业相衔接的机制，大力促进低收入群体稳定就业，切断贫困代际传递，巩固拓展脱贫攻坚成果。据统计，截至 2023 年 7 月底，全国脱贫人口就业务工总规模达到 3274.32 万人，同比增加 34.79 万人，达到全年目标任务的 108.45%，为巩固拓展脱贫攻坚成果提供了有力支撑。❶ 就业是消除贫困最有效的办法。中国共产党举全党全社会之力推动脱贫攻坚，构建兼顾发展与共享的分配制度，在治理贫困的过程中提升贫困群众的综合发展能力，真正将实现充分就业作为反贫困的根本目标，解决了贫困群众基本民生需求，满足脱贫人口的就业需要和发展要求，这就畅通了社会阶层流动和致富通道，为推进共同富裕提供了重要保障。

"胜非其难也，持之者其难也"。党和政府采取措施巩固来之不易的反贫困的重大成果，消除返贫致贫的主要因素，巩固拓展脱贫攻坚成果，推进共同富裕取得了实质性进展。据统计，"脱贫地区群众和脱贫人口收入保持较快增长。2021 年，脱贫县农村居民人均可支配收入 14051 元、同比增长 11.6%，脱贫人口人均纯收入 12550 元、同比增长 16.9%，增速均高于全国农村居民人均可支配收入 10.5% 的均值。"❷ 新时代党和政府着眼于

---

❶ 庞革平、祝佳祺：《脱贫人口就业务工超 3200 万人》，《人民日报》，2023 年 8 月 21 日，第 3 版。

❷ 顾仲阳：《推动拓展脱贫攻坚成果同乡村振兴有效衔接高质量发展——访农业农村部副部长、国家乡村振兴局局长刘焕鑫》，《人民日报》，2023 年 7 月 4 日，第 10 版。

贫困群众共享扶贫资源和成果，只有采取措施增加贫困人口收入，才能避免规模返贫情况的发生，确保贫困群众在小康路上不掉队，逐步走出相对贫困，把中国共产党推进共同富裕的伟大事业推向新阶段。

消除贫困和实现共同富裕是中国人民的千年梦想和美好夙愿，也是各国所面临的共同性难题。新时代中国共产党锚定全面建成小康社会目标，始终坚持以人民为中心的发展思想，领导人民形成全社会协同推进的大扶贫开发格局，不断拓宽中国特色扶贫道路，以前所未有的力度打响脱贫攻坚战，取得减贫事业的历史性胜利，使人民生活迈向全面小康的时代，全体人民共同富裕取得较为明显的实质性进展。以习近平同志为核心的党中央创新马克思主义反贫困理论和共同富裕理论，是对西方传统治理贫困理论和思想的发展与超越。在中国特色社会主义共同富裕理论的指导下，党和政府发挥中国特色社会主义的政治优势和制度优势，使中国减贫事业取得了重大成果和历史性胜利，创造了世界反贫困的中国样本、中国方案，这是中国减贫史乃至人类发展史上的重大创举，为世界各国人民提供了新的减贫理论和现代化方案，推进全体人民在新时代的高质量发展中不断迈向中国特色社会主义共同富裕。

（二）全面建成小康社会

全面建成小康社会为社会主义共同富裕注入了更全面和更丰富的内涵，也是取得共同富裕实质性进展的重要保障和社会基础。党的十八大以来，一些地方农业农村尚处于传统向现代转型升级的阶段，经济文化较为落后，造成了群体性贫富差距和社会阶层固化，一段时间内消除贫困仍然是全面建成小康社会的底线任务和标志性指标。新时代"是决胜全面建成小康社会、进而全面建设社会主义现代化强国的时代"❶。以习近平同志为核心的党中央发展了马克思主义反贫困理论和实践，将消除贫困和全面建

---

❶ 中共中央党史和文献研究院：《十九大以来重要文献选编》（上），中央文献出版社2019年版，第8页。

成小康社会置于治国理政的重要位置，对共同富裕的认识提升到一个新的高度。党和政府领导人民打赢了脱贫攻坚战，全面建成小康社会，兑现了庄严而伟大的承诺，谱写了新时代人民美好生活的新篇章，开启实现全体人民共同富裕新征程，在中华民族发展史上具有重要里程碑意义，为实现第二个百年奋斗目标奠定了发展基础。

一是建成小康社会的最大短板。

实现共同富裕的前提条件是消除贫困。全面建设小康社会是党的十六大提出的在21世纪头20年要实现的阶段性发展目标。"全面建设小康社会"中"全面"要求经济社会发展要实现平衡性、协调性和整体性，这就要求必须着力解决农村发展的不平衡不充分问题，"小康"追求的是发展程度与质量，这就要求必须取得打赢脱贫攻坚战的胜利，消除农村绝对贫困和区域性整体贫困。农业农村发展的不平衡不充分是全面建成小康社会和推进现代化建设的最突出也是最大的短板。解决这一短板问题是全面建成小康社会的兜底任务和标志性指标。2012年12月，习近平在河北阜平考察扶贫开发工作时强调："全面建成小康社会，最艰巨最繁重的任务在农村特别是在贫困地区。没有农村的小康，特别是没有贫困地区的小康，就没有全面建成小康社会。"❶ 消除贫困成为全面建成小康社会目标推进的核心要义。农村的贫困问题不解决，就不会建成真正的小康社会。"全面建成小康社会的前提是全体人民脱贫，尤其是贫困地区的人民脱贫。"❷ 因此，要如期实现全面建成小康社会目标，党和政府必须消除城乡发展差距，完成反贫困的历史伟业，聚焦脱贫攻坚成果的巩固拓展，实施乡村振兴战略，解决全面建成小康社会的最大短板问题。全面建成小康社会是在中国共产党反贫困实践的推动下逐步提出的，消除贫困现象是全面建成小康社会和实现共同富裕的必然要求，是社会主义本质的核心要义。

---

❶ 中共中央党史和文献研究院：《习近平扶贫论述摘编》，中央文献出版社2018年版，第4页。

❷ 谢小飞、吴家华：《中国共产党追求共同富裕的百年历程与启示》，《西南民族大学学报》人文社会科学版，2021年第7期，第56页。

反贫困是世界各国人民生存与发展的共同难题,新时代中国经济社会发展中存在的突出矛盾和问题是依然存在大量的贫困人口,区域发展的不平衡、不协调、不充分窒碍了共同富裕的推进。消除贫困是全面建成小康社会的标志性工程和目标任务。新时代的一个重要标志,就是在不断丰富和发展着的马克思主义中国化共同富裕思想的指引下,逐步消除贫困和实现全体人民的共同富裕。消除贫困是全面建成小康社会的重要保障,因此新时代中国共产党只有推进马克思主义反贫困理论中国化,坚持以人民为中心的发展思想,研究并揭示实现共同富裕的基本规律,提出稳步推进小康社会建设的实践路径,带领人民坚持不懈地开展反贫困斗争,才能扎实推进全面建设小康社会和全体人民共同富裕。

二是小康社会的目标要求。

党的十八大是在中国进入全面建设小康社会和推进中华民族伟大复兴关键时期召开的一次承前启后、继往开来的重要的代表大会。根据我国经济社会发展实际,党和政府坚持用科学统筹的思维方法向着全面建成小康社会的目标稳步前进。党的十八大把握国际国内新形势发展变化的规律,在新世纪新阶段反贫困取得重大成就的基础上提出全面建成小康社会和推进共同富裕的新的要求:经济持续健康发展、人民民主不断扩大、文化软实力显著增强、人民生活水平全面提高、资源节约型和环境友好型社会建设取得重大进展。❶ 这些新的要求准确把握小康社会的科学内涵和时代意蕴,进一步完善了小康社会的顶层设计。到 2020 年,中国如期实现全面建成小康社会的宏伟目标,意味着中国共产党领导人民实现了第一个百年奋斗目标,中国特色社会主义共同富裕进程大大推进,意味着在经济、政治、文化、社会和生态文明建设等方面都取得了历史性的巨大成就,让现代化成果和改革红利惠及广大人民群众,在实现共同富裕的道路上迈出坚实的一大步。

---

❶ 中共中央文献研究室:《十八大以来重要文献选编》(上),中央文献出版社 2014 年版,第 13 - 14 页。

第四章　中国特色社会主义新时代中国共产党对共同富裕的进一步推进和伟大成就

踏进新时代的门槛，党的十八大将全面建设小康社会置于党治国理政的重要位置，并提出了全面建设小康社会的具体措施和重要举措，为实现这一目标提供了重要理论指导和实践遵循，从而加速了全面建设小康社会的进程。"共同富裕的实现是一个不断推进的动态发展过程。"❶ 小康社会的目标要求和社会主义共同富裕的本质要求相契合，建设小康社会为进一步实现共同富裕创造了新条件，对加快社会主义现代化建设、推进党的伟大事业行稳致远具有重大的现实意义。

党的十八大是在中国社会正在向小康社会迈进、推进全体人民共同富裕进入关键时期召开的一次具有里程碑意义的重要大会。站在执政兴国的战略高度，中国共产党在十八大报告中将"全面建设小康社会"改为"全面建成小康社会"，虽然只是一字之变，但是显示出以习近平同志为核心的党中央推进小康社会建设和共同富裕的"时不我待、只争朝夕"的勇气、胆略和坚定信心，意味着中华民族伟大复兴向前迈出了新的一大步。

共同富裕这一术语"是中国共产党政治话语体系中具有关键意义的概念"❷。只有明确这一概念的内涵，才能在党的领导下逐步消除贫困，推进共同富裕。新时代消除绝对贫困、全面建成小康社会的历史就是推进中国特色社会主义共同富裕的历史。共同富裕是中国共产党成立以来孜孜以求的价值目标。为了维护社会公平正义，推进全体人民共同富裕，中国共产党将全面建成小康社会放在事关推进社会主义现代化和中华民族伟大复兴全局的高度。党的十九大报告指出要如期"建成经济更加发展、民主更加健全、科教更加进步、文化更加繁荣、社会更加和谐、人民生活更加殷实的小康社会"❸。党把握发展阶段新变化提出的这"六个更加"让发展成果

---

❶ 周绍东、陈艺丹：《中国共产党推动共同富裕实践的百年道路与经验总结》，《齐鲁学刊》，2022年第3期，第61页。

❷ 黄晓娟：《中国共产党"共同富裕"概念的历史溯源与语义变迁——以党的历史文献为中心的文本考察》，《社会主义研究》，2023年第5期，第1页。

❸ 中共中央党史和文献研究院：《十九大以来重要文献选编》（上），中央文献出版社2019年版，第19页。

更多更公平惠及全体人民，一方面进一步丰富了全面建成小康社会的内涵，描绘了全面建成小康社会的美好愿景，擘画全面建成小康社会的发展战略和实施步骤；另一方面吹响了全面建成小康社会和推进中华民族伟大复兴的"冲锋号"，生动体现了致力于实现共同富裕的社会主义本质要求。只有着眼于推进全面建设社会主义现代化国家和共同富裕的根本要求来理解小康社会的"六个更加"的基本内涵和新的要求，才能在习近平新时代中国特色社会主义思想的引领下，促使人民在追求共同富裕道路上迈出坚定的步伐，为实现中华民族伟大复兴和美好生活而奋斗。

三是小康社会的全面建成。

中国特色社会主义进入新时代，中国共产党领导人民聚焦小康社会短板，在实践中探索创新贫困治理机制，开展中国特色的反贫困斗争，解决发展不平衡不充分的问题，以推进社会主义共同富裕。全面建成小康社会是实现共同富裕的必然要求，也是推进共同富裕的根本路径和必经阶段。到2020年，在党和人民的共同努力下，中国已经完全具备了全面建成小康社会的经济基础和社会基础。"我国经济实力、科技实力、综合国力和人民生活水平跃上新的大台阶，全面建成小康社会取得伟大历史性成就，中华民族伟大复兴向前迈出了新的一大步。"❶ 共同富裕以全面建成小康社会为基础，中国共产党通过目标接力的形式，赢得了全面建成小康社会的伟大胜利，迈进了走向全体人民的共同富裕的新阶段，这就充分展示了中国特色社会主义的制度优越性，为推进全体人民共同富裕打下了良好的社会基础和物质基础，向实现中国特色社会主义共同富裕迈出了坚实步伐。

共同富裕的实现是一个梯次推进的过程。全面建成小康社会是中国共产党在推进共同富裕的进程中适时提出的一个阶段性目标，也是向人民作出的庄严承诺。"共同富裕是更高水平的全面小康在现代化强国中的'升

---

❶ 《中华人民共和国国民经济和社会发展第十四个五年规划和2035年远景目标纲要》，《人民日报》，2021年3月13日，第1版。

级转换'和'接力赓续'"。❶ 共同富裕思想在全面建设小康社会中具有重要的理论和实践导向功能,党和政府充分发挥国家制度和国家治理体系的优越性,领导人民历史性地解决绝对贫困问题,取得了全面建成小康社会的历史性的重大成就。习近平在庆祝中国共产党成立100周年大会上庄严宣告:"经过全党全国各族人民持续奋斗,我们实现了第一个百年奋斗目标,在中华大地上全面建成了小康社会。"❷ 中国共产党领导人民决胜全面建成小康社会取得决定性成就,兑现了全面建成小康社会的历史性承诺。全面建成小康社会目标的实现开创了中国特色社会主义事业新局面,使党和国家能够在更高层级的平台上追求更高的发展目标,开启了全面建设社会主义现代化强国和推进中华民族伟大复兴的新征程,进一步体现高质量发展的要求与担当。全面建成小康社会为促进共同富裕创造了良好的社会条件和物质基础。

全面建成小康社会是新时代中国共产党继续推进共同富裕的战略部署。消除贫困和全面建成小康社会,完成了实现中国特色社会主义共同富裕的关键一步。促进人的自由而全面发展,全面建成小康社会,向共同富裕的美好社会迈进,是中国式现代化的重要内容,也是推进共同富裕和中华民族伟大复兴历史进程中重要的里程碑。完成全面建成小康社会的阶段性任务,推动经济社会发展,接续推进共同富裕翻开新的一页,为向第二个百年奋斗目标迈进奠定了坚实的基础。

(三) 深入推进区域协调发展

立足于新时代我国经济发展进入新常态的现实,2015年10月,中共十八届五中全会在坚持基本经济制度的基础上,为了不断推进高质量发展,提出:"破解发展难题,厚植发展优势,必须牢固树立创新、协调、

---

❶ 蒋永穆、豆小磊:《共同富裕思想:演进历程、现实意蕴及路径选择》,《新疆师范大学学报》哲学社会科学版,2021年第6期,第16页。

❷ 习近平:《在庆祝中国共产党成立100周年大会上的讲话》,《人民日报》,2021年7月2日,第2版。

绿色、开放、共享的发展理念。"❶ 新发展理念中，"协调"就是针对新时代推进共同富裕中的发展不充分不平衡问题而提出的促进东中西部协调发展的重要发展理念。"协调注重实现总体发展的均衡和协同带动。"❷ 2018年11月，为了进一步促进全社会和区域的协调发展，中共中央、国务院出台了《关于建立更加有效的区域协调发展新机制的意见》，该意见指出："实施区域协调发展战略是新时代国家重大战略之一，是贯彻新发展理念、建设现代化经济体系的重要组成部分。"❸ 这就进一步指出了推进共同富裕进程中区域协调发展的重要性、必要性。区域协调发展理念丰富和发展了共同富裕理论，这是对发展规律的深刻认识。党和政府提出的区域协调发展理念从最广大人民群众的根本利益出发，促进地区经济合理布局和快速发展，保证了全体人民共享改革发展成果。

一是推进西部大开发形成新格局。

西部大开发是从提升发展的质量和效益的前提出发，对我国经济发展布局进行的一次旨在扎实推进共同富裕的重大战略调整。新时代发展的不充分不平衡问题严重影响了经济高质量发展，为了逐步消除区域经济社会发展中出现的差距扩大问题，以习近平同志为核心的党中央提出了新发展理念，这一理念"核心在于使人民能够共同享受经济、政治、文化、社会、生态等实实在在的发展成果"❹。2019年5月，为了进一步贯彻新发展理念，协调不同利益关系，推进西部大开发，更好满足人民对美好生活的诉求，凝聚共同富裕共识，中共中央、国务院出台并开始实施新时代促进区域协调发展的《关于新时代推进西部大开发形成新格局的指导意见》，党和政府紧扣社会主要矛盾的新变化，把握战略机遇期，加强西部大开发

---

❶ 中共中央文献研究室：《十八大以来重要文献选编》（中），中央文献出版社2016年版，第792页。

❷ 周绍东、陈艺丹：《中国共产党推动共同富裕实践的百年道路与经验总结》，《齐鲁学刊》，2022年第3期，第61页。

❸ 中共中央党史和文献研究院：《十九大以来重要文献选编》（上），中央文献出版社2019年版，第690页。

❹ 张占斌：《中国式现代化的共同富裕内涵、理论与路径》，《当代世界与社会主义》，2021年第6期，第57页。

战略谋划和顶层设计，进一步完善区域协调发展的体制机制和相关政策体系，激发了贫困群体内生动力，提升相对贫困治理水平和治理能力。该指导意见依照协调发展理念的整体性和关联性，利用市场机制对西部大开发进行系统设计，擘画了西部地区发展的时间表和路线图，促进区域协调发展，凸显了西部大开发新格局对推进共同富裕的重大意义。

2020年10月，党的十九届五中全会通过了《中共中央关于制定国民经济和社会发展第十四个五年规划和二〇三五年远景目标的建议》，强调："推动西部大开发形成新格局，推动东北振兴取得新突破，促进中部地区加快崛起，鼓励东部地区加快推进现代化。"❶ 对于如何正确解决地区发展差距问题，党在制定"十四五"规划的过程中统筹兼顾，通过调节区域利益关系，将经济、人口与资源合理结合，对推动区域协调发展作出了明确的部署安排，进一步推动我国经济社会发展新的整体格局的形成和完善，从而有效破解发展不平衡不充分的难题，满足人民群众不断增长的各方面需求。

中国特色社会主义进入新时代，协调发展越来越成为共同富裕的价值意涵。只有推动区域协调发展，才能进一步促进各种资源的合理配置和流动，逐步消除地区发展差异，推进阶段性共同富裕目标的实现。2021年5月，中共中央、国务院出台了《关于支持浙江高质量发展建设共同富裕示范区的意见》，指出："健全城乡一体、区域协调发展体制机制，加快基本公共服务均等化，率先探索实现城乡区域协调发展的路径。"❷ 新时代西部大开发新格局是实现共同富裕的新的战略途径，它的形成进一步改善了西部地区特别是农村贫困地区人民群众的生活水平，缩小了地区差距、城乡差距，帮助贫困地区和贫困人口实现可持续的发展，解决了共同富裕实现的平衡杠杆问题，进一步改变西部贫穷落后的面貌，消除了社会主义市场经济体制下的民族矛盾、区域矛盾，助力于全面建成小康社会和实现经济

---

❶ 中共中央党史和文献研究院：《十九大以来重要文献选编》（中），中央文献出版社2021年版，第803页。

❷ 中共中央党史和文献研究院：《十九大以来重要文献选编》（下），中央文献出版社2023年版，第307页。

与社会的协调发展。

二是进一步推进城乡协调发展。

党的十八大以来,实现社会主义共同富裕最艰巨、最繁重的任务是"三农"工作,只有消除农村贫困现象,做好"三农"工作,将整体发展利益与农村局部发展利益、长远发展利益与当前发展利益统一起来,将协调发展理念贯穿经济社会发展全过程和各领域,才能加强城乡区域统筹发展,充分展现中国特色社会主义制度独有的优越性,让农民走上共同富裕的道路。

迈入中国特色社会主义新时代,协调发展是党和政府推动经济社会健康快速发展的重要理念和根本路径。鉴于推进共同富裕的薄弱环节依然在经济文化落后的农村地区的实际,在协调发展的过程中,党和政府根据优势互补、共同发展的原则,采取一系列推进农民农村共同富裕的政策措施,建立提高发展的平衡性、协调性的体制机制,实现城乡之间、地区之间协同发展和优势互补,逐步缩小城乡收入差距,进一步实现了城乡一体化、公共服务均等化,形成新型工农城乡关系。党的十九大以来,党中央全面推进乡村振兴战略和区域协调发展战略的实施,实现了城乡共同发展,逐步推进"三农"工作,农业现代化深入推进,农村环境明显改善,社会主义新农村建设成效显著,农民素质不断提升,生活水平明显提高,从而实现了物质富裕和精神富裕相互促进的目标。

不协调是区域发展长期难以解决的问题,窒碍了中国式现代化的进程。"区域发展不平衡不充分在很大程度上制约了共同富裕的实现。"❶ 因此,推进全体人民共同富裕必须从根本上解决区域和城乡发展不平衡不充分的难题,补齐我国发展中的农村弱势地区短板问题。中国特色社会主义进入新时代,以习近平同志为核心的党中央充分发挥总揽全局、统筹兼顾的领导核心作用,推行区域协调发展的战略,形成新的经济发展布局,统

---

❶ 文丰安:《以中国式现代化扎实推进共同富裕的辩证关系与创新路径研究》,《西南大学学报》(社会科学版),2023年第1期,第19页。

筹城乡融合发展，撬动农村地区发展潜力，有效增强农民自我发展的能力，促进农村地区经济、社会的协调发展和全面进步。

三是区域协调发展的成就。

新时代党和政府把握发展阶段新变化，采取措施推进区域协调发展，促进西部地区与东部地区、中部地区经济发展与人口、资源、环境相协调，提升发展的质量和效益。新时代"各地区各部门围绕促进区域协调发展与正确处理政府和市场关系，在建立健全区域合作机制、区域互助机制、区际利益补偿机制等方面进行积极探索并取得一定成效"❶。协调发展体制机制的建立健全加快中西部地区的开发，推动了西部地区高质量发展，实现了基本的社会公平，彰显了中国共产党领导人民推进区域协调发展的伟大成就。"西部地区经济社会发展取得重大历史性成就，为决胜全面建成小康社会奠定了比较坚实的基础，也扩展了国家发展的战略回旋空间。"❷ 高质量发展是新时代中国社会各领域的全面协调可持续发展，逐步缩小地区发展差距，为实现全体人民共同富裕提供了前提条件，作了充分的准备。

2023年3月5日，李克强总理在政府工作报告中指出：五年来，在以习近平同志为核心的党中央的领导下，党和政府坚持以人民为中心的发展宗旨，推行以实现共同富裕为目的的区域协调发展战略，取得了明显成效。"增强区域发展平衡性协调性。统筹推进西部大开发、东北全面振兴、中部地区崛起、东部率先发展，中西部地区经济增速总体高于东部地区。加大对革命老区、民族地区、边疆地区的支持力度，中央财政对相关地区转移支付资金比五年前增长66.8%。"❸ 区域协调发展战略的实施着力于解决发展不平衡不充分的问题，以一种客观辩证的发展思路创造了中国式现代化新道路，大力消除发展差距，保持经济持续快速健康协调发展，满足

---

❶ 中共中央党史和文献研究院：《十九大以来重要文献选编》（上），中央文献出版社2019年版，第690页。

❷ 中共中央党史和文献研究院：《十九大以来重要文献选编》（中），中央文献出版社2021年版，第38页。

❸ 李克强：《政府工作报告——2023年3月5日在第十四届全国人民代表大会第一次会议上》，《人民日报》，2023年3月15日，第5版。

了人民对美好生活的热切渴望，增强了中华民族的凝聚力和向心力，推进了实现共同富裕的进程。

区域协调发展是根据中国式现代化建设的实际进程，进一步贯彻落实"两个大局"的战略思想和实现共同富裕的途径选择，体现了中国特色社会主义的发展方式、发展道路、发展战略，打破了区域和城乡壁垒，进一步推动生产要素合理流动目标的实现，调整了生产关系，推动了社会的全面进步和经济协调发展格局的形成。随着生产力水平的提高和实践发展，区域协调发展战略坚持区域与城乡协调发展相统一，体现了"以人民为中心"的核心理念，逐步缩减了城乡之间的贫富差距和不同区域的发展差异，实现不同区域的社会进步和协调发展。因此，协调发展在共同富裕过程中越来越发挥着平衡与稳定的作用。

（四）共享发展成果

中国特色社会主义进入新时代，中国共产党推动理论创新与实践创新的良性互动，丰富和发展了马克思主义的共同富裕思想，制定符合实际的阶段性目标和政策，深化收入分配制度改革，努力解决区域发展不平衡不充分的问题，在高质量发展中不断推进更高水平的共同富裕，使全体人民在发展中享有更多获得感和幸福感，全面建成小康社会，在高质量发展中持续增进民生福祉，使全体人民共享发展成果、改革红利和美好生活。

一是提出共享发展理念。推进社会主义共同富裕、人民共享发展成果是中国共产党的价值目标和初心使命。2015年10月，中共十八届五中全会提出"创新、协调、绿色、开放、共享"的新发展理念，共享发展成为新发展理念的"五大理念"之一。从本质特征和发展方向看，"共享是中国特色社会主义的本质要求。必须坚持发展为了人民、发展依靠人民、发展成果由人民共享"❶。新发展理念是关系经济社会发展全局和推进共同富

---

❶ 中共中央文献研究室：《十八大以来重要文献选编》（中），中央文献出版社2016年版，第793页。

裕的一场革命性的理念变革。人民是中国式现代化建设的推动者和主体，理所应当成为发展成果的受益人。共享发展理念指导党领导人民解决发展的不平衡不充分问题、追求共同富裕的伟大实践。

共享发展是实现共同富裕的关键，是中国共产党对改革开放以来社会主义发展观的创新和升华。2016年1月，习近平总书记在省部级主要领导干部学习贯彻党的十八届五中全会精神专题研讨班上指出："共享理念实质就是坚持以人民为中心的发展思想，体现的是逐步实现共同富裕的要求。"❶ 在推进共同富裕的过程中，只有既提升市场效益又兼顾分配正义，调节收入差距，增强社会成员的获得感、幸福感、安全感，才能最大限度地调动一切社会成员的积极性，夯实共同富裕的主体根基。满足最广大人民的各种利益需求和推进共同富裕是中国共产党谋求发展的价值旨归和最终目的，共享发展理念开拓了马克思主义共同富裕理论的新境界，实现了马克思主义共同富裕思想理论中国化时代化的新的飞跃。

二是推进共享发展。改革开放以来，从发展成果惠及面上，一段时间内不同社会成员之间共享改革发展成果的机会是不均等、不平衡的。新时代中国共产党领导人民发挥社会主义制度在推进共同富裕上的天然制度优势，在高质量发展中全面提升社会成员的发展能力，建成小康社会，满足人民群众不断增长的美好生活需要，推进共同富裕取得的成绩举世瞩目。人民共享发展成果是实现共同富裕的必然要求和社会基础，因此党和政府必须采取政策举措在高质量发展中加快建立保证人民共享发展成果、促进社会公平正义的长效机制和体制。

中国共产党在推进共同富裕的过程中，不断进行实践经验探索与理论拓展升华，让所有社会成员共享美好生活的理想不断变为现实，维护社会公平正义，在促进共享发展中推进中国特色社会主义共同富裕。2012年11月，党的十八大报告指出："实现发展成果由人民共享，必须深化收入分

---

❶ 中共中央党史和文献研究院：《十八大以来重要文献选编》（下），中央文献出版社2018年版，第169页。

配制度改革，努力实现居民收入增长和经济发展同步、劳动报酬增长和劳动生产率提高同步。"❶ 因此在保持经济社会快速发展的同时，深化收入分配制度改革，打赢脱贫攻坚战，逐步解决贫富差距拉大的问题，全面建成小康社会，使全体人民共享发展成果，就成为中国共产党新时代治国理政的头等大事。坚持社会主义基本经济制度，坚持马克思主义反贫困理论的基本原理，深化收入分配制度改革，就能创造有利于社会成员个体发展和实现自我价值的条件，促进人民群众的整体收入水平不断提高，保障全民共享发展成果。

只有注重分配制度的正义性和全民共享性，把提高效率同促进社会公平相统一，才能在更大程度上实现人民群众的共同发展，推进共同富裕。2017年10月，党的十九大报告指出："保证全体人民在共建共享发展中有更多获得感，不断促进人的全面发展、全体人民共同富裕。"❷ 共享发展是中国共产党在推动收入分配体制机制改革和创新中形成的中国特色社会主义分配制度的集中体现。只有创新和发展马克思主义分配理论，在共享发展中不断调整、完善分配制度，在不断做大蛋糕的同时分好蛋糕，才能体现社会主义分配制度的公平正义，才能历史性地解决绝对贫困问题，使人民共享发展成果。

共享发展的新理念保证了全体人民对共同富裕目标追求的正确方向，推行这一理念是中国特色社会主义共同富裕在新时代的集中表现和诉求。2022年10月，党的二十大报告强调："坚持以人民为中心的发展思想。维护人民根本利益，增进民生福祉，不断实现发展为了人民、发展依靠人民、发展成果由人民共享，让现代化建设成果更多更公平惠及全体人民。"❸ 在社会主义市场经济体制条件下，党和政府只有坚持人民至上，着

---

❶ 中共中央文献研究室：《十八大以来重要文献选编》（上），中央文献出版社2014年版，第28页。

❷ 中共中央党史和文献研究院：《十九大以来重要文献选编》（上），中央文献出版社2019年版，第17页。

❸ 习近平：《高举中国特色社会主义伟大旗帜，为全面建设社会主义现代化国家而团结奋斗——在中国共产党第二十次全国代表大会上的报告》，《人民日报》，2022年10月26日，第1版。

力效率和公平辩证统一，以共享发展充分调动人民的积极性、创造性，采取政策举措妥善处理社会各种利益群体的分配关系，平衡地区差异，不断缩小收入差距，努力形成橄榄型的收入分配格局，实现发展成果由全体人民共享，才能"走出一条兼顾公平与效率、经济增长与收入分配的高质量发展道路"，❶ 才能推动社会和谐稳定，向社会主义共同富裕的方向稳步前进。

中国特色社会主义进入新时代，党和政府让发展成果更多更公平惠及全体人民，构建兼顾发展与共享的分配制度，使全体人民在共建共享中获得改革红利，推进了社会主义共同富裕，这生动体现了社会主义的本质要求和党把为人民谋幸福放在首位的初心。共享发展是消除贫困和推进共同富裕的手段和重要保证。在共享发展理念下，中国共产党坚持以人民为中心，在促进效率提高的前提下体现社会公平，推进全体人民共同富裕，充分彰显了中国特色社会主义制度下发展为了人民、发展依靠人民、发展成果由人民共享的制度优势和执政理念。

三是共享发展成果。新时代共享发展体现了"发展为了人民"的价值取向，在习近平新时代中国特色社会主义思想的指引下，党和政府从现实任务与奋斗目标的辩证统一中，加强以改善民生为重点的社会建设，全体人民共享改革发展成果。"2019年，我国基本养老保险覆盖人数超过9.6亿人，基本医疗保险覆盖人数超过13.5亿人，失业、工伤、生育保险的参保人数均超过2亿人；年末全国共有861万人享受城市最低生活保障，3456万人享受农村最低生活保障，439万人享受农村特困人员救助供养。"❷ 针对社会主义市场经济体制容易引发的不同步、不协调的问题，党和政府始终把人民利益摆在至高无上的地位，认真贯彻落实共享发展理念，完善与发展共同富裕的制度体系，促进全国各地区同步、协调、共享

---

❶ 裴广一、葛晨：《中国共产党对实现共同富裕的百年探索与实践启示》，《学术研究》，2021年第12期，第17页。

❷ 郑功成：《中国何以建成世界最大社会保障体系》（学苑论衡），《人民日报》，2020年11月2日，第9版。

发展，缩小城乡区域发展差距。人与人之间的社会差别逐渐消失，发展成果和改革红利更多更公平惠及全体人民，不断促进人的全面发展，从而夯实了共同富裕的物质基础和社会基础。

党和政府着眼于新时代中国发展实际情况，坚定共同富裕的根本目标不动摇，突出切实维护和实现社会公平的重要意义。"抓住人民最关心最直接最现实的利益问题，不断保障和改善民生，促进社会公平正义，在更高水平上实现幼有所育、学有所教、劳有所得、病有所医、老有所养、住有所居、弱有所扶。同时，持续提升百姓幸福感、社会融入度、工作满意度等，从多维度不断提高人民生活品质，不断促进人的全面发展，朝着实现全体人民共同富裕不断迈进。"❶ 共享发展的核心要义就是坚持以人民为中心的发展和推进共同富裕，因此共享发展在社会主义初级阶段是一个从不均衡到均衡的过程，共享发展不能是平均富裕、同等富裕。"共同富裕是效率与公平的有机统一。"❷ 只有在共享发展理念为引领、兼顾效率和公平的前提下，深化收入分配制度改革，在发展中保障和改善民生，才能确保全面建成小康社会的目标通过全体社会成员的共同努力来实现，推动共同富裕实践取得新成就。

共享发展是新时代实现中国特色社会主义共同富裕的重要推手，体现了社会主义现代化建设和高质量发展的本质要求。例如，在浙江省安吉县灵峰街道横山坞村，党和政府领导群众逐步走上致富道路。基层干部树立了全心全意为人民服务的意识和群众路线观点，凝群众之心，合群众之力，带领群众以更大的热情投身于建成小康社会的决战中，把共享发展落在各个方面，朝着共同富裕方向稳步前进。"村民共享发展红利，民宿集群采取'专业公司+街道+合作社+农户'的发展模式。"共享发展充分调动横山坞村劳动者的积极性、主动性。"在横山坞村，田头有活干、村里有班上、家门口有钱赚。2022 年，全村接待游客 70 万人次，旅游业收入达

---

❶ 崔友平：《在高质量发展中促进共同富裕》，《人民日报》，2023 年 8 月 4 日，第 9 版。
❷ 王婷、苏兆霖：《中国特色社会主义共同富裕理论：演进脉络与发展创新》，《政治经济学评论》，2021 年第 6 期，第 34 页。

1.08 亿元，村集体经济经营性收入 752 万元，农民人均纯收入 55045 元。"[1] 横山坞村在全体村民一道迈入全面小康社会的基础上，共建共享改革带来的成果，通过贯彻新发展理念，构建公正合理的分配体系，村民共享到更高质量、更多改革红利，发展成果更加公平地惠及全体村民。人民共享发展成果是实现横山坞村共同富裕的基本途径和根本保证。

共享发展是对社会主义本质的认识和理论的进一步深化。贯彻共享发展理念，才能充分发挥社会主义基本经济制度既有利于提供充满活力的体制制度保证、激发各类市场主体活力、积极促进全体人民共同富裕，又有利于在深化收入分配制度改革中促进效率和公平的有机统一、不断促进高质量发展的作用。共享发展的内涵与共同富裕具有高度契合性、一致性。中国特色社会主义进入新时代，满足全体人民对美好生活的向往，实现全体人民的共同富裕，一方面要通过全国人民共同奋斗，聚合为一种强大的推动力，解决各领域与各地区共享发展过程中出现的各种短板问题，把"蛋糕"做大做好，创造更多的物质财富和社会产品，筑牢共同富裕的经济基础，另一方面要采取切实有效的策略举措处理好效率和公平的关系问题，把"蛋糕"切好分好，持续推动共同富裕再上新台阶，让全体人民共享改革红利和发展成果。

本章小结

自共同富裕这一蕴含马克思主义理论情怀的破解人类贫困难题的伟大构想提出后，便成为中国共产党人为之不懈奋斗的思想动力和行动指南。党的十八大以来，中国特色社会主义进入了新时代，中国共产党将脱贫攻坚摆在治国理政的突出位置，对中国特色社会主义共同富裕的认识在实践

---

[1] 窦瀚洋、罗珊珊：《浙江省安吉县灵峰街道横山坞村——"美丽经济"带富乡亲》（千万工程一线探访），《人民日报》，2023 年 6 月 9 日，第 2 版。

中进一步深化和发展，不断进行共同富裕的理论创新、制度创新和实践创新，推动理论创新与实践创新的良性互动。共同富裕是中国共产党人初心使命的价值体现。新时代，以习近平同志为核心的党中央充分践行了人民共享发展成果的理念，彰显了中国特色社会主义制度下发展为了人民、发展依靠人民、发展成果由人民共享的制度优势和执政理念。习近平新时代中国特色社会主义思想的共同富裕相关理论是新时代马克思主义共同富裕理论创新和实践创新的最新成果，是内涵丰富的科学的思想理论体系，科学地总结概括了中国共产党领导和推进共同富裕的规律性特征，升华了马克思主义共同富裕思想，为共同富裕制定了更加清晰的路线图和时间表，为反贫困事业和推进共同富裕提供了建构性方案。在习近平新时代中国特色社会主义思想的指引下，党和政府把逐步实现全体人民共同富裕摆在了更加突出的重要位置上，把推进共同富裕作为经济社会发展的重要任务，把实现共同富裕从未来期盼一步步发展为直接的现实目标和行动方案。通过实施精准扶贫、贯彻新发展理念、推进农业农村现代化、推动城乡一体化发展、深化收入分配制度改革、实施乡村振兴战略等举措，党领导人民走好新时代中国特色社会主义共同富裕道路，在开展脱贫攻坚、全面建成小康社会、扎实推进共同富裕方面取得了明显的成效。

共同富裕是中国共产党的奋斗目标，也是社会主义的本质要求之一，以习近平同志为核心的党中央不断从理论与实践角度思考共同富裕问题，采取一系列推进共同富裕的政策措施，不断促进人的全面发展，凝聚起人民的智慧和力量，开辟了共同富裕实践的新途径、新天地，全面建成小康社会，如期完成脱贫攻坚的艰巨任务，谱写了人类减贫史上的壮丽篇章，全体人民共同富裕取得了更为明显的实质性进展，在共同富裕的道路上迈出坚实步伐。

第五章

中国共产党探索和推进共同富裕的历史经验和现实启示

新中国成立以来，中国共产党坚持以人民为中心的发展思想，将共同富裕提到社会主义本质的高度，发展创新了马克思主义共同富裕思想，将反贫困的理论与伟大实践推向深入，推动经济发展和民生改善相得益彰，不断推进全体人民共同富裕，历史性地解决了绝对贫困问题，实现了全面建成小康社会的阶段性奋斗目标。实现共同富裕是一个在动态中向前发展的过程。中国共产党探索和推进共同富裕的过程中，取得了坚持中国共产党的全面领导、坚持以人民为中心的发展思想、坚持以改革创新为动力、坚持紧紧扭住社会主要矛盾、坚持以经济建设为中心等成功经验，也提供了深刻的现实启示，主要有注重维护社会公平、坚持统筹协调发展、做好"三农"工作、坚持人民主体地位、坚持实事求是、坚持循序渐进等方面。推进共同富裕取得的这些历史经验和现实启示成为推进中国式现代化建设和实现中华民族伟大复兴的有益借鉴，也为国际社会学习、借鉴反贫困经验提供了路径选择和科学依据。

一、探索和推进共同富裕的历史经验

新中国成立以来，中国共产党在马克思主义共同富裕思想的基础上，结合中国经济社会发展的现实状况，逐步丰富和发展了马克思主义反贫困理论中国化的最新成果，形成了中国特色社会主义共同富裕思想和理论，推进了中国特色社会主义共同富裕的伟大实践，致力于将人民对美好生活的向往变成现实。"共同富裕是社会主义制度优越性的本质体现。"[1] 在探索和推进共同富裕的过程中，中国共产党一方面使共同富裕在理论上实现了内涵的升华，彰显了中国特色社会主义理论体系的价值意蕴，另一方面坚持创新中国化的贫困治理方式，在实践中实现了解决收入分配和不平等问题的具体政策措施的突破，使发展成果更多更公平惠及全体人民，进一步推进全体人民共同富裕，彰显出社会主义的本质要求。以马克思主义唯物

---

[1] 韩喜平、王思然：《中国式现代化与共同富裕》，《思想理论教育导刊》，2023年第4期，第24页。

史观为指导，中国共产党探索和推进共同富裕取得的历史经验，为马克思主义共同富裕思想的发展注入新的创新活力和内在动力，进一步丰富了具有中国特色的减贫实践和理论，彰显出中国共产党贫困治理的能力与智慧，对于中国共产党领导人民实现共同富裕的价值目标有着重大的指导意义。

（一）坚持中国共产党的全面领导

新中国成立以来，中国共产党在探索和推进共同富裕的过程中，把马克思主义反贫困理论与中国实际相结合，制定了实现共同富裕的奋斗目标和具体步骤，发挥中国特色社会主义政治制度的优势，创造了人类反贫困历史上的奇迹。实践证明，坚持中国共产党的全面正确的领导，是推进共同富裕和减贫事业取得阶段性胜利和重大成就的一个重要原因。

一是坚持党的领导。在推进实现共同富裕的过程中，只有坚持中国共产党的正确领导，创新发展马克思主义依靠发展社会生产力解决贫困治理和推进共同富裕问题的理论，才能不断推进反贫困事业向纵深发展，带领全国人民逐步探索出一条中国式共同富裕之路，稳步而坚实地实现共同富裕的目标。"中国共产党的先进性本质与强大的执政能力是实现中国特色社会主义共同富裕目标的根本保障。"❶ 党的全面领导为贫困治理和推进共同富裕提供了根本的政治前提和组织保障，巩固了共同富裕的核心力量，保障共同富裕目标更好地实现。

人民是中国共产党治国理政的坚实根基和最大底气。"中国特色社会主义最本质的特征是中国共产党领导。"❷ 坚持党的领导，发挥人民群众的主体力量和首创精神是贫困治理和全面建成小康社会取得伟大胜利的法宝。实现全体人民共同富裕是建设中国特色社会主义的具有鲜明人民立场的终极目标。新中国成立以来，中国共产党对社会主义本质的认识逐步深化，共同富裕作为社会主义的本质要求与价值目标，必然要求坚信马克思

---

❶ 袁超越、朱耘婵：《共同富裕的政治经济学阐释》，《湖北大学学报》（哲学社会科学版），2023 年第 3 期，第 7 页。

❷ 《习近平谈治国理政》（第三卷），外文出版社 2020 年版，第 16 页。

主义共同富裕思想的指导，高扬中国特色社会主义伟大旗帜，不断推动社会公平正义，自然而然地也要坚持中国共产党的领导，发挥好党的领导核心作用。因此，实现共同富裕是中国共产党的庄严使命。"党的领导能够为扎实推进共同富裕构建系统完备、科学规范、运行有效的制度体系。"❶ 只有坚持党的领导，发挥党的领导的显著优势，才能实现全面建成小康社会的百年目标，才能一以贯之地将共同富裕作为中国特色社会主义始终坚持的目标任务，在发展生产力的过程中分阶段推进共同富裕。

面对实现全体人民共同富裕的艰巨任务，新中国成立以来，中国共产党适应国内外形势发展，把马克思主义反贫困理论同中国实际相结合，领导人民打赢了脱贫攻坚战，在实现共同富裕的道路上迈出了坚实的一大步，实现全体人民共同富裕的社会理想也逐渐变为现实。"共同富裕的求索之路和新时代中国特色社会主义建设之路二者是一致的。"❷ 正是在中国共产党的领导下，改革开放以来中国才能创造中国特色社会主义发展史上举世瞩目的发展奇迹，推进共同富裕的伟大事业才能始终保持社会主义正确的方向。中国共产党领导人民始终聚焦生产力和生产关系的调适，创立和发展了新时代中国特色社会主义政治经济学，确保共同富裕政策制定与执行的稳定性与连续性，走出了一条独具中国特色的共同富裕之路。

二是发挥基层党组织作用。基层党组织是党发动和组织群众反贫困和实现对美好生活向往的桥梁与纽带，必须"全面推进各领域党的基层组织建设，实现党组织和党的工作全社会覆盖"❸。在推进农村农民共同富裕的过程中，各地必须把基层党组织建设成为推进农业农村现代化和反贫困的战斗堡垒。一段时期以来，农村党组织软弱涣散，没有战斗力，习近平指出："整顿软弱涣散农村基层党组织，解决弱化、虚化、边缘

---

❶ 江剑平：《中国式现代化下的共同富裕：理论内涵与实践路径》，《当代经济管理》，2024年第1期，第4页。

❷ 付文军：《中国特色社会主义共同富裕论纲》，《社会科学辑刊》，2021年第6期，第166页。

❸ 刘景泉、张健、伍绍勤：《中国共产党领导社会建设的实践和基本经验》，《南开学报》（哲学社会科学版），2011年第2期，第10页。

化问题。"❶ 只有加强基层党组织建设，整顿软弱涣散的农村基层党组织使其重新焕发新的活力，增强基层党组织战斗力，才能为农村扶贫和推进共同富裕提供牢固的政治基础和坚强的组织保障。在推进共同富裕和反贫困的过程中，为了凝聚人民的智慧和力量，党中央大力加强基层党组织建设，发挥基层党支部在脱贫攻坚中的战斗堡垒作用，加快构建和提升基层党组织乡村治理体系和能力的现代化。2015年，为了朝着共同富裕目标齐头并进，党中央创新加强党组织建设，逐步建立健全了五级书记严密抓扶贫的组织体系，推行强有力的责任落实机制，有效推动党组织与贫困治理体系有机融合。各级主要领导层层压实责任和落实政策，签订《脱贫攻坚责任书》，贯彻落实党的消除贫困工作的重大部署，压实了脱贫攻坚的责任主体，发挥中国共产党在反贫困工作中的领导作用，形成推进共同富裕的中坚力量。

党中央统筹制定脱贫攻坚大政方针，大力强化贫困村和软弱涣散村基层党建工作。扶贫关键在基层党组织，在责任落实到人。"农村基层党组织是将党的决策部署贯彻到位的战斗堡垒。"❷ 在消除贫困的过程中，各地在党的领导下建立驻村工作队制度，驻村第一书记帮助基层党组织提高精准帮扶的本领，通过提高农村基层党组织工作能力，发挥基层党组织对集体经济组织的领导核心作用，团结带领群众贯彻落实党中央脱贫攻坚的具体政策举措。党中央有关部门每年审核各级各部脱贫成果，构建了层层抓落实的减贫机制，定期约谈相关责任人，落实领导责任制，层层把关。在全面加强党的领导与建设的时代背景下，党中央号召各级党组织和全体党员投入反贫困和推进共同富裕的伟大事业中来，发挥广大党员的先锋模范作用和党的组织领导优势。

（二）坚持以人民为中心的发展思想

在改革开放时代场域与历史场域之下，中国共产党探索和推进共同富

---

❶ 中共中央党史和文献研究院：《习近平关于"三农"工作论述摘编》，中央文献出版社2019年版，第189页。

❷ 李重、毛丽霞：《中国共产党领导乡村发展的百年探索和基本经验》，《西安交通大学学报》（社会科学版），2021年第4期，第55页。

裕取得重大成就，实现了消除绝对贫困的战略目标，其中最根本的原因就是中国共产党始终维护社会公平正义，坚持人民价值目标导向。始终坚持以人民为中心，是广泛动员社会力量，探索和推进共同富裕实现阶段性目标的一条基本经验。以人民为中心的发展思想"体现了马克思主义理论在中国特色社会主义建设具体实践中的蓬勃生命力"❶。新中国成立以来尤其是改革开放以来中国共产党代表人民的根本利益，不断作出更有效的制度安排，逐步解决收入分配差距过大问题，切实满足人民对美好生活的新期待，使全体人民朝着共同富裕方向阔步前进。

改革开放初期，以邓小平同志为核心的党的第二代中央领导集体坚持党的性质和宗旨，站在人民的根本利益的立场上，提出共同富裕是社会主义的一条根本原则。"社会主义不是少数人富起来、大多数人穷，不是那个样子。社会主义最大的优越性就是共同富裕。"❷ 围绕全体人民共同富裕的奋斗目标，以邓小平同志为代表的中国共产党人重新审视"先富"与"共富"的关系，有效地打破了平均主义的分配模式，丰富和发展了马克思主义共同富裕的内涵。"治国之道，富民为始"。为了巩固党的执政基础，实现广大人民根本利益，邓小平在不同场合发表讲话旗帜鲜明地反对社会两极分化，强调"先富"带动"后富"，逐步让人民有更加美好的生活。在邓小平共同富裕思想的指导下，改革开放初期，党领导人民开启了走向共同富裕的道路，极大地解放和发展了社会生产力，极大地促进了改革开放初期经济发展和社会进步，在走向共同富裕的道路上迈出坚实的一步。

党的十三届四中全会以来，以江泽民同志为核心的党的第三代中央领导集体，坚持全心全意为人民服务的根本宗旨，维护人民的根本利益，进一步深化邓小平的共同富裕思想和科学认识，开始建立社会主义市场经济体制，发展非公有制经济与发展公有制经济同时并举、相互促进，把发展生产力、奠定坚实的物质基础作为实现全体人民共同富裕的基本前提。

---

❶ 岑朝阳、刘颖、阳盛益：《中国共产党接续推进实现共同富裕纵论》，《中学政治教学参考》，2022年2月，第81页。

❷ 《邓小平文选》（第三卷），人民出版社1993年版，第364页。

江泽民指出："贫富差距不断扩大不仅是个经济问题，也是个政治问题。"❶ 20世纪90年代以来，中国共产党进一步发展和创新了中国特色社会主义经济理论，加深了对共同富裕规律的深化认识和科学把握，把共同富裕的认识和理解同坚持党的性质宗旨的根本政治立场紧密融合，高度重视调节广大人民的收益分配，发展和创新了马克思主义收入分配理论，开始改革收入分配制度，不断探索保障公平正义的体制机制，遵循社会主义经济发展规律，坚持不懈地推进反贫困事业和共同富裕。"实现共同富裕，是中国共产党人全心全意为人民服务根本宗旨的重要体现。"❷ 党和政府为确保发展成果能够惠及广大人民群众，在这一时期把扶助贫困人口、缩小区域发展差距作为消除贫困和渐进推动共同富裕的基本路径和重要方式，充分发挥人民群众在制度创新和推进共同富裕中的作用，促进人民群众的整体收入水平逐步提高，不断推进更高水平的全面小康，使全体人民朝着共同富裕目标奋力迈进。

21世纪以来，以胡锦涛同志为核心的党的第四代中央领导集体坚持以人民为中心的人本逻辑，切实保障人民物质利益和民主权利，将马克思主义共同富裕思想同本国国情相结合，通过贫困治理的引导和激励机制，逐步构建和完善推动共同富裕的有效机制。"所有人共同享有发展成果是马克思主义对未来理想社会的基本设想。"❸ 党的十六大以来，党和政府以科学发展观为引领，继续实施反贫困战略，采取一系列具体政策举措，助力农村获得脱贫新途径，逐步缩小城乡差距，着力做好"三农"工作，开始逐步构筑推进小康社会建设和全体人民共同富裕的底线保障。新世纪新阶段党中央主导的社会主义新农村建设，使更多农村贫困群体能够共享改革发展成果，不断增强广大人民群众的幸福感与获得感。

以胡锦涛同志为核心的党的第四代中央领导集体通过不断推动对共同

---

❶ 《江泽民文选》（第一卷），人民出版社2006年版，第543页。
❷ 梅晓宇：《扎实推动共同富裕的伟大意义和实现道路》，《思想理论教育导刊》，2022年第1期，第150页。
❸ 姬旭辉：《从"共同富裕"到"全面小康"——中国共产党关于收入分配的理论演进与实践历程》，《当代经济研究》，2020年第9期，第48页。

富裕的理论思考与实践探索,提出"以人为本"治贫理念,在社会分配中高度重视效率与公平,深化收入分配制度改革,贯彻"做大蛋糕"和"分好蛋糕"相结合的正确理念,将公平作为社会分配的重要原则,极大地丰富和发展了马克思主义共同富裕的内涵与意义,不断增强发展的整体协调性,推动全体人民共同富裕迈上一个新的台阶。

中国特色社会主义进入新时代,以习近平同志为核心的党中央进一步强调要以人民为中心,践行中国共产党初心使命,要求改革红利和发展成果由全体人民共享,满足人民对美好生活的向往。"以人民为中心的发展思想,不是一个抽象的、玄奥的概念,不能只停留在口头上、止步于思想环节,而要体现在经济社会发展各个环节。"❶新时代进入新的历史交会点以来,中国共产党着力效率和公平辩证统一,创造性地提出"共享"的新发展理念,以人民为中心建立了规模最大的社会保障体系,以解决社会公平正义问题推进全体人民共同富裕。共享发展是新时代消除区域发展差距和推进共同富裕的出发点和落脚点,使中国特色社会主义共同富裕在价值意蕴上也有了新的重构。为了打赢脱贫攻坚战,新时代中国共产党坚持以人民为中心的发展立场,领导人民全面贯彻落实"精准扶贫""精准脱贫"的战略部署,带领贫困地区贫困人口脱贫致富,消除绝对贫困,将共同富裕和高质量发展统一于实现伟大复兴的中国梦进程中,全面建成小康社会,推动实现全体人民共同富裕和经济社会全面发展。共同富裕是基于生产力发展基础上的全体人民的普遍富裕,只有坚持人民至上,推进马克思主义关于共同富裕的理论的中国化时代化,才能通过共享发展促进社会公平正义,才能在不懈探索和推进共同富裕的进程中取得决定性的胜利。

综上所述,改革开放以来,倡导社会公平正义的中国共产党在共同富裕的探索和推进进程中始终坚持以人民为中心的发展思想,不断推进共同富裕和人的全面发展的理论创新与实践创新,协调好各方利益,逐步实现全体人民都能平等享受发展成果并充实共同富裕的近期目标。以人民为中

---

❶ 《习近平谈治国理政》(第二卷),外文出版社2017年版,第213-214页。

心的发展思想和共同富裕在发展成果惠及全体人民的价值内涵及目标理想上具有一致性，始终彰显着"人民至上"的政治立场，确保共同富裕正确的社会主义方向，是社会主义本质的体现和要求。作为一个兼具理论性和实践性的命题，共同富裕是一种全体人民的物质富裕和精神富裕相统一的全面富裕，只有坚持鲜明的人民立场，彰显以人民为中心的价值追求，中国特色社会主义共同富裕理论才能基于现实的生产生活，成为指导全体人民共同富裕伟大实践的有根有基的鲜活的科学理论，才能为推进中国特色社会主义共同富裕实践凝聚磅礴伟力，从而推动人的全面发展、中国式现代化建设和全体人民共同富裕取得阶段性的实质性的重大进展和历史性成就。

（三）坚持以改革创新为动力

新中国成立以来，基于对发展规律的深刻认识，党和政府坚持以人民利益为中心不断通过改革创新，注重兼顾效率与公平，建立推动共同富裕的激励机制，构建共建共享的社会发展格局。恩格斯曾指出："一切社会变迁和政治变革的终极原因，不应当到人们的头脑中，到人们对永恒的真理和正义的日益增进的认识中去寻找，而应当到生产方式和交换方式的变更中去寻找"。❶ 改革创新是建设中国特色社会主义过程中思想解放与实践探索相互促进、制度创新与实践创新交互作用的"摸着石头过河"的开拓前进的过程。因此，坚持以改革创新为动力，这也是中国共产党改革开放以来探索和推进共同富裕取得的一条重要的历史经验。

新中国成立以来尤其是改革开放以来，中国共产党"注重从制度创新层面推进共同富裕进程，特别是不断完善分配制度，着力解决贫富差距问题"❷。实现中国特色社会主义共同富裕目标，一方面要求党领导人民团结奋斗把"蛋糕"做大做好，创造更多的社会财富，另一方面要求不断优化

---

❶ 《马克思恩格斯选集》（第三卷），人民出版社2012年版，第797－798页。
❷ 孙大伟：《中国共产党推进中国特色共同富裕的哲学方法论》，《中州学刊》，2021年第12期，第10页。

收入分配制度把"蛋糕"切好分好，使全体人民共享发展成果和美好生活。这一目标的实现只有在开启改革创新动力引擎，不断推进共同富裕理论创新的进程才能完成。"创新是一个国家、一个民族发展进步的不竭动力。越是伟大的事业，越充满艰难险阻，越需要艰苦奋斗，越需要开拓创新。"❶ 改革创新是不断解放和发展社会生产力、支撑经济社会发展战略和推进人民共同富裕的第一动能。实践证明，正因为中国共产党在领导改革开放的过程中进行了创新性的实践探索，才取得了经济持续增长的辉煌成就。

新中国成立以来，在对共同富裕内涵认识的不断深化的基础上，中国共产党不断完善对未来美好生活追求的制度和体制机制，不断创新社会主义共同富裕的理论、制度和政策，激发各地主动性、创造性，优化以人为本的财富利益关系，与时俱进地推进改革创新，着力解决关系到实现人的全面发展的最直接、最现实的问题，合理调节城乡、区域、行业及不同群体间收入分配关系，逐步形成橄榄型分配结构，推动共同富裕在实践探索中不断取得阶段性的胜利。随着改革开放的深入推进和社会主义市场经济体制的逐步完善，新时代党和政府"围绕精准扶贫改革创新一系列扶贫机制模式，促进了贫困治理体系的不断完善"❷。中国特色社会主义分配制度保障了社会成员财富分配上的公平正义。改革创新确保党作出的战略决策能够准确回应全体人民共同富裕的诉求，逐步解决了对经济效益和分配正义这对矛盾的内洽问题，使共同富裕由理论一步步地变成现实。改革创新是推动全体人民共同富裕的根本动力。中共十一届三中全会以来，党和政府鼓励各地发扬敢为天下先的改革创新精神，鼓励地方围绕中央顶层设计进行差别化创新探索，逐步解决贫富差距问题，破解发展不均衡的问题，发挥先富地区改革先行的示范、导向作用，推动全体人民的共同富裕。党

---

❶《中共中央关于党的百年奋斗重大成就和历史经验的决议》，《人民日报》，2021年11月17日，第1版。

❷ 黄承伟：《共同富裕进程中的中国特色减贫道路》，《中国农业大学学报》（社会科学版），2020年第6期，第7页。

和政府与时俱进地推进改革创新，不断维护和实现社会公平正义，开辟了中国特色社会主义共同富裕理论发展的新境界，不断增强人民群众获得感和幸福感。

（四）坚持紧紧扭住社会主要矛盾

紧紧扭住社会主要矛盾是新中国成立以来尤其是改革开放以来党和政府推进现代化建设的重要抓手，也是推进共享社会发展成果、逐步实现共同富裕取得的一条重要经验。"社会主要矛盾则集中反映了特定历史时期内制约社会发展进步的主要问题。"❶ 从某种意义上看，改革开放以来中国共产党对共同富裕内涵和本质的认识过程集中体现了对社会主要矛盾的体认和深刻把握。中国共产党将自身对社会主要矛盾的认识和理解同坚持以人民为中心的发展思想相融合，倡导社会公平正义，实现改革红利和发展成果由人民共享，不断促进共同富裕迈上新的高度。

改革开放和社会主义现代化建设新时期，中国共产党正确判断社会主要矛盾，"我国所要解决的主要矛盾，是人民日益增长的物质文化需要同落后的社会生产之间的矛盾"❷。这一时期党和人民的中心任务就是要以经济建设为中心，改变生产力发展落后的状况，有效解决社会主要矛盾，推动全体人民逐步走上共同富裕的道路。以邓小平同志、江泽民同志、胡锦涛同志为代表的共产党人把马克思主义共同富裕思想与中国的时代特征相结合，坚持社会主义共同富裕的根本原则，回应广大人民群众的呼声，紧紧扭住社会主要矛盾，深刻揭示了共同富裕的必要性、可能性与阶段性，将满足人民日益增长的物质文化需要作为实现共同富裕的出发点和落脚点，推动经济社会合理有序发展，不断探索共同富裕的实现之路。针对我国人口多、底子薄和经济社会发展不均衡的整体落后状况，党和政府在改革开

---

❶ 张端：《1949 年以来中国共产党对社会主义本质的探索及其当代价值》，《哈尔滨工业大学学报》（社会科学版），2023 年第 2 期，第 14 页。

❷ 中共中央文献研究室：《三中全会以来重要文献选编》（下），中央文献出版社 1982 年版，第 839 页。

放初期推行一部分地区一部分人先富起来的先富带动后富的政策,以逐步使中国摆脱贫穷落后的局面,推动全体人民走上共同富裕的道路。20世纪90年代以来,在建立和完善社会主义市场经济体制的过程中,中国共产党把握辩证性的原则,从强调效率优先、兼顾公平,发展社会生产力,创造更多社会财富,到强调更加注重社会公平,促进中国特色社会主义迈向更高阶段,实现从站起来到富起来的历史性跨越。这一时期,中国共产党深刻把握新时期所面临的新矛盾、新挑战,紧紧扭住社会主要矛盾,逐步解决了实现共同富裕的目标导向与实践路径之间的关系,始终坚持共同富裕方向,大力发展社会生产力,让广大人民群众初步共享改革发展的成果,彰显了中国共产党人的初心使命。

党的十八大以来,中国共产党以强有力的措施推进改革开放和现代化建设事业,我国经济社会各方面建设事业的发展取得了巨大的历史性成就,全体人民朝着共同富裕方向奋进,人们的生活水平得到明显提高,幸福感、获得感、安全感等高层次、多方面的目标逐步取代仅仅满足于改革开放初期的解决温饱问题和消除绝对贫困,"我国社会主要矛盾已经转化为人民日益增长的美好生活需要和不平衡不充分的发展之间的矛盾"❶。社会的主要矛盾发生重大变化,中国特色社会主义共同富裕的本质规定和内涵特征也会随之发生变化。"新时代以来,社会主要矛盾的转化推动人的全面发展与共同富裕进入新的历史阶段。"❷ 为进一步满足广大人民群众对美好生活的需要,着力解决改革开放以来贫富差距拉大的突出问题,集中力量解决不平衡不充分的发展问题,以习近平同志为核心的党中央始终站稳人民立场,将共同富裕置于治国理政的突出位置,围绕社会主要矛盾的深刻变化,赋予共同富裕更多时代内涵和本质要求:从党的十八大之后提出的精准扶贫到党的十九大之后提出的乡村振兴、高质量发展和共享发

---

❶ 中共中央党史和文献研究院:《十九大以来重要文献选编》(上),中央文献出版社2019年版,第8页。

❷ 李冉、陈海若:《深刻把握习近平总书记关于共同富裕重要论述的原创性贡献》,《山东大学学报》(哲学社会科学版),2023年第2期,第12页。

展。以习近平同志为核心的党中央以新发展理念统筹社会经济发展，聚焦发展不平衡不充分的问题，推动全体人民走上共同富裕的道路。因此，紧紧扭住社会主要矛盾才能在实践中深化认识社会主义本质，有效促进经济社会的快速发展和绝对贫困现象的消除，从而在实现共同富裕的道路上迈出坚实的一大步。"社会主要矛盾的转化表明，不平衡不充分的发展已经成为制约人民美好生活需要满足的主要障碍。"❶ 新时代为了解决发展不平衡不充分的问题，实现我国经济社会的高质量发展，党和政府立足新时代历史方位，紧紧扭住社会主要矛盾，深刻分析我国社会主要矛盾转化的新特征，提出了新时代经济建设和推进共同富裕的新目标新要求。在党和人民的共同努力下，我国提升了发展的质量和水平，消除了绝对贫困现象，全面建成小康社会，处理好发展与分配的关系，人民群众的获得感、幸福感和安全感有了很大提升。

综上所述，新中国成立以来尤其是改革开放以来，党中央及时有效回应人民群众的新需求、新期待，根据社会主要矛盾的新变化，紧紧扭住社会主要矛盾，将共同富裕提升到更加重要的战略位置，着力解决经济社会发展中的不平衡、不充分问题，因而抓住主要矛盾，推动我国经济社会高质量发展，成为新中国成立以来中国共产党推进共同富裕的成功经验。

（五）坚持以经济建设为中心

社会产品极大丰富是社会主义初级阶段推进全体人民共同富裕的物质基础。新中国成立后，中国共产党带领人民力求摆脱社会产品极度贫困的境地。改革开放以来，"中国共产党'以经济建设为中心'的命题一经提出，便迅速地与社会成员生活富裕联系起来"❷。因此，以经济建设为中心，不断加速实现生产力的跃升，为共同富裕不断积累物质财富，夯实共

---

❶ 孙豪、曹肖烨：《收入分配制度协调与促进共同富裕路径》，《数量经济技术经济研究》，2022年第4期，第4页。
❷ 吴炜、马慧怡：《中国共产党共同富裕观念的建构与演进》，《理论学刊》，2022年第3期，第46页。

同富裕的物质基础也是改革开放以来中国共产党在科学判断我国社会发展的历史方位的基础上消除贫困和推进共同富裕的一条重要的历史经验。

社会主义革命和建设时期，一段时间内党的主要领导人对社会主义建设的发展阶段问题的认识产生偏差，认为社会主义改造完成以后中国还存在着尖锐的阶级矛盾和阶级斗争，以阶级斗争为纲的理论和实践把社会主义社会一定范围内存在的阶级矛盾和阶级斗争扩大化，因而没有坚持共同富裕有先后、有差别的原则，没有凝心聚力发展社会生产力，把共同富裕等同于平均富裕、同等富裕，导致平均主义的泛滥，严重危害了经济建设和人民生活的改善。实践证明，平均主义既是不公平的也是没有效率的，会导致共同贫穷。长期处于物质文化生活落后状况的基本国情决定了中国共产党必须以经济建设为中心，大力发展社会生产力。改革开放开始后，党和政府转移工作重心，调节分配关系，打破平均主义，纠正党在探索社会主义道路中的失误，释放经济发展的潜力，逐步实现发展举措和发展目标的内在统一，为实现共同富裕提供物质保障。

社会主义初级阶段我国的根本任务仍然是发展生产力。恩格斯强调：社会主义制度确立后，必须"使社会生产力及其成果不断增长，足以保证每个人的一切合理的需要在越来越大的程度上得到满足"❶。因此社会主义改造完成后，站稳人民立场的中国共产党必须正确地抓住经济建设这一党的中心任务，切实贯彻以经济建设为中心的发展路线，才能逐步实现全体人民共同富裕。中共十一届三中全会以来，始终维护社会公平正义的中国共产党开始探索如何实现对未来美好生活追求的道路，逐步确立了以经济建设为中心的基本路线，党的十三大首次提出关系到党和国家的生死存亡的党在社会主义初级阶段的基本路线，即"领导和团结全国各族人民，以经济建设为中心，坚持四项基本原则，坚持改革开放，自力更生，艰苦创业，为把我国建设成为富强、民主、文明的社会主义现代化国家而奋斗"❷。

---

❶ 《马克思恩格斯选集》（第三卷），人民出版社2012年版，第724页。
❷ 中共中央文献研究室：《十三大以来重要文献选编》（上），中央文献出版社1991年版，第15页。

在迈向现代化的过程中，中国处于社会主义初级阶段的需要大力解放和发展生产力的基本国情没有变，因此党的"以经济建设为中心"的政策指向也始终不会改变。这一政策的推行创造了中国经济增长的奇迹，也凸显了经济建设和生产力发展对实现共同富裕的基础性作用。

"坚持'以经济建设为中心'，核心在于把解放和发展生产力放在第一位，归根到底是要实现全体人民共同富裕。"❶ 社会主义本质论的核心要旨就是以经济建设为中心，通过对内改革和对外开放相结合，大力解放与发展生产力。中国共产党在建立和不断完善社会主义市场经济体制过程中始终将全体人民共同富裕作为终极价值目标，始终坚持以人民为中心的发展思想。"实现共同富裕是社会主义的根本原则和本质特征，绝不能动摇。"❷ 改革开放以来，中国共产党基于中国社会迈向现代化的客观的实然状况，一以贯之地坚持以经济建设为中心，将发展先进生产力与实现最广大人民群众的根本利益紧密结合，科学规划和部署了社会主义现代化建设的目标任务，促进社会生产力的发展，使中国特色社会主义制度的显著优势得到充分发挥，人民的生活水平得到显著提高，中国发生了翻天覆地的变化，为保障社会公平正义、推进共同富裕奠定更加坚实的物质基础和社会基础。

我国仍处于并将长期处于需要不断解放和发展生产力的社会主义初级阶段，这是当前社会主义中国在实现共同富裕的伟大征程中的"最大实际"和基本国情。"立足于社会主义初级阶段推动共同富裕，必须牢牢把握社会主要矛盾及其所决定的坚持以经济建设为中心的根本任务。"❸ 改革开放以来，中国共产党一以贯之地执行以经济建设为中心的这一原则不动摇，邓小平强调："离开了经济建设这个中心，就有丧失物质基础的危险。"❹ 党的十八大以来，习近平立足于社会主义初级阶段的最大实际，在

---

❶ 宋才发：《共同富裕是中国特色社会主义的社会契约》，《广西社会科学》，2023年第1期，第40页。

❷ 《江泽民文选》（第一卷），人民出版社2006年版，第466页。

❸ 张占斌、毕照仰：《习近平关于共同富裕重要论述的理论逻辑与实践要求》，《中共党史研究》，2022年第2期，第14页。

❹ 《邓小平文选》（第二卷），人民出版社1994年版，第250页。

对共同富裕规律的深化认识和科学把握的基础上,在不同场合反复强调:"我们必须紧紧抓住经济建设这个中心,推动经济持续健康发展,进一步把'蛋糕'做大。"❶ 以人民为中心的发展趋向将社会主义初级阶段以生产力发展为基础的经济社会的进步提升到了一个新的高度,为推进共同富裕奠定更加坚实的物质基础。发展是解决社会主义初级阶段一切问题和社会矛盾的前提基础和关键举措。共同富裕是生产力发展与社会公正的统一。以经济建设为中心是兴国之要,成为共同富裕目标推进的核心要义。因此立足于现阶段不平衡不充分的发展实际,紧紧抓住经济建设这个中心,大力发展社会生产力,把经济社会发展水平不断推到新的高度,才能彰显中国特色社会主义共同富裕的独特优势。这也是中国共产党在改革开放以来推进共同富裕取得的又一条重要的经验。

二、探索和推进共同富裕的现实启示

实现全体人民的共同富裕,是新中国成立以来中国共产党锲而不舍追寻的价值目标和理想。"共同富裕的目标层次是不断更新的,内容是不断丰富的,其实践过程是一个由简到繁、由低到高的渐进式推进过程。"❷ 回望新中国成立以来迈向现代化和共同富裕的中国共产党的实践发展和理论创新,我们要立足系统性视角看待共同富裕,凝练与总结中国共产党探索和推进共同富裕的重要经验与启示,这对于新时代进一步推动全体人民共同富裕目标的实现具有重大的理论意义和现实意义。这些启示主要有探索和推进共同富裕必须注重维护社会公平、坚持统筹协调发展、做好"三农"工作、坚持人民主体地位、坚持求真务实、坚持循序渐进等方面,下面分而述之。

---

❶ 中共中央文献研究室:《习近平关于全面深化改革论述摘编》,中央文献出版社 2014 年版,第 97 页。

❷ 欧庭宇:《中国共产党共同富裕思想的理论演变、内在逻辑和现实启示》,《青海民族大学学报》,2022 年第 2 期,第 23 页。

（一）注重维护社会公平

准确把握效率优先与兼顾公平的历史互动与内在机理，注重维护社会公平，以共同富裕愿景整合社会，使人民共享改革红利和发展成果，是改革开放以来中国共产党探索和推进共同富裕取得的重要启示之一。"实现共同富裕的关键环节是必须建立健全公平的收入分配制度。"❶ 随着对共同富裕的内涵的认识不断深化，中国共产党只有不断深化收入分配制度改革，打破平均化的分配格局，构建合理的分配体制，公平地分配好社会资源，更好彰显社会公平正义，才能使社会主体有平等的地位和机会追求财富，扎实推动全体人民共同富裕。因此，解决社会公平正义问题、促进全体人民共享社会进步成果是中国共产党探索和推进共同富裕的题中应有之义，也是推进共同富裕取得的重要启示。

共同富裕体现了生产力和生产关系的辩证统一。生产力的发展和社会财富的增长本身并不能自动解决社会成员收入的两极分化问题，因而需要执政党和政府在进一步做大"蛋糕"的同时制定制度和政策并通过执行来解决发展不平衡不充分的问题，不能把效率和公平割裂和对立起来，要逐步建构和完善有利于实现社会公平正义的制度体系和收入分配格局，才能推动社会全面进步与人的全面发展相结合，满足人民群众利益需求和推进中国特色社会主义共同富裕，巩固党执政兴国的群众基础。

新世纪新阶段，党和政府为了推进共同富裕，大力深化收入分配制度改革，强调维护社会公平正义，对收入分配上的贫富差距进行必要的调控。2004年9月，胡锦涛在中共十六届四中全会上讲话指出："维护和实现社会公平，涉及最广大人民的根本利益，是我们党坚持立党为公、执政为民的必然要求，也是我国社会主义制度的本质要求。"❷ 推进共同富裕，必须重视社会公平保障体系的建设，维护社会的公平正义，深化收入分配

---

❶ 戴安林：《特定时期的"共同富裕"重要论述及其启示》，《改革》，2011年第6期，第16页。
❷ 中共中央文献研究室：《十六大以来重要文献选编》（中），中央文献出版社2006年版，第314页。

制度改革，处理好政府调控与市场调节的关系。为了提高构建社会主义和谐社会的能力，给现代化建设创造根本社会条件，2005年2月19日，胡锦涛强调："在促进发展的同时，把维护社会公平放到更加突出的位置，综合运用多种手段，依法逐步建立以权利公平、机会公平、规则公平、分配公平为主要内容的社会公平保障体系。"❶ 党的十七大报告指出："合理的收入分配制度是社会公平的重要体现。"❷ 维护社会公平正义，优化收入分配结构，一方面要反对平均主义，另一方面要防止两极分化，这是促进共同富裕目标实现的有效手段。促进社会公平正义是新中国成立以来中国共产党治国理政的重要目标和首要任务。因此党和政府必须更加重视解决贫富差距和公平正义的问题，唯其如此，才能推进全体人民共同富裕。

党的十八大以来，中国共产党提出了共享发展的理念，妥善协调各方利益关系，强调在经济社会快速发展的基础上由广大人民共享发展红利和改革成果，把社会公平放到更加重要的位置，使全体人民朝着共同富裕的方向稳步前进。习近平指出："我国现代化坚持以人民为中心的发展思想，自觉主动解决地区差距、城乡差距、收入分配差距，促进社会公平正义，逐步实现全体人民共同富裕。"❸ 新发展理念中的"共享"注重的是解决社会公平正义问题，要求建立健全收入再分配机制，把效率和公平有机地统一到推进共同富裕的实践中。"共享社会进步成果是实现共同富裕的必要条件。"❹ 实现共同富裕是人民群众的美好向往，只有促进社会公平正义，才能保证共同富裕的享有者不是少数社会精英，而是由全体人民共享改革成果和发展红利，才能促使全体人民朝着共同富裕目标扎实迈进。

---

❶ 胡锦涛：《在省部级主要领导干部提高构建社会主义和谐社会的能力专题研讨班上的讲话》，《人民日报》，2005年6月27日，第2版。
❷ 中共中央文献研究室：《十七大以来重要文献选编》（上），中央文献出版社2009年版，第30页。
❸ 中共中央党史和文献研究院：《十九大以来重要文献选编》（中），中央文献出版社2021年版，第825页。
❹ 朱可辛、孟书广：《习近平关于共同富裕的重要论述及其时代价值》，《党史研究与教学》，2022年第3期，第9页。

新中国成立以来，在经济发展水平不断提高的背景下，党和政府充分认识到人民对社会公平正义的诉求，不断深化收入分配制度改革，逐步调整收入分配关系，维护最广大人民的根本利益，极大地激发了社会成员创造社会财富的积极性、主动性，有力促进了生产力的发展和社会的全面进步。但分配不公平问题仍然是比较突出的问题，在分配结果上出现了城乡、区域、阶层之间收入两极分化的问题，没有兼顾"经济效率"和"社会公平"的统一，没有保持适度的富裕程度上的差别，这给社会和谐稳定带来了极为不利的消极影响。"分配公平是社会公平的主要体现。"[1] 公平正义和共同富裕是社会主义的价值目标和内在要求。共同富裕是动态化过程与特定目标的统一。恩格斯指出："最能促进生产的是能使一切社会成员尽可能全面地发展、保持和施展自己能力的那种分配方式。"[2] 为了推进共同富裕目标的实现，新中国成立以来尤其是改革开放以来党和政府采取措施解决贫富差距和公平正义的问题，不断推进收入分配制度改革，维护社会公平正义，着力缩小收入分配差距，坚持在促进效率提高的前提下体现社会公平，实现公平与效率的协调统一，促使全体人民朝着共同富裕方向稳步前进。建立健全走向共同富裕的收入分配机制，维护社会公平正义，坚持发展成果由全体人民共享是实现中国特色社会主义共同富裕的应有之义，也是推进全体人民共同富裕取得的现实启示。

（二）坚持统筹协调发展

坚持统筹协调发展，缩小区域发展差距和收入差距是实现共同富裕过程中取得的重要启示。新中国成立以来在推进共同富裕的过程中，党和政府科学把握经济社会发展的趋势和方向，采取措施逐步实现城乡一体化、公共服务均等化和区域的协调发展，有效地缓解了社会矛盾，促进了全社会和区域的协调发展，调整了生产关系，将发展战略与共同富裕的政治方

---

[1] 白石、邓如辛：《邓小平社会公平思想内涵的探讨》，《毛泽东思想研究》，2013年第6期，第96页。

[2] 《马克思恩格斯选集》（第三卷），人民出版社2012年版，第581页。

向紧密结合。改革开放以来党和政府采用最有效的方法和手段统筹安排、协同推进区域发展战略,大大缩小了社会各阶层的贫富差距和不同区域的发展差异,促进了生产力的发展和社会的全面进步,促使全体人民向共同富裕目标迈进了一大步。

共同富裕是建立在社会主义初级阶段生产力与生产关系辩证统一、协调发展的基础之上的。"共同富裕是生产力和生产关系协调发展的高级形态,实现共同富裕是一个动态发展过程。"❶ 为了缩小区域发展差距、推进共同富裕,改革开放以来,中国共产党大力推行协调发展战略,"将生产力发展的'质'与'量'统一起来且同共同富裕的实现紧密关联"❷。协调发展战略的推行,及时回应了人民群众对共享共富的诉求和期盼,进一步丰富了共同富裕理论和实践,实现我国经济的平稳、高速增长,在保证效率提升的前提下维护社会公平,这充分体现了中国共产党始终坚持"共同富裕"的初心。

20世纪90年代以来,以江泽民同志为核心的党的第三代中央领导集体对新形势、新问题进行了深入探讨,站在新的历史起点,建立并逐步完善社会主义市场经济体制,做好先富与共富的有机统一,进一步丰富和发展了"先富带动后富"的策略,提出了系统性的政策体系,逐步建立和完善先富带后富、帮后富的长效机制;坚持"效率优先,兼顾公平"的原则,进一步充实和发展了我国的共同富裕思想,在一部分人率先富裕和沿海地区率先发展的基础上,高度重视扶贫问题,加大扶贫开发力度,组织有计划、有组织的大规模的扶贫开发,实现从救济式扶贫到开发式扶贫的转变。"西部地区的经济、社会发展必然会缩小东西部地区的发展差距,缩小整个社会的贫富差距。"❸ 20世纪90年代以来,党和政府实行区域经

---

❶ 田克勤、张林:《中国共产党为实现全体人民共同富裕的百年奋斗》,《思想理论教育导刊》,2021年第6期,第41-42页。

❷ 罗健:《习近平关于共同富裕重要论述的三重逻辑》,《马克思主义研究》,2023年第4期,第69页。

❸ 王建华:《中国共产党与百年反贫困的中国方案》,《南京大学学报》(哲学 人文科学 社会科学版),2021年第3期,第8页。

济协调发展战略，作出了实施"西部大开发"的战略安排，把促进地区协调发展作为一项战略任务，迅速推进了我国扶贫开发事业的新进程，努力寻求实现全民共享和共同富裕的路径。

21世纪以来，以胡锦涛同志为核心的党的第四代中央领导集体围绕新的中心任务，发展了马克思主义的共同富裕思想，进一步促进不同区域共同富裕和协调发展，中国进入了各地区全面、协调发展的新阶段。针对新世纪新阶段我国经济社会发展中存在的不平衡、不协调的突出矛盾和问题，2003年9月29日，胡锦涛在主持中央政治局会议时强调："要继续坚定不移地实施西部大开发战略，支持中部地区发挥自身优势更好地发展，支持东部沿海地区加快发展并鼓励有条件的地方率先基本实现现代化，实行东中西互动，促进区域经济社会协调发展。"❶ 以胡锦涛同志为核心的党的第四代中央领导集体提出科学发展观，强调坚持全面、协调、可持续的发展，大力实施西部大开发战略，从而促进东中西部协调发展，缩小我国各地区之间的差距。为了统筹城乡发展，中共十六届六中全会依据人民的需求与社会发展趋势，明确地提出建设社会主义新农村的战略任务，强调坚定不移走共同富裕道路，体现出承接与创新的统一。

党的十八大以来，以习近平同志为核心的党中央坚持问题导向和系统观念，优化重大生产力布局，深化东西部协作，在健全城乡发展一体化体制机制、接续推进全面脱贫与乡村振兴有效衔接、推进农业农村现代化的基础上，实施一系列重大区域协调发展战略、乡村振兴战略，着力推动城乡区域协调发展，"实现城乡的对等互补、要素互通、相互交融"❷。中国特色社会主义进入新时代，党中央从全局和战略高度来把握和处理东西部关系、城乡关系，极大地丰富了共同富裕的内涵，实施区域协调发展战略，推动社会主义市场经济体制下我国经济社会发展的平衡性、协调性、

---

❶ 转引自张雅丽、陈可毅：《改革开放以来党对共同富裕之路的探索与实践》，《社会主义研究》，2005年第2期，第57页。

❷ 曹立、向乔玉：《中国共产党以"共同富裕"为初心的"三农"政策演进——基于新中国成立以来历次党代会报告的文本考察》，《科学社会主义》，2022年第6期，第71页。

可持续性不断增强,这就从制度方面为实现共同富裕目标提供了坚强的保障。"以协调发展缩小城乡、区域、收入和基本公共服务的差距,在人的社会关系和谐中实现共同富裕和人的全面发展。"❶ 协调发展能够促进所有人的全面发展和社会全面进步,让全体人民都能够共享发展的成果,在中国式现代化建设的过程中满足人民对幸福生活的追求,最终达到全体人民共同富裕。

综上所述,新中国成立以来,为了缩小发展差距,推进共同富裕,党和政府大力推行协调发展战略,通过实施西部大开发、社会主义新农村建设、城乡一体化发展、共享发展、乡村振兴和区域发展等系列重大战略举措,充分利用不同地区的资源禀赋优势,形成合理的区域发展格局,充分发挥我国社会主义制度的独特优势,让改革发展成果更公平惠及全体人民。因而坚持统筹协调发展,也是新中国成立以来党和政府推进共同富裕的重要启示。推动区域协调发展是社会主义初级阶段探索和推进全体人民共同富裕的治本之策和根本路径。

(三) 做好"三农"工作

"三农"工作是中国式现代化建设过程中要破解的重大时代课题。新中国成立以来中国共产党探索和推进共同富裕的进程表明,做好"三农"工作是实现共同富裕目标的首要任务,也是推进共同富裕取得的重要启示之一。"'三农'问题缘于其发展能力相对于工业、城市的弱质性。"❷ 农业、农村、农民工作是关系社会主义现代化建设和共同富裕实现的亟须做好的根本性工作,"促进共同富裕,最艰巨最繁重的任务仍然在农村"❸。坚持中国特色社会主义共同富裕要始终坚持以做好"三农"工作为重点,这是农村地区扎实推进共同富裕的必经之路,"'三农'问题的解决是实现

---

❶ 张光先、钟晓敏:《中国式现代化共同富裕的理论内涵、内在逻辑和实践进路》,《财经论丛》,2023年第12期,第28页。

❷ 郑有贵:《战略维度和实现路径:中国共产党百年破解"三农"问题的考察》,《中共中央党校(国家行政学院)学报》,2021年第5期,第46页。

❸ 习近平:《扎实推动共同富裕》,《求是》,2021年第20期,第4-8页。

全体人民共同富裕的关键。"❶ 这就明确了促进共同富裕的基本原则和总体思路,只有加快推进农业农村现代化,从根本上做好"三农"工作,才能促进实现更高质量、更高水平的共同富裕。

改革开放初期,以邓小平同志为核心的党的第二代中央领导集体,立足"大国小农"国情和农村发展实际,通过农村经济体制改革,释放农村经济活力,推动农业农村发展。党和政府结合世界发展形势和中国发展实际,继承和发展了马克思主义共同富裕思想,破除了僵化的体制机制,创造性地提出"先富带后富"的实践方略,这就为实现共同富裕奠定了经济基础和制度基础,促使中国特色社会主义共同富裕迈上一个新的高度。邓小平认为:"中国社会是不是安定,中国经济能不能发展,首先要看农村能不能发展,农民生活是不是好起来。"❷ 改革开放初期,中央立足于我国农村发展的实际情况,连续发布聚焦农业、农村和农民的"一号文件",开启了做好"三农"工作的先声。党中央更加强调农业农村发展的基础地位,更加聚焦于解决农村的绝对贫困问题。邓小平的"两个大局"设想从宏观和微观两个层面对共同富裕作出重要部署,改革开放以保障农民权益为出发点和落脚点,为农村发展带来转机,为推动实现全体人民共同富裕指明了实践路径,为农村市场经济的发展构造了微观基础,开拓了具有中国特色的社会主义共同富裕道路。

20世纪90年代以来,中国改革发展进入关键时期。为了提升共同富裕的整体水平,缩小城乡发展差距,以江泽民同志为核心的党的第三代中央领导集体代表最广大人民的根本利益,极为重视"三农"问题的解决。江泽民指出:"农业、农村和农民问题,始终是一个关系我们党和国家全局的根本性问题。"❸ 党和政府采取一系列措施在政策上加大对农业农村农民发展的支持力度,正确反映和兼顾不同方面的利益,促进社会资源分配

---

❶ 金华宝、伍科:《乡村振兴促进共同富裕的三重逻辑》,《理论与改革》,2022年第5期,第75页。

❷ 《邓小平文选》(第三卷),人民出版社1993年版,第77-78页。

❸ 中共中央文献研究室:《江泽民论有中国特色社会主义(专题摘编)》,中央文献出版社2002年版,第119页。

更加优化。"三农"工作关系到发展成果和改革红利的合理分配,关乎着现代化建设和共同富裕的推进。"没有农村的稳定,就不可能有我国整个社会的稳定;没有农民的小康,就不可能有全国人民的小康;没有农业的现代化,就不可能有整个国民经济的现代化。"❶ 在消除农村绝对贫困、推进全体人民共同富裕的过程中,党和政府坚持农业农村的全面发展,出台了一系列强农惠农措施,打牢了"三农"工作的坚实基础,破解"三农"工作中出现的新难题,不断加强城乡之间的联系,缩小城乡区域之间的发展差距,农业农村发展不断迈上新台阶。江泽民强调全面振兴农村经济,提出"三农"工作的基础性地位不能动摇,明确了社会主义市场经济体制下中国特色农业农村发展的基本方向。

新世纪新阶段,以胡锦涛同志为核心的党的第四代中央领导集体针对"三农"工作呈现出新形势和新特点,"坚持把解决好农业、农村、农民问题作为全党工作的重中之重"❷。党和政府开始逐步改变城乡二元结构,对农村采取"多予少取放活"的方针,促进农村经济社会全面发展。从2004年开始,中共中央、国务院又开始发布有关"三农"工作的中央"一号文件"。随着对"三农"工作的不断重视,社会主义新农村建设的大力推进,党和政府建立和逐步完善农村社会保障制度和城乡社会救济制度,激发农村贫困人口自身脱贫致富的主观能动性,城乡发展差距逐渐缩小,收入差距一定程度上逐渐趋向缓和,农业发展水平逐步提升,农民生活质量明显提高,农村面貌显著改观,为实现共同富裕打下了坚实的基础。

中国特色社会主义进入新时代,以习近平同志为核心的党中央针对新时代我国"三农"实际情况,完善农村基本经营制度,加强农村基础设施建设。习近平多次强调:"稳住农业基本盘、守好'三农'基础是应变局、开新局的'压舱石'。"❸ 新时代,党中央在继承马克思主义共同

---

❶《江泽民文选》(第一卷),人民出版社2006年版,第259页。
❷《胡锦涛文选》(第二卷),人民出版社2016年版,第247页。
❸《坚持把解决好"三农"问题作为全党工作重中之重 促进农业高质高效乡村宜居宜业农民富裕富足》,《人民日报》,2020年12月30日,第1版。

富裕思想的基础上,构建中国特色共同富裕实践的路径选择,更加重视"三农"工作,始终把做好"三农"工作作为全党工作的头等大事,加强农村公共服务体系建设,将消除贫困作为全面建成小康社会的战略任务和根本标尺。新时代党中央一方面巩固拓展脱贫攻坚成果,改善农村居住环境和生态环境,把农村深度贫困地区的区域发展作为精准扶贫的基础,完善农村社会保障体系,聚焦精准发力,促进农村经济繁荣,另一方面在巩固脱贫攻坚成果的基础上,采取一系列措施推进"三农"工作的深入,促进城乡基本公共服务均等化,继续做好乡村振兴这篇大文章并取得阶段性成果,不断夯实党在农村的执政根基,共同富裕步伐不断推进。

做好"三农"工作是推进中国特色社会主义共同富裕和中国式现代化建设的必由之路。"农村农民的共同富裕是中国特色共同富裕实践的保底工程。"❶ 继续深化党对"三农"工作的全面领导,坚持农业农村优先发展,举全党全社会之力推进农业农村现代化,是实现共同富裕的必然选择,是推进共同富裕的题中应有之义,也是新中国成立以来中国共产党探索和推进共同富裕的重要启示。

(四) 坚持人民主体地位

人民群众是历史的创造者和推动者,共同富裕的实现必须有人民大众的参与作为前提条件。"'必须坚持人民主体地位',就是必须坚持人民当家作主,发挥主人翁精神。"❷ 党在领导和推进共同富裕的实践过程中突出国家与社会发展的人本目的性,始终坚持人民主体地位,随时回应人民的呼声,发挥人民首创精神,充分调动人民群众的积极性、主动性和创造性,满足人民群众的新需求与新期望,体现了科学社会主义的人本发展思想。"人民群众不仅是社会物质和精神财富的创造者,更是社会发展变革

---

❶ 李正图、徐子健:《中国特色共同富裕实践:制度保障、精神动力与科学理论》,《经济纵横》,2022年第4期,第8页。

❷ 卫兴华:《论社会主义共同富裕》,《经济纵横》,2013年第1期,第2页。

的推动力量和决定力量。"❶ 因此，新中国成立以来党和政府把最广大人民群众的根本利益作为一切工作的出发点和落脚点，遵循主体与客体相互作用的规律，发挥人民主体地位，这是中国共产党探索和推进共同富裕的又一条重要启示。

从主体地位的角度出发，坚持马克思主义唯物史观人民主体思想，争取广大人民的积极参与才是消除贫困和推进共同富裕的根本之道，要大力批驳主要依靠"他者"扶贫和推进共同富裕的错误认识。2007年10月，胡锦涛从中国共产党的性质和宗旨的角度强调："要始终把实现好、维护好、发展好最广大人民的根本利益作为党和国家一切工作的出发点和落脚点，尊重人民主体地位，发挥人民首创精神，保障人民各项权益，走共同富裕道路，促进人的全面发展，做到发展为了人民、发展依靠人民、发展成果由人民共享。"❷ 科学发展观创新理论的核心是以人为本，人民群众在社会历史发展中具有决定性作用，是社会生产实践主体，是决定党和国家前途命运的根本力量。实现共同富裕必须依靠全体人民，持续汇聚强大合力，形成休戚与共的利益共同体，激发人民群众改变贫困面貌的干劲和决心，才能解决市场经济条件下各领域与各地区发展过程中出现的各种短板问题，彰显社会主义基本经济制度的独特优势。

中国特色社会主义进入新时代，以习近平同志为核心的党中央强调必须顺应人民群众对美好生活的向往，充分发挥人民主体作用，人民主体是贫困治理和共同富裕目标实现的动力。2012年11月，党的十八大面对新的时代条件和新的实践，尊重人民主体地位和首创精神，把"必须坚持人民主体地位"列在八个基本要求的第一位，坚持以人民为中心的发展思想，明确了推动全体人民共同富裕的动力与目的。人民群众是新时代实现共同富裕的主体。2015年10月，党的十八届五中全会审议通过的

---

❶ 孟鑫：《新时代我国走向共同富裕的现实挑战和可行路径》，《东南学术》，2020年第3期，第55页。

❷ 中共中央文献研究室：《十七大以来重要文献选编》（上），中央文献出版社2009年版，第12页。

《中共中央关于制定国民经济和社会发展第十三个五年规划的建议》强调："人民是推动发展的根本力量,实现好、维护好、发展好最广大人民根本利益是发展的根本目的。"❶ 该建议把"坚持人民主体地位"作为"如期实现全面建成小康社会奋斗目标,推动经济社会持续健康发展"❷ 第一条基本原则。人民群众在推进共同富裕的过程中既是发展主体和直接参与者,又是发展成果最终受益者和发展成效评判者,必须激发和调动人民群众参与贫困治理的积极性、主动性,才能使共同富裕的推进迈上新台阶。

马克思主义实践观认为,人民是实践的主体、目的和评价标准的具体的统一。中国共产党传承发展了马克思主义逐步向共同富裕迈进的理论体系中的人民主体思想的精髓。共同富裕凝结了全体人民对未来美好生活的憧憬、期盼与追求。"实现共同富裕要始终坚持人民主体地位,凝聚全社会的最大公约数,依靠广大人民群众汇聚成磅礴力量。"❸ 这就科学地把握了共同富裕的历史进程与现实要求,从社会主义本质的高度总结了我国推进共同富裕的经验。"共同富裕的底层逻辑是以人为本、以人民为中心,人民利益是共同富裕的驱动力。"❹ 人民的需求和愿望是社会前进和发展的方向,因此只有充分发挥人民主体作用,才能推进全体人民共同富裕,推进国家治理体系和治理能力现代化,促进人的全面发展。

人民是社会发展的动力源和根本的推动力量,坚持人民主体地位是新中国成立以来马克思主义人民主体思想中国化、时代化的创新和体现。"坚持人民主体地位,充分调动人民积极性,始终是我们党在革命、建设

---

❶ 中共中央文献研究室:《十八大以来重要文献选编》(中),中央文献出版社 2016 年版,第 789 页。

❷ 中共中央文献研究室:《十八大以来重要文献选编》(中),中央文献出版社 2016 年版,第 789 页。

❸ 罗健:《习近平关于共同富裕重要论述的三重逻辑》,《马克思主义研究》,2023 年第 4 期,第 74 页。

❹ 唐任伍、史晓雯:《新时代共同富裕的价值取向、价值追求和价值实现》,《新疆师范大学学报》(哲学社会科学版),2023 年第 4 期,第 55 页。

和改革中都能立于不败之地的强大根基。"❶ 党的一百多年的奋斗史表明了坚持人民主体性地位的立场在任何条件下都不能改变，揭示了党的群众路线中关于相信群众、依靠群众的历史逻辑。中国特色社会主义共同富裕必须在党的领导下依靠全体人民凝心聚力、团结奋斗，重视并承认人民在推进共同富裕过程中的主体地位。"坚持人民主体地位是反贫困的重要原则和价值取向。"❷ 共同富裕的主体是全体人民。发挥人民主体性是对唯物史观人民主体性的再把握和再升华，继承和发展了历史唯物主义关于人民是历史创造者的基本原理，确立了以人民为中心的价值目标，揭示了发展的历史主体性和人民目的性。只有在社会发展价值上坚持人民主体地位，代表最广大人民的根本利益，切实保障与享受人民当家作主的各种权利和利益，激发人民群众的内源性动力，从人民的实践创造中汲取智慧和力量，才能真正实现共同富裕，才能真正体现社会主义本质意义上的全民共享和共同富裕。这也是新中国成立以来中国共产党推进共同富裕取得的重要启示之一。

（五）坚持实事求是

实事求是是新中国成立以来中国共产党人推进全体人民共同富裕的重要法宝。"实事求是是马克思主义活的灵魂，是中国共产党的思想路线和优良传统。"❸ 从客观的社会实然状况出发，坚持实事求是、求真务实是扎实推进中国特色社会主义共同富裕的世界观和方法论，也是新中国成立以来中国共产党领导和推进共同富裕取得的重要启示之一。"明者因时而变，知者随世而制。"恩格斯指出："马克思的整个世界观不是教义，而是方法。它提供的不是现成的教条，而是进一步研究的出发点和供这种研究使

---

❶ 姜淑萍：《"以人民为中心的发展思想"的深刻内涵和重大意义》，《党的文献》，2016年第6期，第23页。

❷ 雒亚男：《中国共产党百年反贫困的机制创新和历史启示》，《经济社会体制比较》，2021年第4期，第23页。

❸ 李重、毛丽霞：《中国共产党领导乡村发展的百年探索和基本经验》，《西安交通大学学报》（社会科学版），2021年第4期，第50页。

用的方法。"❶ 因此，党在领导和推进中国特色社会主义共同富裕过程中，必须坚持实事求是的思想路线和工作路线，不能教条式地对待马克思主义，要辩证地审视和处理推进共同富裕过程中出现的各种新问题和新情况，唯其如此，中国特色社会主义共同富裕伟大事业才能行稳致远。

改革开放前的一段时间内，在社会主义建设和推进共同富裕的过程中受教条主义、主观主义的错误影响，党的主要领导人在社会主义建设探索的过程中没有立足于社会主义初级阶段的发展条件和客观实际，未能坚持实事求是、求真务实原则，对社会主义共同富裕存在认识上的偏差，把共同富裕等同于"同时富裕""平均富裕"。由于不顾生产力发展的客观实际，背弃了实事求是的思想路线，片面扩大生产关系对生产力的反作用，盲目追求分配中的平均主义，导致社会主义建设实践中出现严重失误，迟滞了全体人民共同富裕的步伐，给中国的社会主义建设带来严重的危害。中国共产党人必须大力批驳这种"教条化理解马克思主义和共同富裕所产生的理想主义和激进主义倾向"❷。因此，"在追求共同富裕的过程中，必须要因时、随势而调整相应的具体操作策略，积极打破惯性思维"❸。各地要根据中央的统筹安排，因地制宜、实事求是地开展贫困治理的工作，决不能搞脱离实际地盲干。

改革开放初期，以邓小平同志为核心的党的第二代中央领导集体坚持解放思想，实事求是，一方面认识到当时经济社会发展中的各类弊端，作出了实行改革开放的重大决策，给农村社会发展带来了崭新机遇；另一方面坚持具体问题具体分析的方法，针对中国的实际情况，从中国生产力水平低和发展不平衡的现实出发，提出了先富帮后富以达到全体人民共同富裕的战略安排，为推动实现共同富裕奠定了生产力基础。改革开放初期，以邓小平同志为核心的党的第二代中央领导集体坚持实事求是的原则，

---

❶ 《马克思恩格斯文集》（第十卷），人民出版社 2009 年版，第 691 页。
❷ 许洪位：《中国共产党贫富观的百年历史演进、基本特点与当代价值》，《理论月刊》，2021 年第 4 期，第 20 页。
❸ 付文军、姚莉：《新时代共同富裕的学理阐释与实践路径》，《内蒙古社会科学》，2021 年第 5 期，第 5 页。

"纠正了过去经营方式单一和分配中平均主义严重的缺陷，彻底解决了农业生产上激励不足的问题"❶。邓小平破除平均主义分配制度而提出的"先富带动后富"的共同富裕思想，澄清了过去对社会主义认识仅仅停留在生产关系领域的错误认识，突破了在贫富观上形成的平均主义和理想主义的惯性思维，逐步形成了有中国特色的分配原则和分配方式，给中国共产党人和人民群众指明了中国特色社会主义前进的方向和奋斗目标，使共同富裕由远大而美好的理想变为现实的实践指南，推动了中国特色社会主义事业的稳步前进。

随着20世纪90年代社会主义市场经济体制的建立和逐步完善，中国共产党在反贫困的斗争中，赓续发展了"先富带动后富"的思想理念，坚持一切从实际出发，根据不同发展阶段和贫困人口规模与分布状况，把顶层设计和强化落实结合起来，实事求是地调整体制机制和政策体系，科学设定贫困标准和减贫目标，在不同的发展阶段实行不同的反贫困策略。实事求是"是中国特色社会主义理论及其科学体系赖以存在的哲学基础"❷。党的十八大以来，党中央在洞悉经济社会发展规律的基础上，多次强调中国共产党人要始终坚持实事求是的思想路线，在党的领导下从中央到地方有计划、有步骤地开展脱贫攻坚，坚决反对搞不符合实际的"面子工程"，强化政治担当和责任担当。在领导和推进共同富裕的过程中，党中央要求牢固树立为人民服务的信念，坚决反对形式主义、官僚主义，建立省市县乡村五级书记一起抓扶贫的工作机制，把"一切工作都要落实到为贫困群众解决实际问题上"❸，以渐进式改革消除发展障碍、突破共同富裕"瓶颈"，有效阻断贫困代际传递，增强贫困地区贫困人口的自我发展能力。在推进共同富裕的过程中，各地不做表面文章，按照中央的决策部署，做到真扶贫、扶真贫、脱真贫，让推进共同富裕的成效经得起实践和历史的检验。

---

❶ 熊晞：《党的三代领导集体对实现共同富裕的探索与创新》，《中国特色社会主义研究》，2006年第3期，第14页。

❷ 严小龙：《社会主义新农村建设的发展进程和历史经验》，《马克思主义研究》，2010年第3期，第147页。

❸ 习近平：《在深度贫困地区脱贫攻坚座谈会上的讲话》，人民出版社2017年版，第19页。

推进共同富裕是一个不同阶段相接续的不均衡的动态的发展过程，因此党和政府必须实事求是地制定推进中国特色社会主义共同富裕的行动安排与政策方针。只有坚持求真务实的态度和工作方法，"按照实事求是、因地制宜、分类指导、精准扶贫原则"❶，才能分阶段、分步骤进行谋划和部署，建立完善的减贫制度和工作体系。"精准脱贫是中国共产党实事求是思想路线在反贫困斗争中的创造性运用。"❷ 只有制定符合贫困地区和人口实际的脱贫政策，把坚持实事求是渗透于推进共同富裕的一切工作之中，才能够取得经得起历史和人民检验的反贫困的辉煌成就，继续推进共同富裕之路，在实现共同富裕的道路上取得实质性进展，实现全面建成小康社会的发展目标。"共同富裕作为一个不断运动、变化和发展的动态系统，要牢牢把握其中差异的变化并以此为根据。"❸ 实事求是、求真务实是指导推进共同富裕理论与实践的最高层次的理论方法论和最核心的思想武器。2016年1月，习近平总书记在省部级主要领导干部学习党的十八届五中全会精神专题研讨班上强调："我们不能做超越阶段的事情，但也不是说在逐步实现共同富裕方面就无所作为，而是要根据现有条件把能做的事情尽量做起来。"❹ 新中国成立以来尤其是改革开放以来，中国共产党人坚持实事求是的思想路线，探索适合我国国情的社会主义建设道路，准确把握各个历史时期推进共同富裕进程中的根本问题和主要矛盾，积极探索和推进收入分配领域的改革，在反贫困斗争和推进共同富裕的总体布局和伟大实践中升华了实事求是的"精髓"，加速实现生产力的跃升。因此，坚持实事求是、求真务实，根据不同阶段社会主要矛盾的变化，调整和优化反贫困的制度和政策体系，成为中国共产党领导和推进中国特色社会主义

---

❶ 方凤玲：《中国共产党领导反贫困斗争的百年历程和基本经验》，《毛泽东研究》，2021年第5期，第30页。

❷ 王建华：《中国共产党与百年反贫困的中国方案》，《南京大学学报》（哲学·人文科学·社会科学版），2021年第3期，第10页。

❸ 孙万君、姚娟娟：《新时代中国共产党共同富裕思想：生成逻辑、基本内涵及实践进路》，《理论导刊》，2022年第4期，第14页。

❹ 中共中央党史和文献研究院：《十八大以来重要文献选编》（下），中央文献出版社2018年版，第169页。

共同富裕的重要启示之一。

（六）坚持循序渐进

共同富裕是一项由一个个的阶段性目标铺就的循序渐进的系统性工程。"共同富裕是一个长远目标，需要一个过程，不可能一蹴而就，对其长期性、艰巨性、复杂性要有充分估计，办好这件事，等不得，也急不得。"❶ 共同富裕涉及中国式现代化建设中经济建设、政治建设、文化建设、社会建设、生态文明建设协同推进的问题，以多元立体的视角认识共同富裕规律的中国共产党在推进共同富裕的过程中不能用急功近利的心态和行动对待实现共同富裕的客观规律，必须坚持事物的客体性与主体性相统一，根据不同发展阶段制定符合实际的阶段性目标和政策，坚持循序渐进。这是中国共产党基于对实现共同富裕客观规律的科学认识，立足于社会主义初级阶段的发展条件，在领导和推进共同富裕的过程中取得的一个重要启示。

党和政府在辩证认识共同富裕及分阶段促进共同富裕的基础上，通过一定的政策导向和行动指引，把握好共同富裕的长远规划与短期目标的协调与融合，使一部分地区和一部分社会成员先富起来，先富带动后富，从而分阶段、分步骤地推进反贫困的伟大事业，以带动性引导、渐进性推动的思维促进全体人民共同富裕。共同富裕是一个逐步推进和实现的过程，不能毕其功于一役，必须结合不同阶段的生产力发展水平，在经济不断发展进步的基础上追求更加公平的分配方式，不能将长远目标短期化，必须正确把握量变质变的辩证关系，坚持"量力而行"与"尽力而为"相结合，并需要调动全体人民的积极性和创造性，让先富带后富，才有可能实现共同富裕的远大目标。

改革开放初期，鉴于中国所处的阶段是社会主义的初级阶段，邓小平认为要消除实现共同富裕的障碍，必须遵循事物发展客观规律，依靠改革

---

❶ 习近平：《扎实推动共同富裕》，《求是》，2021年第20期，第4-8页。

突破社会生产力发展的瓶颈。只有分阶段、分步骤地推进小康水平的实现，循序渐进地进行反贫困的伟大斗争，才能逐步实现全体人民共同富裕。邓小平回望共同富裕的演进历程，在20世纪90年代初的"南方谈话"中指出："共同富裕的构想是这样提出的：一部分地区有条件先发展起来，一部分地区发展慢点，先发展起来的地区带动后发展的地区，最终达到共同富裕。"❶ 改革开放初期，中国社会发展不平衡不充分的问题非常突出，邓小平遵循经济发展规律，提出推进社会主义共同富裕的"三步走"战略，制定促进共同富裕的时间表和路线图。只有将社会发展中各领域制定的根本任务尽心尽力做好，才能不断实现阶段性目标，提高共同富裕的实效性。共同富裕是阶段性目标和最终目标的有机结合，其本身就是一项分阶段推进反贫困斗争的战略工程。因此，鉴于人口规模巨大和发展不平衡不充分的具体国情，共同富裕的推进和实现只能是一个速度有快有慢、时间有先有后，长期的逐步推进的历史过程。坚持共同富裕是分阶段不断完成的一场"持久战"的正确观点，避免了在落实共同富裕推进的各项任务过程中忽视社会主义初级阶段本质特征的错误认识。

以江泽民同志为核心的党的第三代中央领导集体在推进改革开放和社会主义现代化建设的过程中，统筹需要与可能，强调共同富裕与社会经济现实状况相适应，是一个久久为功、循序渐进的动态发展过程。1995年9月，江泽民在中共十四届五中全会上讲话指出："解决地区差距问题需要一个过程。应该把缩小地区差距作为一条长期坚持的重要方针。"❷ 各地区在实现共同富裕的进程中存在一定差距，因此共同富裕的实现从现实和可能两个方面考量，必定是一个有先有后的循序渐进的过程。1998年12月，江泽民指出："要坚持从实际出发，先易后难，由浅入深，循序渐进，避免发生大的社会震荡。"❸ 因此，我们必须立足各地发展的现实状况，分阶段制定时间表和路线图，循序渐进，逐步推动全体人民共同富裕不断迈上

---

❶《邓小平文选》（第三卷），人民出版社1993年版，第373–374页。
❷《江泽民文选》（第一卷），人民出版社2006年版，第466页。
❸《江泽民文选》（第二卷），人民出版社2006年版，第254页。

新台阶。为了走出一条具有中国特色的区域协调发展之路，推进共同富裕目标的实现，1999年6月，江泽民强调："逐步缩小地区之间的发展差距，实现全国经济社会协调发展，最终达到全体人民共同富裕，是社会主义的本质要求。"❶ 这就要确保全体人民共同富裕根本目标的方向不偏离，只有逐步改变贫困地区社会、经济、文化的落后状态，才能促使贫困地区人口与全国人民一起逐步走上共同富裕的道路。推进区域协调发展、实现共同富裕不是一蹴而就的，"在整个西部大开发的实施过程中，都要坚持立足当前、着眼长远、量力而行、逐步推进的方针。既要有长远蓝图，又要制定阶段性目标和任务，并使每个阶段的目标相互衔接，稳步前进"❷。共同富裕是一项复杂的、长期的系统工程，只有根据不同时期的发展状况，正确处理效率和公平的关系，建立科学政策体系和分配格局，完成最初设定的阶段性富裕目标，才会在统筹需要和可能的基础上，产生质的飞跃，一步一个脚印扎实推动这项工作，使全体人民朝着共同富裕的最终目标迈进。

新世纪新阶段，以胡锦涛同志为核心的党的第四代中央领导集体强调实现共同富裕是一项长期而重大的战略任务，是一个从量变到质变的过程，必须扎扎实实做好反贫困和推进共同富裕的各项工作。2008年12月，胡锦涛指出，在改革开放和推进共同富裕的过程中，我们必须"既坚定不移地大胆探索、勇于创新，又总揽全局、突出重点，先易后难、循序渐进，在实践中积累经验"❸。党和政府必须深刻认识推进共同富裕工作的重要性和紧迫性，根据经济社会发展逐步推进共同富裕，集中力量解决全局性、战略性、关键性问题，逐步实现城乡基本公共服务均等化，进而逐步缩小地区发展差距。"实现共同富裕表现为一个循序渐进的历史过程。"❹ 21世纪以来，以胡锦涛同志为核心的党的第四代中央领导集

---

❶《江泽民文选》（第二卷），人民出版社2006年版，第340页。
❷《江泽民文选》（第三卷），人民出版社2006年版，第59页。
❸ 中共中央文献研究室：《十七大以来重要文献选编》（上），中央文献出版社2009年版，第806页。
❹ 周绍东、陈艺丹：《中国共产党推动共同富裕实践的百年道路与经验总结》，《齐鲁学刊》，2022年第3期，第62页。

体充分估计到共同富裕实现的长期性和复杂性,正确认识和深刻把握推进中国特色社会主义共同富裕的战略目标和实践路径,提出共同富裕的阶段性目标,对收入分配制度的改革遵循了循序渐进、实事求是的基本原则,逐步实现社会公平正义,分阶段有序推进全体人民共同富裕。

进入新时代以来,为了科学辩证地看待共同富裕与收入分配的密切关系,以习近平同志为核心的党中央运用长期性和阶段性辩证统一的哲学方法论,一步步落实好以人民为中心的发展,坚持从低层次到高层次、循序渐进地推进全体人民共同富裕。"共同富裕不仅仅是经济发展状态的呈现,还是包括经济发展状态在内的政治经济文化社会生态等各个方面文明进步到高层次的完整集合。"❶ 因此,党和政府对共同富裕的长期性、艰巨性、复杂性要有充分的认识,在经济社会发展和国家财力增强的基础上,坚持共同富裕的底线要求,循序渐进分阶段、分步骤地逐步消灭绝对贫困。鉴于社会主义建设的长期性和艰巨性,习近平反复强调共同富裕的复杂性和差异性,指出:"要统筹考虑需要和可能,按照经济社会发展规律循序渐进,自觉主动解决地区差距、城乡差距、收入差距等问题。"❷ 新时代党和政府坚持合乎规律性的物的尺度和目的性的人的尺度相统一,充分认识到共同富裕实现的层次性和阶段性。党的十八大以来,针对每个地区实现共同富裕的基础和条件存在差异的实际,中国共产党坚持马克思主义辩证法原则,发展中国特色社会主义政治经济学,对扎实推动中国式现代化作出重大战略部署,为站在新的历史起点上推进共同富裕进行先期探索,为共同富裕在更广范围内展开提供可复制推广的模式和经验。习近平指出:"促进全体人民共同富裕是一项长期任务,但随着我国全面建成小康社会、开启全面建设社会主义现代化国家新征程,我们必须把促进全体人民共同富裕摆在更加重要的位置,脚踏实地,久久为功,向着这个目标更加积极

---

❶ 乔惠波:《试论共同富裕的内涵、基础及推进路径》,《东岳论丛》,2022 年第 2 期,第 22 页。

❷ 《深入学习坚决贯彻党的十九届五中全会精神 确保全面建设社会主义现代化国家开好局》,《人民日报》,2021 年 1 月 12 日。

有为地进行努力。"❶ 各地要结合实际情况，根据中央的决策部署，着力处理好经济社会发展长期性和阶段性的关系，因地制宜、循序渐进、分梯次逐步推进共同富裕目标的实现。

改革开放以来，"共同富裕构成中国特色社会主义'质的飞跃'和'更高阶段'的基本内核。"❷ 事物发展演变是一个渐变的长期的过程，在不同历史时期，党对于实现全体人民共同富裕目标的认识是不断深化的，共同富裕的目标有一定的层次性和阶段性。"共同富裕是中国特色社会主义的本质要求，也是一个长期的历史过程。"❸ 达到共同富裕的层次和水平是一个不同阶段相接续、随着生产力的发展不断充实新内容的不断提高的过程。为了确保全体人民切实享受改革成果和发展红利，党和政府立足经济社会发展水平，把握我国经济社会发展的阶段性特征，正确处理好效率与公平的问题，脚踏实地、久久为功，以循序渐进和先行示范相结合的方式推动共同富裕。"中国特色社会主义共同富裕不是空中楼阁，而是以社会生产力发展程度为物质基础的循序渐进。"❹ 因此，针对不同区域分阶段逐步推进共同富裕，坚持循序渐进，不做超越发展阶段的事情，这也是中国共产党探索和推进共同富裕取得的重要启示之一。

本章小结

新中国成立以来，中国共产党基于对"天下大同"思想的批判性继

---

❶《〈中共中央关于制定国民经济和社会发展第十四个五年规划和二〇三五年远景目标的建议〉辅导读本》，人民出版社2020年版，第73页。习近平：《关于〈关于制定国民经济和社会发展第十四个五年规划和二〇三五远景目标的建议〉的说明》，《人民日报》，2020年11月4日，第2版。

❷ 张晓晶：《中国共产党领导中国走向富强的百年探索》，《中国社会科学》，2021年第11期，第91页。

❸ 习近平：《高举中国特色社会主义伟大旗帜，为全面建设社会主义现代化国家而团结奋斗——在中国共产党第二十次全国代表大会上的报告》，《人民日报》，2022年10月26日，第1版。

❹ 袁超越、朱耘嬋：《共同富裕的政治经济学阐释》，《湖北大学学报》（哲学社会科学版），2023年第3期，第7页。

承，坚持以人民为中心的发展思想，将"共同富裕"提到社会主义本质的高度，发展创新了马克思主义关于共同富裕思想的科学论述和理论体系，将反贫困的理论与伟大实践推向深入，推动经济发展和民生改善相得益彰，实现人民的美好生活愿望，不断推进全体人民共同富裕。"马克思主义经典作家并未使用'共同富裕'这一词语，但共同富裕的思想已体现在其对社会发展规律的描述中，体现在对资本主义异化劳动、贫富差距的批判中。"❶ 共同富裕内蕴着马克思主义的历史辩证思维，改革开放以来，中国共产党坚持实事求是的思想路线，将人民性提到了党性高度，历史性地解决了绝对贫困问题，实现了全面建成小康社会这一推进共同富裕的阶段性奋斗目标，走出了一条行之有效的具有中国特色的共同富裕之路。作为一项渐进式发展的系统工程，实现共同富裕是一个在动态中消除贫困、注重物质富裕和精神富裕两方面向前发展的过程。实现共同富裕是规律性与目的性的统一，中国共产党探索和推进共同富裕的过程中，取得了坚持中国共产党的全面领导、坚持以人民为中心的发展思想、坚持以改革创新为动力、坚持紧紧扭住社会主要矛盾、坚持以经济建设为中心等历史经验。共同富裕是一个实实在在的经济发展目标，推进共同富裕取得的这些历史经验成为推进中国式现代化建设和中华民族伟大复兴的有益借鉴，推进了国家治理体系和治理能力现代化，也为国际社会学习、借鉴反贫困经验提供了路径选择和科学依据，推动国际社会在贫困地区进行扶贫开发项目合作，有效推动了人类命运共同体的国际认知、认可，彰显了人类文明新形态。

共同富裕蕴含着生产力与生产关系的双重意蕴，将发展的物质利益同人的解放关联起来。实现全体人民的共同富裕是中国共产党代表最广大人民的根本利益，锲而不舍追寻的价值目标和理想。改革开放以来中国共产党在共同富裕推进过程中把握好社会主要矛盾"变"与"不变"的辩证关

---

❶ 蒋南平、李艳春：《共同富裕中国式现代化的理论与实践创新：基于党的二十大精神解读》，《政治经济学评论》，2023年第1期，第30页。

系，推进实践发展和理论创新，分阶段、稳步推进共同富裕目标的实现。我们要立足系统性视角看待共同富裕，凝练与总结中国共产党探索和推进共同富裕的重要经验与启示，这对于新时代进一步推动全体人民共同富裕目标的实现具有重大的理论意义和现实意义，充分彰显了追求共同富裕的社会主义制度优越性。新中国成立以来，中国共产党人赋予共同富裕以新的理论内涵和实践特征，在探索和推进共同富裕的进程中取得了深刻的历史启示。这些启示主要有探索和推进共同富裕必须注重维护社会公平、坚持统筹协调发展、做好"三农"工作、坚持人民主体地位、坚持实事求是、坚持循序渐进等方面。

消除贫困体现了中国共产党致力于共同富裕的社会主义本质要求。"共同富裕，是马克思主义的一个基本目标，也是自古以来我国人民的一个基本理想。"❶ 新中国成立以来，以不断创新发展的中国特色社会主义政治经济学为指导的中国共产党坚持以人民为中心的发展思想，立足中国国情和具体实际，不断推进马克思主义共同富裕思想中国化，构建中国特色共同富裕实践的路径选择，成功地开辟了一条走向全体人民共同富裕的道路。基于对马克思主义经典作家共同富裕理论的继承和发展，党和政府在科学把握中国特色社会主义共同富裕内涵的基础上，采取政策举措在保持经济快速增长的同时，加强共同富裕顶层设计，促进地区经济合理布局和协调发展，妥善解决社会贫富差距问题。历史性地解决区域性整体贫困问题，能够使全体人民共享改革发展成果，不同区域朝着实现共同富裕的目标迈进，中国共产党承诺的共同富裕的美好愿景一步步地由理论变成现实。

---

❶ 《习近平在省部级主要领导干部学习贯彻党的十八届五中全会精神专题研讨班上的讲话》，《人民日报》，2016年5月10日，第2版。

结　语

共同富裕、中国式现代化与中华民族伟大复兴

结　语　共同富裕、中国式现代化与中华民族伟大复兴

共同富裕是中国式现代化的重要特征和本质要求之一，实现共同富裕是中国式现代化背景下一个动态发展循序渐进的历史过程，中国式现代化对共同富裕的理论内涵与实践路径具有内在规定性，共同富裕的推进能够加速中国式现代化建设的进程。共同富裕是实现中华民族伟大复兴中国梦的重要环节和内在要求，升华了中华民族伟大复兴中国梦的具体内容与呈现形式，只有扎实推进中国式现代化建设，推动全体人民共同富裕取得更为明显的进展，才能进一步推进中华民族伟大复兴的历史伟业。推进中华民族伟大复兴的历史就是一部现代化的演进史，只有在推进现代化和共同富裕的动态发展中把中华民族伟大复兴同中国式现代化进程整体联系起来，才能持续不断解放和发展社会生产力，推动实现中华民族伟大复兴远景目标。

一、共同富裕、中国式现代化与中华民族伟大复兴的关系

新中国成立以来，中国共产党正确体悟和把握共同富裕、中国式现代化与中华民族伟大复兴的关系，继承和发展了马克思主义的共同富裕思想和理论，领导人民创造性地开辟了一条治理贫困、推进全体人民共同富裕的中国式现代化新道路，大大加速了中华民族伟大复兴历史伟业的进程。

（一）推进共同富裕与中国式现代化建设

中国式现代化建设与共同富裕推进相协调，二者之间是辩证统一的关系。"共同富裕是社会主义的本质要求，是中国式现代化的重要特征。"[1]中国共产党推进社会主义现代化建设和推进共同富裕的进程表明：中国式现代化建设推进全体人民共同富裕，同时，推进共同富裕也加速了中国式现代化建设的进程，二者相辅相成，相互促进。中国特色社会主义共同富裕"既是对马克思主义共同富裕思想的继承和发展，也是对中国式现代化

---

[1] 中共中央党史和文献研究院：《十九大以来重要文献选编》（下），中央文献出版社2023年版，第392页。

道路的探索与创新"❶。实现共同富裕必须以中国式现代化为基础，反之，共同富裕的推进也加速了中国式现代化目标的实现。

实现共同富裕是中国式现代化背景下一个动态发展循序渐进的历史过程，中国式现代化建设推进了全体人民共同富裕的历史进程。中国式现代化建设史本质上就是一部扎实推动全体人民共同富裕的历史。中国式现代化建设是具有整体性的深刻变革过程，实行公有制与市场经济有机结合的社会主义市场经济，一方面要求遵循社会主义经济发展规律，扎实推进经济制度体系现代化、国家治理体系和治理能力现代化，在经济社会的快速发展中建立解决相对贫困的长效机制，不断推进更高水平的共同富裕；另一方面要求坚持以人民为中心的发展思想，推进生产力与生产关系、经济基础与上层建筑的整体变革、协调运行，着力效率和公平辩证统一，不断实现物质文明和精神文明的共同进步，致力于解决不协调的发展矛盾，加速推进全体人民共同富裕目标的实现。"生产力的这种发展之所以是绝对必需的实际前提，还因为如果没有这种发展，那就只会有贫穷、极端贫困的普遍化。"❷ 共同富裕是社会主义本质的题中应有之义，也是中国式现代化建设和发展的价值目标。从人类文明发展进程来看，现代化道路有资本主义与社会主义两种模式，中国式现代化对共同富裕的理论内涵与实践路径具有内在规定性，成功地超越了资本主义现代化道路的内在困境，促进生产力巨大发展和社会巨大进步，使全体人民在共建共享中获得现代化成果，实现人与自然的和谐共生，推进了全体人民共同富裕的历史进程。

共同富裕的推进能够加速中国式现代化建设的进程，创造人口规模巨大的现代化奇迹。中国共产党把扎实推进共同富裕摆在更加重要的位置上，充分调动广大人民进行社会主义现代化建设的积极性、主动性、创造性，激发社会主义市场经济体制下各种生产要素的活力，让一切创造社会财富的源泉充分涌流，逐渐满足全体社会成员对于美好生活的需要，加速

---

❶ 陈潜：《中国特色社会主义共同富裕的科学蕴涵、三重逻辑与实现路径》，《福建论坛》（人文社会科学版），2022 年第 8 期，第 12 页。

❷ 《马克思恩格斯文集》（第一卷），人民出版社 2009 年版，第 538 页。

中国式现代化发展的历史进程。实现人民共同富裕"凸显了中国式现代化新道路的价值取向，起着灵魂和引领作用"❶。这就体现着中国式现代化建设和发展的价值所在。从一般意义上来讲，共同富裕与马克思主义经典作家对未来美好社会的设想具有内在的逻辑一致性，共同富裕的推进和阶段性目标的实现为人的自由而全面的发展创造了必要的条件，推进了中国式现代化建设的历史进程。中国共产党自新中国成立以来探索和推进共同富裕理论与实践，谱写了社会主义现代化建设的新篇章，领导人民成功开辟了中国式现代化道路，致力于将人民群众对美好生活的向往变成现实，用共同富裕的阶段性胜利和重大成果推动了中国式现代化的实质性进展。

现代化建设和共同富裕的推进是人类文明进步和时代发展的要求。新中国成立以来，走在时代前列的中国共产党深刻洞察社会主义现代化建设与实现共同富裕的重要关系，将"共同富裕"概念置于中国式现代化的框架范围之内，一方面在开展现代化建设的进程中逐步消除绝对贫困，加快收入分配制度改革，维护社会公平正义，推动区域协调发展，逐步消除两极分化，为实现共同富裕创造了良好的社会条件，从而加速了全体人民共同富裕目标的实现；另一方面共同富裕的推进和阶段性目标的实现，增强了全体人民获得感，实现了发展成果由人民共享，激发了人民群众开展中国式现代化建设的积极性和创造性，有利于进一步解放和发展社会生产力。共同富裕为中国式现代化提供了不竭的动力源泉和基本的制度保障，加快了社会主义现代化步伐。作为构成中国式现代化的一项重要内容，共同富裕具有深厚的历史文化底蕴，彰显了中国共产党人解决贫富差距问题的初心使命，凝结着中国共产党一百多年来对中国式现代化建设的不懈探索和价值追求，突出了中国特色社会主义人民至上的价值导向，成为社会主义初级阶段党和人民奋力推进中国式现代化建设的价值标尺。

（二）推进共同富裕与中华民族伟大复兴

共同富裕是实现中华民族伟大复兴中国梦的重要环节和内在要求，为

---

❶ 张远新：《中国共产党对共同富裕的百年追求》，《人民论坛》，2021年第32期，第40页。

推进现代化建设和中华民族伟大复兴打下更加牢固的基础。"扎实推进共同富裕是实现中华民族伟大复兴的根本标识和必然走向。"❶ 回溯共同富裕的历史进程，揭示共同富裕的根本所在，探究共同富裕的实践路径，全体中华儿女要风雨同舟实现全面建成小康社会目标，扎实推进中国式现代化建设，推动全体人民共同富裕取得更为明显的进展，才能进一步推进中华民族伟大复兴的历史伟业。"共同富裕即为中华民族伟大复兴的必要条件和时代责任。"❷ 中华民族伟大复兴中国梦的实现必须以适时推进共同富裕作为必要条件，小康社会的全面建成，第一个百年奋斗目标的实现，中国由消灭贫困的时期进入比较富裕的时期，标志着中华民族伟大复兴向前迈出了坚实的一大步，也成为新的更高的朝着中华民族伟大复兴继续前进的逻辑起点和历史起点。

共同富裕是物质富裕和精神富裕的统一，具有双重富裕的科学内涵和实践指向。共同富裕是在更高层次上对社会主义本质和优越性的科学概括，共同富裕目标的实现与中华民族伟大复兴的推进在方向、路径和机制体制方面有许多相通之处，科学厘清和准确识别共同富裕的理论内涵、发展规律和逻辑理路，有利于正确认识和准确把握共同富裕的政策体系和实践路径，这是推动中华民族伟大复兴历史伟业不可或缺的重要一环。

共同富裕是在更高层次上对中国特色社会主义主题和总纲的集中概括，升华了中华民族伟大复兴中国梦的具体内容与呈现形式，凝结着全面建成小康社会和实现中华民族伟大复兴的价值内涵和本质要求。新时代中国共产党统筹协调好社会各方面的利益关系，领导人民打赢脱贫攻坚战使共同富裕的生产力基础得以稳步加强，全面建成小康社会使共同富裕的生产关系实现了质的飞跃，这是推进共同富裕进程中党和人民取得的辉煌成就和阶段性胜利，为促进共同富裕创造了良好条件。"共同富裕是实现伟

---

❶ 李婧、崔守滨：《新时代共同富裕出场的三重逻辑》，《东北师大学报》（哲学社会科学版），2023 年第 6 期，第 27 页。

❷ 张占斌、毕照卿：《中国共产党对共同富裕的百年探索：深刻把握与历史贡献》，《经济社会体制比较》，2022 年第 2 期，第 6 页。

大复兴的关键环节，集中彰显了社会主义的制度优势和本质要求。"[1] 共同富裕的价值目标、战略重点与实现中华民族伟大复兴远景目标具有一致性、同向性。推进共同富裕、实现改革发展成果的共享是实现中华民族伟大复兴中国梦的重点目标和关键任务，这些阶段性目标的实现和关键任务的完成，从根本上说，推进了中华民族伟大复兴的历史进程。习近平指出："如果只顾一头、不顾另一头，一边是越来越现代化的城市，一边是越来越萧条的乡村，那也不能算是实现了中华民族伟大复兴。"[2] 全面建成小康社会是实现中华民族伟大复兴进程中的关键节点和底线任务。在推进民族复兴伟业的进程中，中国共产党最大限度地体现社会各个方面的利益要求，赋予共同富裕越来越丰富的内涵，以改革和创新为内生动力，促进区域协调发展，中华民族伟大复兴实现的美好愿景越来越近。因此全面建成小康社会使绝大多数社会成员的利益得到程度不同的增进，这是实现中华民族伟大复兴的根本保证和必然要求，是把共同富裕伟大实践不断推向新高度的不可或缺的关键步骤和战略任务。

（三）中国式现代化与中华民族伟大复兴

党的十八大以来，赓续创新反贫困理论和实践为实现共同富裕开拓可行路径成为推进现代化建设和中华民族伟大复兴的时代最强音。推进中华民族伟大复兴的历史就是一部现代化的演进史。"共同富裕是社会主义国家的本质规定和实现中华民族伟大复兴的基本要求。"[3] 中国式现代化不仅满足人民群众的新需求与新期望，也有助于中国特色社会主义进入新时代后把发展中产生的多方面矛盾和各种问题消灭在现代化的发展进程中。

---

[1] 明佳睿、宋福范：《中国共产党共同富裕百年探索：发展历程·辉煌成就·经验启示》，《学术探索》，2022年第6期，第33页。

[2] 中共中央党史和文献研究院编：《习近平关于"三农"工作论述摘编》，中央文献出版社2019年版，第10页。

[3] 邱卫东、高海波：《新中国70年来的共富实践：历程、经验和启示》，《宁夏社会科学》，2019年第3期，第5页。

"实现中华民族伟大复兴,归根到底是同解放和发展生产力密切相连的。"❶中国式现代化是实现中华民族伟大复兴的根本之路和必经阶段,只有在推进现代化和共同富裕的动态发展中把中华民族伟大复兴同中国式现代化进程整体联系起来,才能持续不断解放和发展社会生产力,推动中华民族伟大复兴远景目标的实现。

中国式现代化建设能够解放和发展社会生产力,从根本上加快实现共同富裕的步伐和进程,为从战略全局出发实现中华民族伟大复兴指明路径、方向,"以中国式现代化全面推进中华民族伟大复兴",揭示中国式现代化的价值意蕴。这是中国共产党新时代推进共同富裕、实现最广大人民的根本利益和愿望的行动宣言,表明中国特色社会主义新时代扎实推动共同富裕迎来了崭新的发展阶段。中国式现代化把改革发展的成果惠及全体人民,为实现中华民族伟大复兴的中国梦提供了理论指引和实践支撑,谱写了实现中华民族伟大复兴的新篇章。

中国特色社会主义进入新时代,"全面建设社会主义现代化国家,实现中华民族伟大复兴,最艰巨最繁重的任务依然在农村"❷。以习近平同志为核心的党中央紧紧扭住社会主要矛盾,实施精准扶贫、精准脱贫,打赢脱贫攻坚战,实施乡村振兴战略,推进农村农业现代化,全面建成小康社会,逐步推动共同富裕从设想变为现实,这就为达成民族复兴伟业的目标奠定了物质基础和社会基础。"中国农业农村和农民现代化将在中华民族伟大复兴大业中更加熠熠生辉。"❸ 中国式现代化是"全体人民共同富裕的现代化"❹。共同富裕的推进和中国式现代化建设的开展,逐步解决了发展

---

❶ 张晓晶:《中国共产党领导中国走向富强的百年探索》,《中国社会科学》,2021年第11期,第93页。

❷ 《中共中央、国务院关于全面推进乡村振兴加快农业农村现代化的意见》,《人民日报》,2021年2月22日,第1版。

❸ 王景新:《中国共产党百年乡村建设的历史脉络和阶段特征》,《中国经济史研究》,2021年第4期,第25页。

❹ 习近平:《高举中国特色社会主义伟大旗帜,为全面建设社会主义现代化国家而团结奋斗——在中国共产党第二十次全国代表大会上的报告》,《人民日报》,2022年10月26日,第1版。

不平衡不充分的问题，进一步解放和发展社会生产力，使现代化总体战略日益丰富完善。习近平强调："实现社会主义现代化，实现中华民族伟大复兴，最根本最紧迫的任务还是进一步解放和发展社会生产力。"❶ 中国共产党成立伊始就把人民作为担当实现中华民族伟大复兴的主体，谋划中华民族伟大复兴的宏伟蓝图。新时代共同富裕和中国式现代化实践不断推进取得的重大成果和历史性胜利，坚定了党和人民坚持走中国特色社会主义道路的信心和决心，创造了实现中华民族伟大复兴最根本的社会条件，因而具有里程碑式的深远意义。

实现中华民族伟大复兴是中国共产党人的初心使然，中国式现代化建设凝聚起解放和发展社会生产力的磅礴伟力，以壮大公有制经济为压舱石实现共同富裕，成为实现中华民族伟大复兴的根本保证。现代化"是中华民族伟大复兴的重要内容，是中国人民艰苦奋斗的不懈追求"❷。新中国成立以来，党中央统揽时代发展全局，立足社会主义初级阶段的发展实际，将中国式现代化建设视角投向推进全体人民共享改革发展成果和实现中华民族伟大复兴中国梦。中国式现代化建设的巨大成就成为推进中国特色社会主义事业发展的新的历史起点和成功逻辑，这也是中国共产党广泛地动员和组织社会力量在推进中华民族伟大复兴道路上迈出的坚实的一步。

二、共同富裕、中国式现代化与中华民族伟大复兴的推进

新时代推进中国特色社会主义共同富裕，以中国式现代化推进中华民族伟大复兴，还须从以下几个方面着手：把握共同富裕内涵、实现人民全面富裕；坚持基本经济制度、维护社会公平正义；弘扬脱贫攻坚精神、推进民族复兴伟业；提供减贫中国方案、促进人类文明进步。唯其如此，才能实现在中国共产党领导下走中国特色社会主义共同富裕之路，推进共同

---

❶《习近平谈治国理政》（第一卷），外文出版社2018年版，第92页。
❷ 童成帅、周向军：《新时代共同富裕的生成基础、逻辑内涵与实践进路》，《西北农林科技大学学报》（社会科学版），2023年第2期，第11页。

富裕取得实质性进展，推进中华民族伟大复兴历史伟业，创造人类文明新形态。

（一）把握共同富裕内涵，实现人民全面富裕

中国共产党在领导人民探索和推进共同富裕的过程中，只有深刻洞察和把握共同富裕的内涵，从物质富裕拓展到精神富裕，进而实现人民全面富裕，推进物质富裕和精神富裕相统一，才能使共同富裕的推进取得更为明显的实质性进展。

一是把握共同富裕内涵。"共同富裕"在中国共产党领导革命、建设和改革的进程中逐步从一个纯粹的抽象的概念命题转变成一个亟待解决的现实命题。实现共同富裕关键在于明确其思想内涵和理论本质。新中国成立以来，随着时代的进步和实践的发展，在不同发展阶段，共同富裕的内涵会随之变化而不断创新，彰显着自身的特色。"共同富裕在我国的不同发展阶段具有不同的时代内涵。"❶ 共同富裕是一个内涵极其丰富的范畴，廓清共同富裕的理论内涵和历史脉络，凝聚社会共识，可以为推进共同富裕和加快建成社会主义现代化强国提供历史经验和现实启示。

改革开放初期，邓小平坚持从客观实际出发制定政策、推动工作，强调贫穷不是社会主义，提出了"先富带动后富"的思想，破除了将"共同富裕"等同于"同时富裕""同等富裕""平均富裕"的错误认知，强调社会主义建设事业是以全体人民共同富裕为取向。邓小平站在历史唯物主义的高度，在对共同富裕中所蕴含的差别富裕内涵揭示的基础上，提出了先富带动后富最终达到共同富裕的路径安排，擘画出了全体人民共同富裕的战略设计和伟大构想，开辟出社会主义初级阶段区域协调发展走向共同富裕的实现路径。邓小平在南方谈话中提出的关于社会主义本质的科学判断从生产力和生产关系的统一中来把握共同富裕，将"共同富裕"提到了

---

❶ 王婷、苏兆霖：《中国特色社会主义共同富裕理论：演进脉络与发展创新》，《政治经济学评论》，2021年第6期，第42页。

社会主义本质的高度，深刻地揭示了共同富裕思想的本质内涵，并将共同富裕确定为社会主义的最终奋斗目标和价值归宿，在改革开放初期实现了中国共产党共同富裕理论与实践的开拓创新。

党的十三届四中全会以来，以江泽民同志为核心的党的第三代中央领导集体继承和发展了邓小平的共同富裕思想，强调"先富带动后富""效率优先兼顾公平"。在深化改革的过程中，党和政府采取的分配政策"既要有利于善于经营的企业和诚实劳动的个人先富起来，合理拉开收入差距，又要防止贫富悬殊，坚持共同富裕的方向，在促进效率提高的前提下体现社会公平"❶。这就指明了共同富裕的理论内涵和实践进路。党中央继续强调坚持走共同富裕道路，共同富裕的内涵不是毫无差别的绝对平均主义，一方面正确处理"先富"与"共富"的关系、区域协调发展的辩证关系，改革收入分配制度，在收入分配方面体现社会主义制度公平正义的核心内涵，另一方面实施西部大开发和扶贫开发工程，从世界社会主义发展与中国特色社会主义道路的前途命运角度出发，提出了一系列消除贫困的重要思想和政策举措，这些对共同富裕理论的深化和发展都作出了独到的贡献，大大丰富了中国特色社会主义共同富裕的思想内涵。

21世纪以来，随着时代的推移和经济社会的快速发展，共同富裕的思想内涵不断丰富和完善。以胡锦涛同志为核心的党的第四代中央领导集体致力于对"先富带动后富、最终实现共同富裕"的新探索，提出的科学发展观成为新世纪新阶段进一步推进共同富裕目标实现的科学理论和重大指导思想。科学发展观的创新理论从维护社会公平正义的视角对共同富裕的理论内涵进行了科学阐释和理论解读，反映了中国共产党对共同富裕问题的最新认识。党的十六大确定了21世纪头20年全面建设小康社会的具体目标，小康社会对"生活富裕"的理解不仅仅局限在物质层面，从单纯的经济层面拓展到人的全面发展，大大扩展了共同富裕的内涵和外延，从而

---

❶ 中共中央文献研究室：《十三大以来重要文献选编》（上），人民出版社1991年版，第32页。

超越了对共同富裕的单纯经济意义的理解。"共同富裕是物质精神的双重富裕。"❶ 作为一个兼具理论性和实践性的命题,共同富裕在理论上不断实现内涵的丰富,在实践中不断实现具体措施的突破。新世纪新阶段中国特色社会主义共同富裕体现了社会发展的规律性和人们自觉选择性的统一,其科学内涵的深刻揭示和实践举措充分体现了唯物史观的基本原理,有助于将人民对美好生活的向往变成现实,对推进共同富裕的历史进程产生了重要影响。

党的十八大以来,在理解和把握共同富裕内涵的纵深发展和维度变迁的基础上,以习近平同志为核心的党中央强调中国式现代化建设与实现共同富裕的重要关系,强调要实现全体人民全面共享共富,就必须采取更为明显、更加实际的政策举措来扎实推进全体人民共同富裕和人的全面发展。党的十八大以来,习近平发表了一系列关于共同富裕的重要讲话和相关论述,深化了对共同富裕的必然性认识与科学理解,将"人民生活更加美好,人的全面发展、全体人民共同富裕取得更为明显的实质性进展"❷ 作为社会主义现代化远景目标,涵括着实现共同富裕的深刻意蕴,推进了共同富裕理论体系的创新,开辟了马克思主义共同富裕思想的新境界。"新发展理念"中的"共享发展"与共同富裕的推进高度契合、同频共振。"厘清'共同'与'富裕'的关系,是理解'共同富裕'的关键。"❸ "共同"厘清共同富裕的内涵和实现途径,意味着区域性整体贫困得到解决,全民共享共富,关注分配社会财富的公平问题,强调富裕的彻底性和全面性。共同富裕路上一个都不能少,在实现范围上,强调全民覆盖。"富裕"是中国特色共同富裕思想理论的重大理论和实践创新,意味着全面富裕,是随着社会主义现代化进程逐步提升层次的渐进式富裕,是满足人民美好

---

❶ 王鑫:《中国式现代化视域下的共同富裕:内涵、价值与路径》,《浙江工商大学学报》,2022 年第 3 期,第 28 页。

❷ 《中华人民共和国国民经济和社会发展第十四个五年规划和 2035 年远景目标纲要》,《人民日报》,2021 年 3 月 13 日,第 1 版。

❸ 陈燕:《中国共产党的共同富裕:理论演进与实现路径》,《科学社会主义》,2021 年第 3 期,第 115 页。

生活多方面需要、让人民能够更高质量享受发展成果的富裕。共同富裕内涵的揭示为在新的历史起点上扎实推进全体人民共同富裕提供了理论指导和基本遵循，全面建成小康社会，使共同富裕由理论变成了现实，在促进人民共同富裕的路上迈出了坚实的步伐。

总之，新中国成立以来，共同富裕的内涵随着时代的发展而变化，具有鲜明的中国特色。"共同富裕是当下中国最具感召力、凝聚力和引领力的话语叙事。"❶ 中国共产党对共同富裕内涵的认识不断深化，从最初的单一物质性富裕逐步拓展深化为新时代分阶段实现包括经济、政治、文化、社会、生态文明在内的全面富裕，在"富裕"内涵上强调不断提升社会物质富裕及精神富裕程度，彰显着鲜明的马克思主义人民立场，逐步实现共同富裕由理念向实践的伟大跨越。从中国式现代化视角来理解共同富裕的理论内涵和实践路径，超越物质层面的温饱生存与小康，使共同富裕内涵向度不断深化，能够不断推动人的全面发展和社会全面进步，推动全体人民共同富裕迈上一个新台阶，为推进中华民族伟大复兴作出重要贡献。

二是实现人民全面富裕。物质丰裕和精神富足协同推进，二者相统一是中国式现代化的题中应有之义和必然命题。人是物质实践与精神实践相结合的统一体。"共同富裕是人的全面发展和社会全面进步的富裕，是一个全方位的立体综合系统。"❷ 共同富裕与促进人的全面发展是高度统一的，共同富裕的社会实践内在地将实践主体赖以生存的物质世界与精神世界紧密地联系在一起，只有发挥实践主体在实现共同富裕过程中的主体性地位，创造性地开展社会实践，才能实现实践主体的社会价值。恩格斯认为，社会主义制度确立后，"通过社会化生产，不仅可能保证一切社会成员有富足的和一天比一天充裕的物质生活，而且还可能保证他们的体力和智力获得充分的自由的发展和运用"❸。恩格斯在这里强调社会化大生产的

---

❶ 吴云志、孙扬：《中国式现代化推动共同富裕的中国实践与世界历史意义》，《社会科学辑刊》，2024 年第 1 期，第 3 页。

❷ 张占斌、吴正海：《共同富裕的发展逻辑、科学内涵与实践进路》，《新疆师范大学学报》（哲学社会科学版），2022 年第 1 期，第 43 页。

❸ 《马克思恩格斯选集》（第三卷），人民出版社 2012 年版，第 814 页。

重要性，认为经济社会发展与人的发展是能够有机结合的。因此在社会主义市场经济体制下，我们不能片面地追求物质财富的满足，要促进人民精神生活与物质生活都富裕。"共同富裕作为中国式现代化的重要特征，包含着物质富足与精神充实的一体推进。"❶ 物质富裕与精神富裕的协调和相互促进是中国特色社会主义共同富裕的必然要求。"物质贫乏不是社会主义，精神空虚也不是社会主义。"❷ 物质富裕的实现并不能自然消解精神的贫困。共同富裕的外延不仅包括物质生活的富裕，创新性的共同富裕指数还包括全体社会成员精神生活的富裕，这样才能使每一个社会成员最终实现"自由而全面的发展"，扎实推动共同富裕。

　　市场经济的发展和物质财富的增加，在某种程度上造成现代人的异化，仅有物质生活的富裕而缺乏丰富的精神生活，工具理性和价值理性之间的张力加大，所有人的能力无法得到充分的发挥和保障，这和现代文明是相背离的。由于没有找到促进经济发展与保障公平正义的平衡点，一些社会成员处于深深的文化、精神生活的现实困境中，从而影响了社会和谐稳定和繁荣。因此实现共同富裕，仅有物质富裕是不够的。随着时代的演进，共同富裕的内涵从物质富裕拓展到精神富裕，精神富裕问题相较于物质富裕仍处于滞后的状态，因此必须将人的精神生活的发展与在物质层面消除差距和对立列为同等重要的地位，为全社会提供一个共享的意义体系和价值追求。习近平指出："满足人民过上美好生活的新期待，必须提供丰富的精神食粮。"❸ 有鉴于此，新时代中国共产党人的共同富裕一方面要求经济发展带来的物质富裕，也就是物质层面的"富口袋"，从而持续夯实精神富裕的物质根基，为精神富裕奠定必备的物质基础，不断实现精神富裕的普遍性新提升；另一方面要求精神层面的"富脑袋"，着力解决精神富有的问题，为推进物质文明建设提供思想动力，为共同富裕提供强有

---

　　❶ 阳芳、刘慧敏：《社会主义共同富裕的历史逻辑、理论逻辑与实践逻辑》，《湖北大学学报》（哲学社会科学版），2022 年第 3 期，第 22 页。
　　❷ 《胡锦涛文选》（第三卷），人民出版社 2016 年版，第 163－164 页。
　　❸ 《习近平谈治国理政》（第三卷），外文出版社 2020 年，第 34 页。

力的精神支撑,从而满足全体人民多样化多层次的富裕质量要求,进一步推动全民族精神生活富有程度和品质,做到精神生活的道德水准极度高尚,促进人的全面发展和社会全面进步。共同富裕"是物质富裕与精神富裕相统一,生活丰裕、生态优美、社会和谐、公共服务体系完善的富裕,是消除两极分化和贫穷的富裕"❶。精神富裕具有相对独立性,推进共同富裕,应始终坚持以人民为中心,把人的发展需要作为追求富裕的出发点和落脚点,只有处理好效率与公平、发展与分配的关系,优化分配格局和税收制度,充分发挥基本经济制度的保障作用,建立健全三个层次分配协调配套的基础性制度安排,才能推动物质富裕和精神富裕相协调,以强大的文化自信和坚定的文化自觉为推进精神富裕夯实基础,彰显人的主体性、创造性和文明性,坚持共同富裕阶段性和必然性的辩证统一。

在推进共同富裕的进程中,党和政府既关注创造社会财富的效率问题,也突出精神富裕对于共同富裕的重要意义,"精神富裕的要求伴随物质富裕的实现而跃升,精神富裕的实现会进一步巩固物质的富裕成果"❷。精神富裕符合社会全面进步和文明发展的趋势和方向,"精神富裕指的是丰富的科学文化知识、正确的价值观念、活跃的思维方式和多元的精神生活"❸。在推进共同富裕的进程中,廓清狭隘地将物质富裕与共同富裕画上等号的错误观点,强调精神富裕是为了巩固脱贫攻坚和共同富裕已经取得的历史性胜利和重大成果,调动社会成员的积极性、创造性,为追求共同富裕凝聚起强大精神动力,更好地实现"先富带动后富",以加速推进全体人民共同富裕的历史进程。

实现全体人民共同富裕,不仅要求物质上富裕,还包括人民群众对丰富的精神文化生活的追求,实现人的全面发展和人的现代化。精神富裕必

---

❶ 唐任伍、史晓雯:《新时代共同富裕的价值取向、价值追求和价值实现》,《新疆师范大学学报》(哲学社会科学版),2023 年第 4 期,第 58 页。
❷ 李莹洁:《中国式现代化共同富裕的理论内涵、目标要求和实现路径》,《学术探索》,2022 年第 9 期,第 38 页。
❸ 王鑫:《中国式现代化视域下的共同富裕:内涵、价值与路径》,《浙江工商大学学报》,2022 年第 3 期,第 29 页。

须建立在物质富裕的基础之上，共同富裕是"人民群众物质生活和精神生活都富裕"[1]。因此，我们对共同富裕的理解需要辩证的思维。共同富裕一方面需要党和政府对各类矛盾关系辩证统一地充分把握，采取政策调控、制度规范等宏观措施，另一方面需要满足全体社会成员多样化和多层次的精神文化需求，提升人民群众思想文化、精神境界，促使全体社会成员凝心聚力，积极参与共同富裕的伟大实践，防止社会成员在现代化进程中被异化。共同富裕是人的全面发展的重要条件，习近平关于"物质富裕与精神富裕相统一"的主旨要义、理论内涵及实践要求的重要论述和重大判断，符合辩证唯物主义和历史唯物主义原理，进一步创新、发展和丰富了马克思主义共同富裕思想和理论，是马克思主义共同富裕概念中丰富内涵的展开，也是马克思主义共同富裕思想中国化时代化的集中体现。习近平关于共同富裕的重要论述有助于深刻洞察中国特色社会主义共同富裕的实践路径及理论价值，为中国特色社会主义新时代推进精神生活共同富裕提供科学理论武器，为在学理上进一步指导新时代消除贫困、共同富裕实践作出了原创性理论贡献，为贯彻新发展理念、扎实推进全体人民共同富裕提供思想动力和实践遵循。

（二）坚持基本经济制度，维护社会公平正义

实现共同富裕是一个党和人民接续奋斗、循序渐进的长期的复杂的过程。新中国成立以来，党和政府坚持基本经济制度，发挥我国社会主义基本经济制度的优越性，维护社会公平正义，充分促进社会生产力的发展并协调好各种社会经济关系，推进了全体人民共同富裕的历史进程。

一是坚持基本经济制度。新中国成立以来的实践表明，坚持社会主义基本经济制度是推进共同富裕的根本制度保证。共同富裕是社会主义制度优越性的集中体现，也是社会主义基本经济制度的题中应有之义。基本经济制度要求在生产力发展水平上实现充分涌流，促进生产力发展和生产关

---

[1] 习近平：《扎实推动共同富裕》，《人民日报》，2021年10月16日，第1版。

系和谐的有机统一,在财富分配上兼顾效率与公平,实现社会成员共同占有,激励先富带动后富,逐步实现共同富裕。

改革开放初期,邓小平特别强调公有制为主体,多种所有制经济为补充的所有制结构是实现共同富裕的制度保障。坚持公有制为主体是确保公平和公正的所有制前提,有益于中国特色社会主义共同富裕的实现,促进社会生活中的公平和公正,这无疑是对马克思主义坚持生产资料公有制和按劳分配主体地位以实现共同富裕的思想和理论的发展和超越。邓小平强调:"我们的制度是以公有制为主体的,还有其他经济成分。"❶ 公有制为主体从根本上保障、保证了社会的公平和公正。这就揭示了我国社会主义的改革发展方向,那就是必须在公有制为主体的基础上引导人民走上共同富裕的道路,从而为在生产力水平还不够发达的条件下推进中国特色社会主义共同富裕指明了方向和路径。

20 世纪 90 年代以来,随着社会主义市场经济体制的建立和逐步完善,党和政府开始探索不同所有制形式和分配方式在推进共同富裕中的作用,推动公有制实现形式多样化发展。1997 年 9 月,为了进一步深化经济体制改革,党的十五大明确提出:"公有制为主体、多种所有制经济共同发展,是我国社会主义初级阶段的一项基本经济制度。"❷ 共同富裕是我国探索社会主义市场经济、推动国家经济整体发展的内在要求,基本经济制度同我国社会主义初级阶段社会生产力发展水平相适应,实现了效率与公平的辩证统一,遏止了私人资本无序扩张、野蛮扩张,进而在制度上保证、保障了对贫富差距的调控的实践可行性和分配正义的合理性。党的十六大强调:"根据解放和发展生产力的要求,坚持和完善公有制为主体、多种所有制经济共同发展的基本经济制度。"❸ 只有在生产力不断发展的基础上,坚持以公有制经济为主体,才能不断推进全体人民共同富裕。"共同富裕

---

❶ 《邓小平文选》(第三卷),人民出版社 1993 年版,第 172 页。
❷ 中共中央文献研究室:《十五大以来重要文献选编》(上),中央文献出版社 2011 年版,第 17 页。
❸ 中共中央文献研究室:《十六大以来重要文献选编》(上),中央文献出版社 2005 年版,第 19 页。

的经济制度就是中国特色社会主义基本经济制度中的所有制结构和社会主义市场经济制度的有机结合。"❶ 因此，只有在社会主义基本经济制度基础上实现马克思主义共同富裕理论中国化，开辟制度创新新境界，大力发展国有经济和集体经济，坚持两个"毫不动摇"，才能为扎实推动全体人民共同富裕打造长效机制。

中国共产党在领导和推进共同富裕的过程中，不断创新，完善中国特色社会主义的基本经济制度。2017 年 10 月，党的十九大报告强调："必须坚持和完善我国社会主义基本经济制度和分配制度，毫不动摇巩固和发展公有制经济，毫不动摇鼓励、支持、引导非公有制经济发展。"❷ 坚持公有制的主体地位是促进共同富裕的基础性制度，既能巩固完善具有多维结构的公有制，保证生产发展和社会进步的正确方向，又能保证全体人民共同富裕目标的最终实现。习近平强调："公有制主体地位不能动摇，国有经济主导作用不能动摇。这是保证我国各族人民共享发展成果的制度性保证。"❸ 坚持公有制主体地位是我国实现共同富裕的重要制度保障。2019 年 10 月，中共十九届四中全会提出了"公有制为主体、多种所有制经济共同发展，按劳分配为主体、多种分配方式并存，社会主义市场经济体制"❹ 为主要内容的社会主义基本经济制度。这是制度创新的主要表现，是党和人民的伟大创造。"社会主义基本经济制度为我们进行制度创新提供了可以信赖的基点。"❺ 否定社会主义基本经济制度是同坚持走中国特色社会主义道路相违背的。只有根据时代的发展不断完善共同富裕政策，发

---

❶ 李正图、徐子健：《中国特色共同富裕实践：制度保障、精神动力与科学理论》，《经济纵横》，2022 年第 4 期，第 3 页。
❷ 中共中央党史和文献研究院：《十九大以来重要文献选编》（上），中央文献出版社 2019 年版，第 15 页。
❸ 中共中央文献研究室：《习近平关于社会主义经济建设论述摘编》，中央文献出版社 2017 年版，第 63 页。
❹ 中共中央党史和文献研究院：《十九大以来重要文献选编》（中），中央文献出版社 2021 年版，第 280 页。
❺ 伍抱一、伍山林：《贫富状态演进与经济制度变迁：以中国共产党百年实践为例》，《上海经济研究》，2023 年第 7 期，第 127 页。

展生产力为共同富裕提供物质基础,构建公正合理的收入和财富分配格局,才能在市场经济条件下实现社会主义共同富裕的价值追求,使全体人民朝着共同富裕目标扎实迈进。

社会主义市场经济体制发挥社会主义公有制的优势,坚持"两个毫不动摇",保障了生产力的充分涌流,一方面在社会主义市场经济框架下,公有制经济得到巩固和发展,突出其主体地位,是为了逐步实现共同富裕。实行公有制为主体,在促进社会生产力解放和发展中起到强大杠杆作用,构建社会主义市场经济下共赢的劳动关系,实现了社会财富的巨大涌流,为共同富裕提供了物质条件。另一方面党和政府立足社会主义初级阶段实际,鼓励、支持和引导非公有制经济快速发展,形成了一部分人、一部分地区富裕程度快速提高的局面,实现了社会主义市场经济体制下经济效率的最大化。另外,资本积聚、科技创新、个人禀赋才能等生产力要素的作用得到了充分发挥,给更多人创造致富机会,因此非公有制经济在推进全体人民共同富裕的过程中,也起到了不可估量的作用。公有制为主体、多种所有制经济共同发展的经济制度,体现了社会主义制度优越性,有利于发挥计划调节和宏观调控的作用,做大社会财富的"蛋糕",同时通过完善经济制度缓解多维贫困,有效推动经济社会朝着繁荣富裕的方向迈进,实现共同富裕的价值目标,在坚持中国特色社会主义基本制度中促进共同富裕。

社会主义基本分配制度强调分配起点、过程和结果的正义性和全民共享性,保障了财富分配上的公平正义,解决好收入差距问题。一方面生产资料公有制和按劳分配主体地位得以坚持和维护,发挥人民主体地位,有效保障了劳动者的基本利益,实行效率优先,做到多劳多得。生产资料公有制和按劳分配主体地位是确保公平和公正基础上"做大蛋糕"的制度保障。另一方面"构建初次分配、再分配、三次分配协调配套的基础性制度安排,加大税收、社保、转移支付等调节力度并提高精准性"[1],形成人人

---

[1] 习近平:《扎实推进共同富裕》,《求是》,2021年第20期,第4-8页。

享有的合理分配格局，构建兼顾发展与共享的分配制度，能够避免两极分化和生产过剩危机，从而实现多方面协作，推动实现共同富裕。因此，坚持按劳分配为主体、多种分配方式并存的分配制度，培育营造竞相帮富的社会氛围，发挥分配制度的激励作用，能够有效遏制城乡、地区和贫富差距不断扩大的趋势，增强人民群众获得感、幸福感、安全感，从而最广泛地调动各方面积极性和创造性，使全体人民朝着共同富裕目标扎实迈进。

总之，新中国成立以来，党和政府在坚持中国特色社会主义基本经济制度不动摇的前提下，不断进行理论创新、实践创新和制度创新，完善社会主义基本经济制度，实现有效市场与有为政府的有机结合，调整和改革收入分配制度，促进经济公平和提高劳动效率，着力探讨实现更高水平共同富裕的途径和措施，推动经济社会持续健康发展，使发展成果更多更公平惠及全体人民。

二是维护社会公平正义。改革开放以来，党和政府坚持社会主义市场经济的改革方向，维护社会公平正义，逐步缩小收入分配差距，建立健全城乡融合发展体制机制和政策体系，促进城乡基本公共服务均等化，促进区域协调发展，逐步消除两极分化和推进全体人民共同富裕。"公平正义是中国特色社会主义的内在要求。"❶ 改革开放以来，中国共产党逐步"从巩固执政为基础的政党逐步向以服务社会为基础的政党转变。"❷ 改革开放以来，中国共产党坚持发展的人民目的性，加强和改善民生建设，逐步消除贫困，维护社会公平正义，整个经济社会也开始逐步向着高质量发展方向迈进。

改革开放初期，以邓小平同志为核心的党的第二代中央领导集体在深刻总结社会主义革命和建设时期党推进共同富裕实践的经验教训的基础上，大力改革集体经济时代的收入分配关系，破除"平均富裕""同等富裕"的错误观念，逐步形成按劳分配为主体、多种分配方式并存的差异化的利益分配格局。邓小平顺应社会生产力发展的规律要求，将社会主义与

---

❶ 《习近平谈治国理政》（第一卷），外文出版社 2018 年版，第 13 页。
❷ 张煜：《建国以来党的农民民生建设历程及历史经验》，《社会主义研究》，2014 年第 1 期，第 91 页。

"贫穷"明确区分开,按照经济社会发展规律和初级阶段的根本任务,提出了社会主义本质的著名论断,强调社会主义的最终价值目标是实现全体人民的共同富裕。"一个社会的分配总是同这个社会的物质生存条件相联系。"❶ 鉴于平均主义分配严重抑制生产力发展和经济增长的教训,邓小平根据当时经济文化落后的实际,为提高和发展社会主义生产力注入内在激励机制和发展动力,提出通过"先富"带动"后富"的方式来推进全体人民共同富裕。党的十三大报告提出:"合理拉开收入差距,又要防止贫富悬殊,坚持共同富裕的方向,在促进效率提高的前提下体现社会公平。"❷ 共同富裕涉及社会主义初级阶段所有制关系、收入分配、公平正义等诸多方面的问题,改革开放以来,党和政府通过"先富带动后富"打破平均主义的分配模式,在确保效率的基础上推动经济社会快速发展,通过公平底线减少两极分化的可能。

20世纪90年代以来,随着社会主义市场经济体制的建立和逐步完善,在生产发展和经济增长的基础上,如何避免收入分配的两极分化,维护社会公平正义,成为加快改革开放和现代化建设进程中必然要解决的一个突出问题。1992年10月,党的十四大报告强调:"在分配制度上,以按劳分配为主体,其他分配方式为补充,兼顾效率与公平。"❸ 共同富裕是相对富裕,不是同时富裕,不是所有人的绝对相同的同等富裕,因此分配制度上,必须兼顾效率和公平,防止收入两极分化,才能维护社会公平正义。"社会制度的正当性、生命力、竞争力,根本上取决于其能否充分解放生产力、发展生产力、提升综合国力,能否让全体人民共同过上美好生活,实现社会公平正义。"❹ 共同富裕是生产力与生产关系相融合的辩证统一

---

❶ 《马克思恩格斯选集》(第三卷),人民出版社2012年版,第527页。

❷ 中共中央文献研究室:《十三大以来重要文献选编》(上),人民出版社1991年版,第32页。

❸ 中共中央文献研究室:《十四大以来重要文献选编》(上),中央文献出版社2011年版,第17页。

❹ 转引自宋才发:《共同富裕是中国特色社会主义的社会契约》,《广西社会科学》,2023年第1期,第37页。

体,为了给推进共同富裕和改革收入分配制度提供重要的方向和指引,通过提升效率杜绝平均主义的藩篱,解决好生产与分配的关系,1997年9月,党的十五大报告强调:"把按劳分配和按生产要素分配结合起来,坚持效率优先、兼顾公平。"❶ 这就为扎实推进共同富裕提供了方向和指南,在中国特色社会主义事业的推进过程中,党和政府不但要发展生产力做大"蛋糕",还要在生产关系方面建立健全分配制度,把"蛋糕"分好。"公平正义是包含权利公平、机会公平和分配正义在内的、推动社会发展的重要价值导向。"❷ 只有坚持效率优先、兼顾公平,构建合理有序的收入分配新格局,才能保障社会公平正义,逐步扩大生产要素参与分配的范围,使共同富裕的推进迈上一个新的台阶。

2007年10月,党的十七大报告进一步指出:"着力保障和改善民生,推进社会体制改革,扩大公共服务,完善社会管理,促进社会公平正义。"❸ 党中央在新世纪新阶段对收入分配制度的改革始终以公平正义为价值导向。建立完善的社会保障制度,让发展成果更多惠及全体人民是克服市场缺陷、缩小城乡发展差距、保障社会公平的有效手段之一。"社会利益分配格局失衡,直接影响社会公平正义和社会和谐稳定。"❹ 因此,改革开放和社会主义现代化建设新时期,党和人民只有"坚持效率和公平有机结合才能更好体现社会主义的本质"❺。党和政府必须对公平与效率的关系进行重新调整,才能促进全体人民共同富裕。新世纪新阶段,针对不同地区、不同群体之间收入和发展的差距有进一步拉大的趋势,为了进一步丰

---

❶ 中共中央文献研究室:《十五大以来重要文献选编》(上),中央文献出版社2011年版,第21页。

❷ 陈萌:《在准确把握"六个必须坚持"中扎实推进共同富裕:核心要义与实践路径》,《学术探索》,2023年第8期,第29页。

❸ 中共中央文献研究室:《十七大以来重要文献选编》(上),中央文献出版社2009年版,第29页。

❹ 蒋永穆、豆小磊:《共同富裕思想:演进历程、现实意蕴及路径选择》,《新疆师范大学学报》(哲学社会科学版),2021年第6期,第26页。

❺ 中共中央文献研究室:《十七大以来重要文献选编》(上),中央文献出版社2009年版,第804页。

富和发展中国特色收入分配制度,推进全体人民共同富裕,胡锦涛在党的十七大报告中强调:"初次分配和再分配都要处理好效率与公平的关系,再分配要更加注重公平。"❶ 效率与公平都是实现共同富裕所追求的目标,党和政府准确把握促进经济发展与保障公平正义的平衡点,逐步构建维护社会公平正义的一系列举措,有效解决公平与效率以及经济发展与消除两极分化的关系问题,以避免两极分化的进一步拉大。

党的十八大以来,党中央在促进发展的同时把逐步实现共同富裕置于治国理政更加显要和突出的位置上。在共享发展理念的指导下,党和政府通过共享发展改革收入分配制度,促进社会公平正义。为了给加快发展生产力注入新的动力机制,党中央"强调收入分配改革要坚持促进经济增长的同时提高居民收入,提高劳动生产率的同时提高劳动者报酬占比"❷。这就要求我们必须坚持以人民为中心,深化社会体制改革,从制度建设方面保证社会公平正义的实现,"保证全体人民在共建共享发展中有更多获得感,不断促进人的全面发展、全体人民共同富裕"❸。党的十八大突出强调公平正义,在推进全民共享、全面共享、共建共享、渐进共享的过程中,党和政府积极回应人民的期盼,在经济建设上更加突出"共富",促进经济增长与收入分配一体化互动发展,进一步彰显社会公平正义。"共享发展注重的是解决社会公平正义问题。"❹ 共享发展着重解决发展起来后的分配不公问题,强调必须坚持公平正义的分配价值观。2020 年 10 月,党的二十大报告进一步指出:"着力维护和促进社会公平正义,着力促进全体人民共同富裕,坚决防止两极分化。"❺ 只有坚持以人民为中心的理念,抓

---

❶ 中共中央文献研究室:《十七大以来重要文献选编》(上),中央文献出版社 2009 年版,第 30 页。

❷ 权衡:《中国收入分配改革 40 年:实践创新、发展经验与理论贡献》,《中共中央党校学报》,2018 年第 5 期,第 36 页。

❸ 中共中央党史和文献研究院:《习近平扶贫论述摘编》,中央文献出版社 2018 年版,第 22 页。

❹ 中共中央文献研究室:《十八大以来重要文献选编》(中),中央文献出版社 2016 年版,第 827 页。

❺ 习近平:《高举中国特色社会主义伟大旗帜,为全面建设社会主义现代化国家而团结奋斗——在中国共产党第二十次全国代表大会上的报告》,《人民日报》,2022 年 10 月 26 日,第 1 版。

住人民最关心、最直接、最现实的利益问题有序推进共同富裕，维护社会公平正义，人民对美好生活的向往才能一步步得到实现。

总之，改革开放以来，中国共产党坚持以人民为中心的发展思想，适应社会主义市场经济发展规律，在促进共同富裕、实现公平正义上推出一系列开创性、革命性的政策举措，一方面体现了市场化效率发展的工具理性，发挥收入分配的利益激励机制，推动生产力的发展，创造越来越多的社会财富；另一方面体现了社会主义公平正义的价值理性，逐步缩小收入和发展差距，具体地、扎实地推动共同富裕。马克思指出："消费资料的任何一种分配，都不过是生产条件本身分配的结果；而生产条件的分配，则表现生产方式本身的性质。"❶ 生产力与生产关系是实现共同富裕的内在规律，因此必须用事物运动发展的观点看待社会的分配方式。促进全体人民共同富裕是一项长期的、艰巨的历史任务，共同富裕是中国共产党矢志不渝的奋斗目标，也是中国特色社会主义的本质要求之一。新中国成立以来，中国共产党始终坚持以人民为中心的发展思想，建立和逐步完善社会主义市场经济体制，根据不同阶段的发展实际，探索收入分配制度改革顶层设计和实践发展，丰富和创新发展了马克思主义共同富裕的思想，维护社会公平正义，从而破解现代化进程中发展不平衡不充分的难题，让发展成果更多更公平惠及全体人民，为推进中国特色社会主义共同富裕奠定了坚实的制度基础和物质基础，不断推动人的全面发展和社会的全面进步迈向新台阶。

（三）弘扬脱贫攻坚精神，推进民族复兴伟业

新时代中国共产党领导人民在深化改革的过程中兑现了完成消除贫困任务的庄严承诺，坚定了通过艰苦奋斗来创造幸福生活的信念信心。在打赢脱贫攻坚战和推进共同富裕的过程中，党和人民在实践、理论和精神方面都取得了不可估量的巨大成就。"伟大事业孕育伟大精神，伟大精神引

---

❶ 《马克思恩格斯选集》（第三卷），人民出版社2012年版，第365页。

领伟大事业。"❶ 随着改革开放的深入推进,中国共产党在领导和推进共同富裕的进程中,打赢了脱贫攻坚战,在脱贫攻坚的伟大斗争和实践中,形成了伟大的脱贫攻坚精神。人无精神则不立,国无精神则不强。毛泽东曾指出:"要把精神多搞一点,艰苦奋斗多搞一点。"❷ 脱贫攻坚精神是党和国家的宝贵精神财富,蕴含着强大的精神力量,新时代党和人民弘扬脱贫攻坚的时代精神,就能激发人民群众接续干事创业的决心和毅力,从而加速推进中国式现代化建设和中华民族伟大复兴的历史进程。

一是弘扬脱贫攻坚精神。中国共产党成立伊始就代表中国最广大人民的根本利益,一以贯之地将治理贫困、逐步实现全体人民共同富裕作为初心和重要使命,带领人民群众为创造美好生活和实现共同富裕而不懈奋斗。2021年2月25日,习近平在全国脱贫攻坚总结表彰大会上指出:"脱贫攻坚伟大斗争,锻造形成了'上下同心、尽锐出战、精准务实、开拓创新、攻坚克难、不负人民'的脱贫攻坚精神。"❸ 习近平用24个字精辟概括了推进共同富裕进程中形成的伟大的脱贫攻坚精神。在脱贫攻坚伟大斗争中形成的这一时代精神"深刻总结了脱贫攻坚的艰辛历程,深刻描写了奋斗在脱贫攻坚一线的人们的感人事迹,深刻揭示了脱贫攻坚战取得全面胜利的力量源泉"❹。民族精神和时代精神是一个国家、一个民族赓续相传的宝贵财富,脱贫攻坚精神丰富了民族精神和时代精神的内涵,确立和坚持马克思主义在意识形态领域的指导地位,是指引新时代消除相对贫困、开启全面建设社会主义现代化国家新征程和推进中国特色社会主义共同富裕源源不竭的思想动力和精神武器。

弘扬伟大的脱贫攻坚精神,必须深刻把握这一精神的伟大内涵和精

---

❶ 中共中央党史和文献研究院:《十九大以来重要文献选编》(下),中央文献出版社2023年版,第168页。

❷ 中共中央文献研究室:《毛泽东年谱(1949—1976)》(第三卷),中央文献出版社2013年版,第284页。

❸ 习近平:《在全国脱贫攻坚总结表彰大会上的讲话》,《人民日报》,2021年2月26日,第2版。

❹ 王广义:《中国共产党反贫困斗争胜利的思想密钥》,《人民论坛》,2021年第17期,第25页。

神实质，唯其如此，才能发挥人民群众主体地位和首创精神，为共同富裕的全面推进提供强大的精神动力。下面对脱贫攻坚精神的内涵分而述之。

"上下同心、尽锐出战"。所谓"上下同心、尽锐出战"，是指在脱贫攻坚的伟大斗争中，中国共产党发挥中国特色社会主义制度的显著优势，动员全党全社会的力量，汇聚成打赢脱贫攻坚战的磅礴力量，特别是选拔优秀干部担任驻村第一书记，战斗在脱贫攻坚斗争的第一线，为打赢脱贫攻坚战、全面建成小康社会提供了有力保障。党和人民团结一心，尽锐出战，英勇奋斗，以更大的决心、更强的力度打好脱贫攻坚战和收官战。党的十九届六中全会通过的决议指出："动员全党全国全社会力量，上下同心、尽锐出战，攻克坚中之坚、解决难中之难，组织实施人类历史上规模最大、力度最强的脱贫攻坚战。"❶"上下同心、尽锐出战"这八个字体现了脱贫攻坚斗争中党和人民的团结一心的精神和决战奋斗的精神。脱贫攻坚斗争中，党和人民在精神层面也取得了世所罕见的成就，不断培育人民群众特别是贫困群众昂扬向上的精神风貌，提高社会整体道德素质和精神追求，筑牢消除贫困、实现共同富裕的精神基础，从而形成上下联动、公私参与、尽锐出战的生动局面。

"精准务实、开拓创新"。所谓"精准务实、开拓创新"，是指在脱贫攻坚的伟大斗争中，中国共产党坚持实事求是、求真务实的原则，勇于开拓创新，领导人民开展精准扶贫、精准脱贫，历经艰难险阻，全面打赢脱贫攻坚战，维护社会公平正义，推进了共同富裕的历史进程。"精准务实、开拓创新"这八个字体现了脱贫攻坚斗争中党和人民实事求是的科学精神和开拓进取的创新精神。新时代推进共同富裕的根本物质前提是打赢脱贫攻坚战，消除绝对贫困和区域性整体贫困。党的十九大把精准脱贫作为三大攻坚战之一进行全面部署，锚定全面建成小康社会目标，组织开展脱贫

---

❶ 《中共中央关于党的百年奋斗重大成就和历史经验的决议》，《人民日报》，2021 年 11 月 17 日，第 1 版。

攻坚人民战争，聚力攻克深度贫困堡垒，实施精准扶贫工程，决战决胜脱贫攻坚，确保了贫困治理的有效性和长效性。"脱贫攻坚战全面胜利，中华民族在几千年发展历史上首次整体消除绝对贫困，实现了中国人民的千年梦想、百年夙愿。"❶ 在脱贫攻坚的伟大斗争中，党勇于开拓创新，采取一系列政策举措解决"两不愁三保障"突出问题，把扶贫与扶志扶智相结合，支持贫困群众探索创新扶贫方式、方法，尊重和发挥人民群众历史首创精神，构建专项扶贫、行业扶贫、社会扶贫有机结合的"三位一体"大扶贫格局，开创了贫困治理新机制。脱贫攻坚精神是中国特色共同富裕实践扎实推进、行稳致远的思想动力和理论武器。在广泛而深入的总体动员下，为了集中力量攻克深度贫困堡垒，党和政府因地制宜制定精准扶贫政策，中国如期完成脱贫攻坚任务，贫困地区和群众实现从"脱贫"到"致富"的根本性转变，实现了贫困地区物质生活和精神生活共同富裕的协同发展，为下一步解决相对贫困问题奠定了坚实基础。

"攻坚克难、不负人民"。所谓"攻坚克难、不负人民"，是指为了完成消除贫困的历史性任务，中国共产党坚持以人民为中心，以"滚石上山"的韧劲，坚决战胜前进道路上的一切困难和险阻，凝心聚力，完成脱贫攻坚的艰巨任务，谱写了实现共同富裕道路上的新篇章。"攻坚克难、不负人民"这八个字体现了脱贫攻坚斗争中中国共产党人和先进分子勇于担当的进取精神和人民至上的为民情怀，为贫困治理、推进社会全面进步和全体人民共同富裕提供强大的精神动力和智力支持。

弘扬脱贫攻坚伟大精神能够为新时代中国特色的共同富裕伟大实践提供引领指引和坚强的思想保证。共同富裕是物质富足与精神充实的辩证统一体。脱贫攻坚精神是中国特色社会主义共同富裕伟大实践的精神动力。脱贫攻坚中形成、孕育和积蓄的伟大精神，为创新性解决相对贫困问题提供思想引领，极大增强了党和人民反贫困斗争的自信心和自尊心、凝聚力

---

❶ 中华人民共和国国务院新闻办公室：《人类减贫的中国实践》，《人民日报》，2021年4月7日，第9版。

和向心力。脱贫攻坚斗争"培育了贫困群众的权利意识与主体意识,改善了贫困群众的精神风貌"❶。因此,党和国家进一步挖掘脱贫攻坚精神的历史根基,用脱贫攻坚精神引导、引领和激励全体人民投身脱贫攻坚和推进共同富裕的伟大实践,能够实现"口袋"和"脑袋"的双向富有,彰显中国共产党和中国人民伟大的意志品质和精神力量,助力于实现中华民族孜孜以求的伟大梦想。

弘扬脱贫攻坚精神能够为新时代乡村振兴提供思想动力,为广大贫困群众巩固脱贫攻坚成果提供精神支撑和丰润的道德滋养。脱贫攻坚精神"是爱国主义、集体主义、社会主义思想的集中体现,是中国精神、中国价值、中国力量的充分彰显"❷。习近平总书记强调:"全部脱贫,并不是说就没有贫困了,就可以一劳永逸了,而是指脱贫攻坚的历史阶段完成了。相对贫困问题永远存在,我们帮扶困难群众的任务永无止境。"❸ 新时代党和政府深化对脱贫攻坚与乡村振兴的科学认识,发挥脱贫攻坚精神对新实践的引领作用,全面推进乡村产业、人才、文化、生态、组织振兴,能够为推进全体人民共同富裕事业的接续发展注入精神动力,更好地满足人民日益增长的美好生活需要,脱贫群众精神风貌焕然一新。脱贫攻坚精神赓续传承了伟大民族精神和时代精神,因此新时代中国共产党进一步升华脱贫攻坚精神的理论认识,弘扬伟大的脱贫攻坚精神,就能为全面开启乡村振兴事业提供强有力的思想动力和丰润的道德滋养。

弘扬脱贫攻坚精神能够为第二个百年奋斗目标的实现和中国特色社会主义事业的推进提供源源不绝的思想动力和强大的精神力量。"脱贫攻坚精神是中国共产党性质宗旨、中国人民意志品质、中华民族精神的生动写照。"❹

---

❶ 程恩富、吕晓凤:《中国共产党反贫困的百年探索——历程、成就、经验与展望》,《北京理工大学学报》(社会科学版),2021年第4期,第11页。

❷ 习近平:《在全国脱贫攻坚总结表彰大会上的讲话》,《人民日报》,2021年2月26日,第2版。

❸ 《"一个少数民族也不能少"——记习近平总书记在宁夏考察脱贫攻坚奔小康》,《人民日报》,2020年6月12日,第1版。

❹ 习近平:《在全国脱贫攻坚总结表彰大会上的讲话》,《人民日报》,2021年2月26日,第2版。

赓续传承脱贫攻坚精神为中国新时代伟大新征程的推进、朝着共同富裕的目标前行提供精神指引，为第二个百年奋斗目标的实现提供伟大思想动力。因此大力弘扬脱贫攻坚精神，就能够战胜扎实推进共同富裕中的一切困难和挑战，能够以奋发昂扬的精神状态开启完成第二个百年奋斗目标的新征程，为夺取新时代中国特色社会主义建设事业更大的胜利作出巨大的贡献。

总之，在消除贫困和推进中国式现代化的进程中，中国共产党筑牢实现共同富裕的精神基础，弘扬中华优秀传统文化，不断满足人民群众的精神文化需求，形成良好的社会氛围，推进社会主义精神文明建设，力求实现人民群众物质生活和精神生活都富裕。实现共同富裕不能仅仅囿于物质财富的满足，追求单一向度的物质富裕，必须改善人民群众特别是贫困地区群众的精神状况，着力解决人民群众精神富裕的问题，这样才能为共同富裕目标的实现提供丰润的道德滋养和强有力的精神支撑，从而实现物质文明与精神文明协调发展。精神富有是共同富裕的核心要义，不可或缺。邓小平强调："经济建设这一手我们搞得相当有成绩，形势喜人，这是我们国家的成功。但风气如果坏下去，经济搞成功又有什么意义？"❶ 在推进现代化建设的进程中，党和政府必须处理好物质富裕和精神富有的关系。马克思在《哥达纲领批判》中指出，新社会"是刚刚从资本主义社会中产生出来的，因此它在各方面，在经济、道德和精神方面都还带着它脱胎出来的那个旧社会的痕迹"❷。因此，建设社会主义精神文明成为新中国成立以来党治国理政的头等重要课题。推进共同富裕过程中形成的伟大的脱贫攻坚精神已经内化为中华民族文明进步的一种精神力量，能够营造促进共同富裕的舆论环境，统筹物质富裕和精神富裕，培育人民群众的奉献精神和社会责任感，进一步培育和践行社会主义核心价值观，赓续民族精神和时代精神，从而实现物质财富和精神财富的极大丰富，为物质生活与精神生活相互渗透、总体均衡的全面富裕奠定坚实基础，使全体人民共同富裕

---

❶《邓小平文选》（第三卷），人民出版社1993年版，第154页。
❷《马克思恩格斯选集》（第三卷），人民出版社2012年版，第363页。

迈上一个新台阶。

二是推进民族复兴伟业。扎实推进共同富裕的新时代也"是全体中华儿女勠力同心、奋力实现中华民族伟大复兴中国梦的时代"❶。从大历史观和政治经济学视角分析，中国式现代化和中华民族伟大复兴存在着动态的关联性，二者在本质上具有现实一致性，改革开放和现代化建设为共同富裕的价值追求提供了根本保障。习近平总书记指出："脱贫攻坚，取得了物质上的累累硕果，也取得了精神上的累累硕果。"❷ 改革开放以来，中国共产党将中华民族伟大复兴作为推进共同富裕和反贫困斗争的价值追求，因此在这一进程中形成和锻造的伟大的脱贫攻坚精神的弘扬必然能够推进中国式现代化建设和中国特色社会主义共同富裕的历史进程，从根本上改变中国人民的前途命运，促使全体人民朝着中华民族伟大复兴目标不懈奋斗。

中华民族伟大复兴中国梦的提出不是偶然的，是近代以来中国社会政治、经济、文化等诸方面历史发展的必然结果，是推进中国特色社会主义共同富裕和中国式现代化建设的必然要求。1997 年 9 月，江泽民在党的十五大报告中提出了近代以来中国人民的"两大历史任务"，在此基础上江泽民在庆祝中国共产党成立 80 周年的讲话中鲜明地提出"中华民族的伟大复兴"的命题❸，指出中华民族的伟大复兴是中国共产党的历史使命。之后江泽民又在不同场合多次强调中国共产党成立伊始就"肩负着实现中华民族伟大复兴的庄严使命"❹。江泽民的论断和重要表述，体现了中国共产党民族复兴理论和实践的创新发展。新世纪新阶段，中国正处在实现中华民族伟大复兴的关键历史时期，为了有力地配合中国特色社会主义建设

---

❶ 中共中央党史和文献研究院：《十九大以来重要文献选编》（上），中央文献出版社 2019 年版，第 8 页。

❷ 习近平：《在全国脱贫攻坚总结表彰大会上的讲话》，《人民日报》，2021 年 2 月 26 日，第 2 版。

❸ 《江泽民文选》（第三卷），人民出版社 2006 年版，第 267 页。

❹ 中共中央文献研究室：《十六大以来重要文献选编》（上），中央文献出版社 2005 年版，第 43 页。

的伟大实践,继续领导中国人民为实现中华民族伟大复兴和美好生活而奋斗。2011年7月1日,在庆祝中国共产党成立90周年大会上,胡锦涛同志在社会主义现代化建设取得举世瞩目的成就的基础上,再次重申中华民族伟大复兴作为共同富裕价值追求的巨大意义,强调中华民族伟大复兴迈进了新的历史阶段,他鲜明地提出:"中华民族伟大复兴展现出前所未有的光明前景。"❶ 新世纪新阶段中华民族迎来了全面实现伟大复兴的光明前景,为新时代实现全体人民的共同富裕指明了方向,激发人民群众奋斗的积极性和活力,为了完成中国共产党庄严承诺的实现民族复兴伟业而奋力迈进。

党的十八大以来,习近平总书记在深刻把握共同富裕理论思维和认知智慧的坚实支撑下,对中华民族伟大复兴作了系统化、理论化的阐释,中国式现代化的内涵向度得以深化,推动了中华民族伟大复兴中国梦的升华。2012年11月29日,习近平带领新一届政治局常委在参观《复兴之路》展览时发表重要讲话,明确指出:"实现中华民族伟大复兴,就是中华民族近代以来最伟大的梦想。"❷ 中国梦的奋斗目标的提出是中华民族伟大复兴历史上的一件大事,中华民族复兴伟业作为中国式现代化的价值追求,在新的发展阶段被提升到了新的高度,开启了中国梦的伟大愿景,标注了马克思主义共同富裕理论的新高度,因而在中华民族伟大复兴的"概念史"中具有里程碑的意义。习近平在对中国特色社会主义进入新时代的精准研判的基础上,展望和谋划更加共同富裕的长远目标,规划中华民族伟大复兴的战略蓝图,指出:实现中华民族伟大复兴的中国梦,"就是要实现国家富强、民族振兴、人民幸福。"❸ 中国梦的内涵顺应了人民的共同愿望和新期待,国家的富强、民族的振兴必须脚踏实地、久久为功,要在

---

❶ 中共中央文献研究室:《十七大以来重要文献选编》(下),中央文献出版社2013年版,第434页。
❷ 中共中央文献研究室:《十八大以来重要文献选编》(上),中央文献出版社2014年版,第84页。
❸ 中共中央文献研究室:《习近平关于实现中华民族伟大复兴的中国梦论述摘编》,中央文献出版社2013年版,第5页。

生产力发展和社会进步的基础上以人民的幸福得到满足为前提条件。没有共同富裕和人民幸福，就不可能实现国家富强、民族振兴。共同富裕逐步实现由理念向实践的跨越，这就凸显了中国共产党在马克思主义理论的指引下凝心聚力实现中华民族伟大复兴的历史主动。实现共同富裕的奋斗目标要求党和人民脚踏实地，没有共同富裕物质基础的民族复兴是无源之水、空中楼阁。习近平指出："中国共产党团结带领中国人民进行的一切奋斗、一切牺牲、一切创造，归结起来就是一个主题：实现中华民族伟大复兴。"❶ 朝着中华民族伟大复兴的方向稳步前进是推动全体人民共同富裕的动力。反过来，在推进共同富裕的新征程新道路上，中国共产党正带领全体人民在现代化建设过程中向着实现复兴伟业崇高理想的中国梦奋力前进。

脱贫攻坚精神必然感召和动员全党全国各族人民，为人民群众投身伟大复兴中国梦和中国特色社会主义事业的奋斗提供思想动力，增强全体人民共同奋斗的凝聚力，汇聚起同心筑梦的磅礴力量。脱贫攻坚的伟大斗争"事关社会主义的本质要求，事关中国特色社会主义事业，事关中华民族伟大复兴的中国梦"❷。因此，弘扬这一斗争中形成的脱贫攻坚精神必然能够提升人民为幸福生活而不懈奋斗的信心和勇气，缔造一个又一个伟大成就，构筑实现全体人民共同富裕和推进中华民族伟大复兴历史伟业的中国精神、中国价值和中国力量，赓续着中国共产党人为人民谋幸福、为民族谋复兴的初心使命。

新时代形成的伟大脱贫攻坚精神表征着社会主义核心价值体系的属性和发展特质，以追求物质富裕和精神富裕相统一为价值目标和最终归宿。"价值体系中的价值取向是灵魂、价值追求是目标、价值实现是手段。"❸ 紧紧围绕中华民族伟大复兴这一历史主题，弘扬脱贫攻坚精神能够把社会

---

❶ 习近平：《在庆祝中国共产党成立100周年大会上的讲话》，人民出版社2021年版，第3页。
❷ 周艳红：《改革开放以来中国农村扶贫历程与经验》，《当代中国史研究》，2018年6期，第49页。
❸ 唐任伍、史晓雯：《新时代共同富裕的价值取向、价值追求和价值实现》，《新疆师范大学学报》（哲学社会科学版），2023年第4期，第52页。

主义核心价值观作为维系中华民族的精神纽带，提升全体社会成员强大的精神认同感，促进人民精神文化生活共同富裕，极大地激发人民群众干事创业的热情与激情。中国特色社会主义进入新时代，中国共产党对共同富裕的认识越来越清晰，肩负着发展的全面性、协调性，继续推进民族复兴伟业的使命和历史重任。随着中国式现代化建设和共同富裕的推进，中国比历史上任何时期都更接近中华民族伟大复兴美好愿景的如期达成。因此弘扬脱贫攻坚的伟大精神，增强实现中华民族伟大复兴的精神力量，能为实现中华民族伟大复兴的中国梦开辟全新境界，指明正确的前进方向。脱贫攻坚精神将永存于中华民族伟大复兴的新征程中，只有弘扬这一精神，才能完成新时代新征程的使命任务，促进中国式现代化的图景尽快实现，在加速推进中华民族伟大复兴的历史进程中创造一个又一个辉煌胜利。

（四）提供减贫中国方案，促进人类文明进步

反贫困是人类面临的共同现实难题，也是古今中外治国安邦要解决的头等大事。中国共产党坚持以人民为中心的根本立场，扎实推进全体人民共同富裕，在这一过程中反贫困和推进共同富裕的理论创新和实践成就体现了不同于西方走向现代化的文明逻辑，有力地推动了世界各国反贫困和共同富裕的进程，极大地促进了人类减贫事业的健康有序发展，为世界各国解决贫困问题、公平正义问题和推进共同富裕贡献了中国智慧，提供了中国方案。反贫困是人类奋斗和追求的共同愿景，反贫困斗争的开展一方面使我国赢得了制度比较优势，强化命运共生、责任共担的价值理念，展现了我国负责任的大国形象，另一方面在这一过程中形成的独具特色的实现共同富裕的经验和方案，拓展了发展中国家走向现代化的途径，建立起合作共赢的对话机制，丰富和发展了世界文明新形态，促进人类文明的新进步。

一是提供减贫中国方案。在推进共同富裕过程中形成的中国特色反贫困理论创新和发展了马克思主义反贫困的理论，"为发展中国家扶贫工作贡献'中国智慧'和'中国方案'，促进了世界减贫理论的丰富和

传播"❶。中国创造了人类有史以来的反贫困奇迹,反贫困的理论和经验为世界各国反贫困事业提供了科学理论和行动指南。1988年9月,为了总结历史经验,实现新的发展阶段的新目标,邓小平在会见外国政要时明确指出:"过去的成功是我们的财富,过去的错误也是我们的财富。"❷ 反贫困斗争的开展及其取得的伟大成就使中国走出了一条不同于西方资本主义国家、吸引国际社会的关注和目光、具有鲜明中国特色的共同富裕之路,在反贫困的斗争中不断丰富和发展中国特色扶贫开发理论,开拓了马克思主义共同富裕理论和实践的新境界。这一历史伟业创造了减贫治理的中国样本,孕育和锻造了伟大的脱贫攻坚精神,为希望走出自己的共同富裕之路的广大发展中国家学习、借鉴贫困治理经验提供了科学选择和依据,为探寻现代化之路的国家解决收入分配和不平等问题提供了样本,成为世界减贫事业的亮丽风景。2023年2月,针对中西现代化的关系问题,习近平在学习贯彻党的二十大精神研讨班开班式上明确指出:"中国式现代化,打破了'现代化=西方化'的迷思,展现了现代化的另一幅图景,拓展了发展中国家走向现代化的路径选择,为人类对更好社会制度的探索提供了中国方案。"❸ 中国共产党在长期的现代化建设和反贫困的实践探索中积累的宝贵经验,为国际社会特别是发展中国家消除贫困这个世界性难题、实现现代化提供了新的选择,为发展中国家提供清晰可信的价值引领,为人类反贫困事业提供中国智慧和建构性方案,增强了我国在世界减贫中的话语权。

在共同富裕的求索之路上,中国共产党坚持以人民为中心的价值取向和发展目标,加强促进共同富裕的合作交流与对话,通过采取一系列有效的措施治理贫困,中国的绝对贫困人口快速减少,在反贫困的道路上创造了历史性奇迹,扎实地推动了共同富裕的进程,充分彰显了中国特色社会

---

❶ 邢中先、张平:《中国扶贫70年:基于实现共富的三重向度研究》,《西北农林科技大学学报》(社会科学版),2019年第4期,第12页。
❷ 《邓小平文选》(第三卷),人民出版社1993年版,第272页。
❸ 习近平:《正确理解和大力推进中国式现代化》,《人民日报》,2023年2月8日,第1版。

主义的制度优势，向国际社会提供了减贫方案和减贫经验。当前越来越多的发展中国家将开启深度治理贫困或加速现代化建设新征程，中国共产党在推进共同富裕的过程中坚持中国特色社会主义制度优势，解决了区域性整体贫困，通过贫困国内治理的溢出效应为发展中国家治理贫困提供了经验和借鉴，为减少全球贫困人口作出了巨大贡献，"按照世界银行国际贫困标准，我国减贫人口占同期全球减贫人口70%以上"❶。中国减贫事业取得的成就和经验铸就了人类反贫困史上不朽的丰碑，开创了马克思主义反贫困理论中国化的新境界，将持续为全人类的共同富裕工作作出表率，为全人类消除贫困贡献中国方案，从而彰显中国智慧、中国经验，提升中国的软实力。

改革开放以来，中国共产党把中国的贫困问题提升到人的权利的高度，把扶贫开发摆到治国理政的重要位置，充分认识解决中国贫困问题的重要性，不断创新体制机制和反贫困理论，以中国特色社会主义的巨大成就证明了治理贫困和现代化道路的多元性。中国的共同富裕思想凝聚着对时代大势与全人类发展进步的充分洞察，包含着消除世界贫困的终极人文关怀。在这一思想指导下的反贫困斗争的成功经验和做法回应了发展中国家减贫的艰巨性和复杂性，为其他发展中国家树立了标杆，为世界各国减贫问题指出了新的奋斗方向，提供了实现现代化和推进共同富裕的重要启示与全新选择，从而坚定了全世界人民消除贫困、实现共同富裕的信心。

二是促进人类文明进步。中国特色社会主义共同富裕的伟大实践吸引了国际社会的关注和目光，丰富了全人类反贫困事业的理论宝库。推进共同富裕正确道路的开辟是马克思主义共同富裕理论同中国贫困问题的实际情况有机结合的产物。中国开展反贫困、推进共同富裕开辟的正确道路一方面是基于自身特殊国情，另一方面又是借鉴了人类文明的成功经验。"世界长期发展不可能建立在一批国家越来越富裕而另一批国家却长期贫

---

❶ 中华人民共和国国务院新闻办公室：《人类减贫的中国实践》，人民出版社2021年版，第59页。

穷落后的基础之上。只有各国共同发展了，世界才能更好发展。"❶ 面对实现人类共同富裕的艰巨任务，中国共产党强调共同富裕的世界性意义，领导人民消除绝对贫困，推进了中国特色社会主义共同富裕，从而有力地推动了人类文明的历史进程。这不仅是中国反贫困史上的历史性胜利，也为世界减贫事业提供了有效的"中国方案"，作出了巨大的历史性贡献，体现了马克思主义共同富裕理论的价值。"历史的启迪和教训是人类的共同精神财富。"❷ 中国特色社会主义进入新时代，中国特色反贫困理论作为习近平新时代中国特色社会主义思想中共同富裕理论体系的重要内容，包含着精深的中国智慧和科学的中国方案，以全球性思维破解人类贫困难题，推动人类命运共同体的构建，彰显了人类文明新形态。

在现代化的进程中，消除贫困、实现共同富裕是世界各国共同的理想追求和价值目标。当前反贫困是世界各国特别是发展中国家推进共同富裕过程中的首要任务、价值目标和责任担当，"贫困问题始终困扰着许多资本主义发展中国家和某些资本主义发达国家"❸。21 世纪以来一些国家特别是发展中国家面临更大的反贫困压力，反贫困事业和推进共同富裕遭遇前所未有的挑战和困难。回答和解决现代化进程中消除贫困、实现共同富裕的问题，成为发展中国家和新兴市场经济国家亟须解决的时代课题。新中国成立以来中国共产党在不同的发展阶段以非凡的政治智慧和理论勇气对治理贫困和推进全体人民共同富裕这一世界性的时代课题作出了创新性的回答，并提出了具有普遍意义的反贫困的中国方案、中国经验、中国智慧。中国反贫困的成功经验和做法具有很强的现实价值，蕴含着丰富的中国智慧，切实为全球减贫事业注入新鲜活力。反贫困是中国在推进共同富裕进程中为人类谋进步、为世界求大同的关键一招，中国历史性地解决了

---

❶ 中共中央党史和文献研究院：《习近平扶贫论述摘编》，中央文献出版社 2018 年版，第 147 页。

❷ 《习近平在纪念中国人民抗日战争暨世界反法西斯战争胜利 70 周年系列活动上的讲话》，人民出版社 2015 年版，第 12 页。

❸ 程恩富、吕晓凤：《中国共产党反贫困的百年探索——历程、成就、经验与展望》，《北京理工大学学报》（社会科学版），2021 年第 4 期，第 11 页。

困扰多年的绝对贫困问题,创造了彪炳史册的人类奇迹,提前10年实现联合国可持续发展议程中的减贫目标。反贫困进程中所形成的宝贵经验、科学理论和实践举措,不仅从宏观上为全球贫困治理提供了具有很强的针对性、政策性和实践性的理论指导,为推进全球贫困治理进程作出了重大贡献,证明了全体人民共同富裕现代化的可行性,还打破了西方以资本为中心现代化定于一尊的历史局限性,为发展中国家摆脱贫困和推进现代化建设提供了可资借鉴的中国智慧,为探索文明新形态贡献了中国方案,增强了我国在全球治理中的话语权。中国的反贫困斗争"积累了许多宝贵的创新成果,具有科学性、创新性和先进性,为与其他国家合作反贫困提供理论支撑和价值导向"❶。中国的反贫困根本区别于西方的贫富差距治理模式,为本国人民带来了巨大的福祉,对推动世界各国团结一致合作反贫困,推动发展中国家的减贫交流与合作,增强消除全球贫困问题的信心,解决贫困治理一系列世界难题,作出了重大的理论贡献,具有重大的历史意义。构建人类命运共同体是"兼具可行性与规约性、创新性与统摄性、本土性与世界性、个体性与整体性的世界主义全新理论与共同体崭新样态"❷。开展反贫困斗争、促进共同富裕是构建人类命运共同体的内驱力。"各国应担负起对人民的责任,积极推进减贫发展,让公平正义的阳光冲破贫困落后的阴霾。"❸ 将反贫困斗争置于全人类共同发展的坐标系中,打造反贫困的人类命运共同体,加强国际扶贫开发经验的互相学习交流,充分展现大国担当,讲好中国脱贫故事,能够为世界各国解决贫困难题,"建立一个没有贫困的世界",能够为世界范围内的反贫困事业贡献中国智慧,从而拓宽全球贫富差距治理的视野与路径,提高我国在国际社会中的影响力。中国共产党在对共同富裕规律深化认识和科学把握的基础上形成

---

❶ 王静、王志章、杨志红:《中国共产党反贫困的实践探索、经验总结与当代价值研究》,《中国软科学》,2022年第5期,第64页。
❷ 岑朝阳、刘颖、阳盛益:《中国共产党接续推进实现共同富裕纵论》,《中学政治教学参考》,2022年第8期,第82页。
❸ 中华人民共和国国务院新闻办公室:《人类减贫的中国实践》,《人民日报》,2021年4月7日,第9版。

的反贫困的理性思考与实践考量是人类文明财富中永远值得珍惜的瑰宝，它创造了人类文明新形态，为依靠独立自主发展生产力且力图推进共同富裕的发展中国家和新兴市场国家提供了反贫困的中国智慧。

消除贫困是人类共同追求的进步事业。新中国成立以来，反贫困事业的开展蕴含的深刻意义以及衍生的推进全体人民共同富裕的一系列政策举措为马克思主义反贫困思想的创新和接续发展贡献了理论和实践力量，为发展中国家摆脱绝对贫困增强信心勇气、提供经验示范。在推进共同富裕的进程中，中国在致力于贫困治理的同时，积极参与国际反贫困合作，为发展中国家援建了形式多样的减贫合作项目，共建反贫困的人类命运共同体。"建立反贫困的人类命运共同体，就要改变资本逻辑主导的，以资本增值与扩张为主要内容的全球化秩序，建立互利合作的国际新秩序。"❶ 中国共产党和中国政府反贫困的成就及开展的减贫国际合作交流彰显了中国"为世界谋大同"的国际主义情怀，展现大国担当和大国风范。中国共产党为解决贫困问题一直进行着不懈的努力，从顶层的制度性设计转变为底层的实践典型，动态化、渐进化推动共同富裕。中国共产党将共同富裕的实现与构建人类命运共同体相互呼应，积极承担全球减贫的重任，将人的主体性作用于接续推进共同富裕，在全球化的背景下走出了一条贫困治理的成功之路。改革开放以来中国逐步推进的共同富裕"是以人民为中心的发展思想在收入分配方面的生动表现，是为化解当前人类社会'普遍存在不平等难题'贡献的中国智慧"❷。中国的反贫困事业极大地超越了西方治理理论本身无法克服的缺陷，形成了中国特色反贫困方案和可供复制推广的共同富裕的中国经验，丰富了人类文明新形态的理论特质与内在机理，极大地拓宽了共同富裕的世界视野，增强了发展中国家的自身发展能力，从而以世界历史眼光推动了人类文明形态变革，彰显了人类文明新形态的世界吸引力，推进了人类文明的进步历程。

---

❶ 王建华：《中国共产党与百年反贫困的中国方案》，《南京大学学报》（哲学·人文科学·社会科学版），2021 年第 3 期，第 15 页。

❷ 吕培亮：《试论实现共同富裕的伟大意义》，《学校党建与思想教育》，2022 年第 17 期，第 90 页。

主要参考文献

一、经典著作文献

[1] 马克思恩格斯选集［M］. 北京：人民出版社，2012.

[2] 马克思. 资本论［M］. 北京：人民出版社，2004.

[3] 马克思恩格斯文集［M］. 第一卷. 北京：人民出版社，2009.

[4] 马克思恩格斯文集［M］. 第十卷. 北京：人民出版社，2009.

[5] 列宁全集［M］. 第34卷. 北京：人民出版社，1985.

[6] 列宁全集［M］. 第39卷. 北京：人民出版社，1986.

[7] 列宁选集［M］. 北京：人民出版社，2012.

[8] 毛泽东选集［M］. 北京：人民出版社，1991.

[9] 毛泽东文集［M］. 第六、七卷. 北京：人民出版社，1999.

[10] 中共中央文献研究室. 毛泽东年谱（1949—1976）［M］. 第三卷. 北京：中央文献出版社，2013.

[11] 邓小平文选［M］. 第三卷. 北京：人民出版社，1993.

[12] 邓小平文选［M］. 第二卷. 北京：人民出版社，1994.

[13] 江泽民文选［M］. 北京：人民出版社，2006.

[14] 江泽民论有中国特色社会主义（专题摘编）［M］. 北京：中央文献出版社，2002.

[15] 胡锦涛文选［M］. 北京：人民出版社，2016.

[16] 习近平谈治国理政［M］. 第一卷. 北京：外文出版社，2018.

[17] 习近平谈治国理政［M］. 第二卷. 北京：外文出版社，2017.

[18] 习近平谈治国理政［M］. 第三卷. 北京：外文出版社，2020.

[19] 习近平谈治国理政［M］. 第四卷. 北京：外文出版社，2022.

[20] 中共中央党史和文献研究院. 习近平关于"三农"工作论述摘编［M］. 北京：中央文献出版社，2019.

[21] 中共中央党史和文献研究院. 习近平扶贫论述摘编［M］. 北京：中央文献出版社，2018.

[22] 中共中央文献研究室. 习近平关于实现中华民族伟大复兴的中国梦论述摘编［M］. 北京：中央文献出版社，2013.

[23] 中共中央党史和文献研究院. 习近平论"三农"工作［M］. 北京：中央文献出版社，2022.

［24］习近平. 把握新发展阶段，贯彻新发展理念，构建新发展格局［J］. 求是，2021（9）.

［25］中共中央文献研究室. 习近平关于全面深化改革论述摘编［M］. 北京：中央文献出版社，2014.

［26］中共中央文献研究室. 习近平关于社会主义经济建设论述摘编［M］. 北京：中央文献出版社，2017.

［27］习近平在深度贫困地区脱贫攻坚座谈会上的讲话［M］. 北京：人民出版社，2017.

［28］习近平在纪念中国人民抗日战争暨世界反法西斯战争胜利70周年系列活动上的讲话［M］. 北京：人民出版社，2015.

［29］《中共中央关于制定国民经济和社会发展第十四个五年规划和二〇三五年远景目标的建议》辅导读本［M］. 北京：人民出版社，2020.

［30］孙中山，广东省社会科学院研究室. 孙中山全集［M］. 第一卷. 北京：中华书局，1981.

［31］李大钊全集［M］. 第四卷. 北京：人民出版社，2013.

［32］中共中央文献研究室. 建国以来重要文献选编［M］. 第四册. 北京：中央文献出版社，1993.

［33］中共中央文献研究室. 建国以来重要文献选编［M］. 第七卷. 北京：中央文献出版社，1993.

［34］中共中央文献研究室. 建国以来重要文献选编［M］. 第十册. 北京：中央文献出版社，1994.

［35］中共中央文献研究室. 三中全会以来重要文献选编［M］. 下. 北京：中央文献出版社，1982.

［36］中共中央文献研究室. 十二大以来重要文献选编［M］. 上. 北京：人民出版社，1986.

［37］中共中央文献研究室. 十二大以来重要文献选编［M］. 中. 北京：人民出版社，1986.

［38］中共中央文献研究室. 十三大以来重要文献选编［M］. 上. 北京：人民出版社，1991.

［39］中共中央文献研究室. 十三大以来重要文献选编［M］. 中. 北京：人民出版社，1991.

[40] 中共中央文献研究室. 十三大以来重要文献选编［M］. 下. 北京：人民出版社，1993.

[41] 中共中央文献研究室. 十四大以来重要文献选编［M］. 上. 北京：中央文献出版社，2011.

[42] 中共中央文献研究室. 十四大以来重要文献选编［M］. 中. 北京：中央文献出版社，2011.

[43] 中共中央文献研究室. 十五大以来重要文献选编［M］. 上. 北京：中央文献出版社，2011.

[44] 中共中央文献研究室. 十五大以来重要文献选编［M］. 中. 北京：中央文献出版社，2011.

[45] 中共中央文献研究室. 十六大以来重要文献选编［M］. 下. 北京：中央文献出版社，2008.

[46] 中共中央文献研究室. 十七大以来重要文献选编［M］. 上. 北京：中央文献出版社，2009.

[47] 中共中央文献研究室. 十七大以来重要文献选编［M］. 中. 北京：中央文献出版社，2011.

[48] 中共中央文献研究室. 十八大以来重要文献选编［M］. 上. 北京：中央文献出版社，2014.

[49] 中共中央文献研究室. 十八大以来重要文献选编［M］. 中. 北京：中央文献出版社，2016.

[50] 中共中央党史和文献研究院. 十八大以来重要文献选编［M］. 下. 北京：中央文献出版社，2018.

[51] 中共中央党史和文献研究院. 十九大以来重要文献选编［M］. 上. 北京：中央文献出版社，2019.

[52] 中共中央党史和文献研究院. 十九大以来重要文献选编［M］. 中. 北京：中央文献出版社，2021.

[53] 中共中央党史和文献研究院. 十九大以来重要文献选编［M］. 下. 北京：中央文献出版社，2023.

二、学术专著（文集）

[1] 胡绳. 中国共产党的七十年［M］. 北京：中共党史出版社，1991.

［2］本书编写组. 中国近现代史纲要［M］. 北京：高等教育出版社，2023.

［3］卢守助，译注. 晏子春秋译注［M］. 上海：上海古籍出版社，2006.

［4］苏星，杨秋宝. 新中国经济史资料选编［M］. 北京：中共中央党校出版社，2000.

［5］国家农业委员会办公厅. 农业集体化重要文件汇编（1949—1957）［M］. 北京：中共中央党校出版社，1981.

［6］乔学珩. 贵州农村合作经济史料［M］. 第二辑. 贵阳：贵州人民出版社，1988.

［7］杜润生. 当代中国的农业合作制［M］. 上. 北京：当代中国出版社，2002.

［8］朱信凯，彭超. 中国反贫困：人类历史的伟大壮举［M］. 北京：中国人民大学出版社，2018.

［9］青连斌. 分配制度改革与共同富裕［M］. 南京：江苏人民出版社，2004.

［10］王灵桂，侯波. 中国共产党贫困治理的实践探索与世界意义［M］. 北京：中国社会科学出版社，2019.

［11］王琳. 中国特色社会主义共同富裕研究［M］. 天津：天津人民出版社，2016.

［12］韦定广. 走向共同富裕之路：邓小平社会主义基本思想［M］. 北京：蓝天出版社，1998.

［13］郭跃文，丁晋清，张造群. 论共同富裕［M］. 广州：广东人民出版社，2023.

［14］闵辉，赵庆寺，戴莹，等. 新时代实现共同富裕的实践路径［M］. 上海：上海人民出版社，2023.

［15］何春. 数字经济促进共同富裕的机理分析与优化路径［M］. 北京：中国经济出版社，2023.

［16］张忠家. 多学科视野下的共同富裕［M］. 北京：人民出版社，2023.

［17］程恩富. 知名学者纵论共同富裕［M］. 北京：中国经济出版社，2023.

［18］万海远. 共同富裕的推进制度与政策措施［M］. 北京：人民出版社，2023.

［19］董晓辉，周长峰，旷毓君. 新时代扎实推进共同富裕理论与实践研究［M］. 北京：人民出版社，2023.

［20］刘尚希，等. 共同富裕与人的发展：中国的逻辑与选择［M］. 北京：人民日报出版社，2022.

［21］郑永年. 共同富裕的中国方案［M］. 杭州：浙江人民出版社，2022.

［22］韩保江，等. 全体人民共同富裕的物质文明［M］. 北京：社会科学文献出版

社，2022.

[23] 王爱云. 中国共产党百年扶贫的理论与实践［M］. 北京：人民出版社，2022.

[24] 马建堂. 奋力迈上共同富裕之路［M］. 北京：中信出版社，2022.

[25] 万海远. 走向共同富裕之路［M］. 北京：人民出版社，2022.

[26] 黄承伟，燕连福. 新时代脱贫攻坚前沿问题研究［M］. 北京：人民出版社，2021.

[27] 尹秀. 中国农村多维贫困代际传递治理研究［M］. 北京：经济科学出版社，2021.

[28] 李清彬. 迈向共同富裕的分配行动探究［M］. 北京：人民出版社，2021.

[29] 文建龙. 新时代反贫困思想研究［M］. 北京：社会科学文献出版社，2020.

[30] 胡建华. 贫困治理与精准扶贫［M］. 长沙：中南大学出版社，2020.

[31] 李实. 国民收入分配与居民收入差距研究［M］. 北京：人民出版社，2020.

[32] 黄承伟. 中国共产党怎样解决贫困问题［M］. 南昌：江西人民出版社，2020.

[33] 张瑞敏. 中国共产党反贫困实践研究（1978-2018）［M］. 北京：人民出版社，2019.

[34] 黄承伟. 一诺千金：新时代中国脱贫攻坚的理论思考［M］. 南宁：广西人民出版社，2019.

[35] 李仪，张治江. 中国扶贫减困问题研究［M］. 北京：人民出版社，2019.

[36] 王桂枝. 共同富裕实现机制研究［M］. 北京：社会科学文献出版社，2018.

[37] 张建刚. 新的历史条件下共同富裕实现路径研究［M］. 北京：中国社会科学出版社，2018.

[38] 贾可卿. 共同富裕与分配正义［M］. 北京：人民出版社，2018.

[39] 刘灿，王朝明，李萍，等. 中国特色社会主义收入分配制度研究［M］. 北京：经济科学出版社，2017.

[40] 薛冬雪. 马克思的财富思想及伦理意蕴［M］. 沈阳：东北大学出版社，2016.

[41] 江建平. 全民宽裕论［M］. 北京：人民出版社，2013.

[42] 彭道伦，王干江. 缩小差距与共同富裕研究：以重庆市涪陵区为例［M］. 北京：光明日报出版社，2012.

[43] 金喜在，王大超，刘鹏. 中国民富论：关于邓小平共同富裕思想的研究［M］. 长春：吉林人民出版社，2002.

［44］汪青松. 邓小平共同富裕理论与实践［M］. 合肥：安徽人民出版社，2001.

［45］中国国际扶贫中心，中国互联网新闻中心. 外国人眼中的中国扶贫［M］. 北京：外文出版社，2019.

［46］陈映. 论共同富裕与区域经济非均衡协调发展［M］. 北京：人民出版社，2011.

［47］陈建波. 中国特色社会主义共同富裕道路研究［M］. 天津：天津人民出版社，2015.

［48］厉以宁，等. 共同富裕科学内涵与实践路径［M］. 北京：中信出版社，2022.

［49］巴拉奇·代内什. 邓小平［M］. 阚思静，季叶，译. 北京：解放军出版社，1988.

［50］理查德·伊文思. 邓小平传［M］. 武市红，译. 上海：上海人民出版社，1996.

［51］傅高义. 邓小平时代［M］. 冯克利，译，北京：生活·读书·新知三联书店，2013.

［52］安东尼·B. 阿特金森. 全球视角的贫困测量［M］. 李瑞，朱琳，阿信，译，上海：格致出版社，北京：生活·读书·新知三联书店，上海：上海人民出版，2023.

三、学术期刊论文

［1］明佳睿，宋福范. 中国共产党共同富裕百年探索：发展历程·辉煌成就·经验启示［J］. 学术探索，2022（6）.

［2］白龙，翟绍果. "天下大同"与"天下共富"：共同富裕的历史逻辑与实践路径［J］. 西北大学学报（哲学社会科学版），2022（2）.

［3］陈燕. 中国共产党的共同富裕：理论演进与实现路径［J］. 科学社会主义，2021（3）.

［4］刘旭雯. 乡村振兴推动共同富裕的挑战与政策转向［J］. 原生态民族文化学刊，2023（4）.

［5］李重，毛丽霞. 中国共产党领导乡村发展的百年探索和基本经验［J］. 西安交通大学学报（社会科学版），2021（4）.

［6］程恩富，刘伟. 社会主义共同富裕的理论解读与实践剖析［J］. 马克思主义研究，2012（6）.

［7］汪才明，王文兵. "走向共同富裕"的思考［J］. 科学社会主义，2007（1）.

［8］李留义，潘宁. 毛泽东对马克思主义共同富裕思想的传承发展及其时代价值

［J］．湖南科技大学学报（社会科学版），2022（4）．

［9］周文，唐教成．深刻理解和领悟共同富裕的三重逻辑［J］．经济纵横，2023（5）．

［10］王瑞芳．1960年前后毛泽东对社会主义本质问题的认识［J］．晋阳学刊，2017（5）．

［11］逢锦聚．中国共产党带领人民为共同富裕百年奋斗的理论与实践［J］．经济学动态，2021（5）．

［12］韩振峰，王露．习近平共同富裕观的理论探源、核心要义及价值意蕴［J］．大连理工大学学报（社会科学版），2022（6）．

［13］范连生．合作化时期农业生产合作社勤俭办社的历史考察——以贵州为中心［J］．当代中国史研究，2021（6）．

［14］裴广一，葛晨．中国共产党对实现共同富裕的百年探索与实践启示［J］．学术研究，2021（12）．

［15］邓金钱．中国共产党百年减贫的历史方位与理论贡献［J］．上海经济研究，2022（7）．

［16］王昉，张铎．新中国城乡关系思想演进与共同富裕的实践路径［J］．江西社会科学，2023（2）．

［17］李冉，陈海若．深刻把握习近平总书记关于共同富裕重要论述的原创性贡献［J］．山东大学学报（哲学社会科学版），2023（2）．

［18］严小龙．社会主义新农村建设的发展进程和历史经验［J］．马克思主义研究，2010（3）．

［19］甘立勇，王永康．"共同富裕"是社会主义的本质属性和中国共产党人的不懈追求［J］．学术探索，2012（4）．

［20］于成文．中国共产党人共同富裕思想研究述评［J］．探索，2011（4）．

［21］阳芳，刘慧敏．社会主义共同富裕的历史逻辑、理论逻辑与实践逻辑［J］．湖北大学学报（哲学社会科学版），2022（3）．

［22］乔惠波．试论共同富裕的内涵、基础及推进路径［J］．东岳论丛，2022（2）．

［23］周文，施炫伶．共同富裕的内涵特征与实践路径［J］．政治经济学评论，2022（3）．

［24］唐任伍，唐堂，李楚翘．中国共产党成立100年来乡村发展的演进进程、理论逻

辑与实践价值 [J]. 改革, 2021 (6).

[25] 程承坪, 曾瑾. 中国共产党治理贫困的百年历程、成就与未来展望: 写在中国共产党建党百年之际 [J]. 当代经济管理, 2021 (6).

[26] 刘丸源, 邹曦. 中国共产党百年减贫思想略论 [J]. 政治经济学评论, 2021 (6).

[27] 吴鹏森. 全面理解"共同富裕"思想, 正确认识当代中国的社会分化 [J]. 南京师大学报 (社会科学版), 2014 (1).

[28] 袁超越, 朱耘婵. 共同富裕的政治经济学阐释 [J]. 湖北大学学报 (哲学社会科学版), 2023 (3).

[29] 黄晓娟. 中国共产党"共同富裕"概念的历史溯源与语义变迁: 以党的历史文献为中心的文本考察 [J]. 社会主义研究, 2023 (5).

[30] 周文, 何雨晴. 共同富裕的政治经济学理论逻辑 [J]. 经济纵横, 2022 (5).

[31] 杨煌. 共同富裕: 中国共产党百年的奋斗与追求 [J]. 世界社会主义研究, 2021 (9).

[32] 罗健. 习近平关于共同富裕重要论述探析 [J]. 马克思主义研究, 2022 (3).

[33] 徐俊峰, 葛扬. "城乡共富": "共同富裕"的内涵要义与实践遵循 [J]. 西北农林科技大学学报 (社会科学版), 2022 (6).

[34] 刘洪森. 新时代共同富裕的生成逻辑、科学内涵和实践路径 [J]. 思想理论教育, 2022 (3).

[35] 欧健, 谷曼. 习近平关于共同富裕的重要论述: 生成逻辑·核心内容·价值意蕴 [J]. 吉首大学学报 (社会科学版), 2023 (3).

[36] 程恩富, 吕晓凤. 中国共产党反贫困的百年探索: 历程、成就、经验与展望 [J]. 北京理工大学学报 (社会科学版), 2021 (4).

[37] 王禹潇. 共同富裕与中国特色反贫困理论对西方减贫理论的超越 [J]. 中共中央党校 (国家行政学院) 学报, 2022 (2).

[38] 习近平在云南考察工作时强调坚决打好扶贫开发攻坚战 加快民族地区经济社会发展 [J]. 云岭先锋, 2015 (2).

[39] 魏枫, 周灵丽, 完颜含玥. 中国共产党反贫困理论研究 [J]. 理论探讨, 2021 (5).

[40] 郑有贵. 战略维度和实现路径: 中国共产党百年破解"三农"问题的考察 [J].

中共中央党校（国家行政学院）学报，2021（5）.

［41］萧冬连. 目标与路径：重温邓小平共同富裕构想的思考［J］. 中共党史研究，2022（2）.

［42］韩文龙，唐湘. 三次分配促进共同富裕的重要作用与实践进路［J］. 经济纵横，2022（4）.

［43］李实，朱梦冰，詹鹏. 中国社会保障制度的收入再分配效应［J］. 社会保障评论，2017（4）.

［44］徐勇，陈军亚. 国家善治能力：消除贫困的社会工程何以成功［J］. 中国社会科学，2022（6）.

［45］谢小飞，吴家华. 中国共产党追求共同富裕的百年历程与启示［J］. 西南民族大学学报（人文社会科学版），2021（7）.

［46］蒋永穆，豆小磊. 共同富裕思想：演进历程、现实意蕴及路径选择［J］. 新疆师范大学学报（哲学社会科学版），2021（6）.

［47］张占斌. 中国式现代化的共同富裕内涵、理论与路径［J］. 当代世界与社会主义，2021（6）.

［48］文丰安. 以中国式现代化扎实推进共同富裕的辩证关系与创新路径研究［J］. 西南大学学报（社会科学版），2023（1）.

［49］王婷，苏兆霖. 中国特色社会主义共同富裕理论：演进脉络与发展创新［J］. 政治经济学评论，2021（6）.

［50］韩喜平，王思然. 中国式现代化与共同富裕［J］. 思想理论教育导刊，2023（4）.

［51］江剑平. 中国式现代化下的共同富裕：理论内涵与实践路径［J］. 当代经济管理，2024（1）.

［52］付文军. 中国特色社会主义共同富裕论纲［J］. 社会科学辑刊，2021（6）.

［53］刘景泉，张健，伍绍勤. 中国共产党领导社会建设的实践和基本经验［J］. 南开学报（哲学社会科学版），2011（2）.

［54］岑朝阳，刘颖，阳盛益. 中国共产党接续推进实现共同富裕纵论［J］. 中学政治教学参考，2022（8）.

［55］梅晓宇. 扎实推动共同富裕的伟大意义和实现道路［J］. 思想理论教育导刊，2022（1）.

[56] 姬旭辉. 从"共同富裕"到"全面小康": 中国共产党关于收入分配的理论演进与实践历程 [J]. 当代经济研究, 2020 (9).

[57] 黄承伟. 共同富裕进程中的中国特色减贫道路 [J]. 中国农业大学学报 (社会科学版), 2020 (6).

[58] 张端. 1949年以来中国共产党对社会主义本质的探索及其当代价值 [J]. 哈尔滨工业大学学报 (社会科学版), 2023 (2).

[59] 孙豪, 曹肖烨. 收入分配制度协调与促进共同富裕路径 [J]. 数量经济技术经济研究, 2022 (4).

[60] 吴炜, 马慧怡. 中国共产党共同富裕观念的建构与演进 [J]. 理论学刊, 2022 (3).

[61] 宋才发. 共同富裕是中国特色社会主义的社会契约 [J]. 广西社会科学, 2023 (1).

[62] 欧庭宇. 中国共产党共同富裕思想的理论演变、内在逻辑和现实启示 [J]. 青海民族大学学报, 2022 (2).

[63] 戴安林. 特定时期的"共同富裕"重要论述及其启示 [J]. 改革, 2011 (6).

[64] 田克勤, 张林. 中国共产党为实现全体人民共同富裕的百年奋斗 [J]. 思想理论教育导刊, 2021 (6).

[65] 罗健. 习近平关于共同富裕重要论述的三重逻辑 [J]. 马克思主义研究, 2023 (4).

[66] 王建华. 中国共产党与百年反贫困的中国方案 [J]. 南京大学学报 (哲学·人文科学·社会科学版), 2021 (3).

[67] 张雅丽, 陈可毅. 改革开放以来党对共同富裕之路的探索与实践 [J]. 社会主义研究, 2005 (2).

[68] 曹立向, 乔玉. 中国共产党以"共同富裕"为初心的"三农"政策演进: 基于新中国成立以来历次党代会报告的文本考察 [J]. 科学社会主义, 2022 (6).

[69] 张光先, 钟晓敏. 中国式现代化共同富裕的理论内涵、内在逻辑和实践进路 [J]. 财经论丛, 2023 (12).

[70] 朱可辛, 孟书广. 习近平关于共同富裕的重要论述及其时代价值 [J]. 党史研究与教学, 2022 (3).

[71] 白石, 邓如辛. 邓小平社会公平思想内涵的探讨 [J]. 毛泽东思想研究, 2013

(6).

[72] 金华宝，伍科. 乡村振兴促进共同富裕的三重逻辑［J］. 理论与改革，2022（5）.

[73] 卫兴华. 论社会主义共同富裕［J］. 经济纵横，2013（1）.

[74] 孟鑫. 新时代我国走向共同富裕的现实挑战和可行路径［J］. 东南学术，2020（3）.

[75] 唐任伍，史晓雯. 新时代共同富裕的价值取向、价值追求和价值实现［J］. 新疆师范大学学报（哲学社会科学版），2023（4）.

[76] 姜淑萍. "以人民为中心的发展思想"的深刻内涵和重大意义［J］. 党的文献，2016（6）.

[77] 雒亚男. 中国共产党百年反贫困的机制创新和历史启示［J］. 经济社会体制比较，2021（4）.

[78] 许洪位. 中国共产党贫富观的百年历史演进、基本特点与当代价值［J］. 理论月刊，2021（4）.

[79] 付文军，姚莉. 新时代共同富裕的学理阐释与实践路径［J］. 内蒙古社会科学，2021（5）.

[80] 熊晞. 党的三代领导集体对实现共同富裕的探索与创新［J］. 中国特色社会主义研究，2006（3）.

[81] 方凤玲. 中国共产党领导反贫困斗争的百年历程和基本经验［J］. 毛泽东研究，2021（5）.

[82] 孙万君，姚娟娟. 新时代中国共产党共同富裕思想：生成逻辑、基本内涵及实践进路［J］. 理论导刊，2022（4）.

[83] 查雅雯，曹立. 缩小差距促进共同富裕：主要挑战、现实基础与实现路径［J］. 理论视野，2022（5）.

[84] 张晓晶. 中国共产党领导中国走向富强的百年探索［J］. 中国社会科学，2021（11）.

[85] 蒋南平，李艳春. 共同富裕中国式现代化的理论与实践创新：基于党的二十大精神解读［J］. 政治经济学评论，2023（1）.

[86] 陈潜. 中国特色社会主义共同富裕的科学蕴涵、三重逻辑与实现路径［J］. 福建论坛（人文社会科学版），2022（8）.

[87] 张远新. 中国共产党对共同富裕的百年追求 [J]. 人民论坛, 2021 (32).

[88] 张占斌, 毕照仰. 习近平关于共同富裕重要论述的理论逻辑与实践要求 [J]. 中共党史研究, 2022 (2).

[89] 王鑫. 中国式现代化视域下的共同富裕: 内涵、价值与路径 [J]. 浙江工商大学学报, 2022 (3).

[90] 吴云志, 孙扬. 中国式现代化推动共同富裕的中国实践与世界历史意义 [J]. 社会科学辑刊, 2024 (1).

[91] 张占斌, 吴正海. 共同富裕的发展逻辑、科学内涵与实践进路 [J]. 新疆师范大学学报（哲学社会科学版）, 2022 (1).

[92] 李莹洁. 中国式现代化共同富裕的理论内涵、目标要求和实现路径 [J]. 学术探索, 2022 (9).

[93] 伍抱一, 伍山林. 贫富状态演进与经济制度变迁: 以中国共产党百年实践为例 [J]. 上海经济研究, 2023 (7).

[94] 张煜. 建国以来党的农民民生建设历程及历史经验 [J]. 社会主义研究, 2014 (1).

[95] 刘培林, 钱滔, 黄先海, 等. 共同富裕的内涵、实现路径与测度方法 [J]. 管理世界, 2021 (8).

[96] 陈萌. 在准确把握"六个必须坚持"中扎实推进共同富裕: 核心要义与实践路径 [J]. 学术探索, 2023 (8).

[97] 权衡. 中国收入分配改革 40 年: 实践创新、发展经验与理论贡献 [J]. 中共中央党校学报, 2018 (5).

[98] 王广义. 中国共产党反贫困斗争胜利的思想密钥 [J]. 人民论坛, 2021 (17).

[99] 李婧, 崔守滨. 新时代共同富裕出场的三重逻辑 [J]. 东北师大学报（哲学社会科学版）, 2023 (6).

[100] 张占斌, 毕照卿. 中国共产党对共同富裕的百年探索: 深刻把握与历史贡献 [J]. 经济社会体制比较, 2022 (2).

[101] 邱卫东, 高海波. 新中国 70 年来的共富实践: 历程、经验和启示 [J]. 宁夏社会科学, 2019 (3).

[102] 王景新. 中国共产党百年乡村建设的历史脉络和阶段特征 [J]. 中国经济史研究, 2021 (4).

[103] 童成帅,周向军. 新时代共同富裕的生成基础、逻辑内涵与实践进路[J]. 西北农林科技大学学报(社会科学版),2023(2).

[104] 邢中先,张平. 中国扶贫70年:基于实现共富的三重向度研究[J]. 西北农林科技大学学报(社会科学版),2019(4).

[105] 王静,王志章,杨志红. 中国共产党反贫困的实践探索、经验总结与当代价值研究[J]. 中国软科学,2022(5).

[106] 吕培亮. 试论实现共同富裕的伟大意义[J]. 学校党建与思想教育,2022(17).

[107] 何锡辉,刘恋. 共同富裕的理解逻辑、中国实践及世界意义[J]. 西南民族大学学报(人文社会科学版),2022(9).

[108] 燕连福,李晓利. 从"饥寒交迫"到"全面小康":中国共产党百年贫困治理的历程与经验[J]. 南京大学学报(哲学·人文科学·社会科学),2021(3).

[109] 侯晓东,朱巧玲,万春芳. 百年共同富裕:演进历程、理论创新与路径选择[J]. 经济问题,2022(2).

[110] 中共山西省委党校(山西行政学院)课题组. 中国共产党百年贫困治理的探索:意蕴、路径及对乡村振兴的贡献[J]. 经济问题,2021(7).

[111] 蒋永穆,何媛. 中国共产党百年反贫困的历程、特征与展望[J]. 人文杂志,2022(1).

[112] 潘玲霞. "共同富裕"与"成果共享":中国特色社会主义理论体系中的民生思想[J]. 社会主义研究,2009(1).

[113] 汪倩倩. 社会主义共同富裕的四重逻辑[J]. 学校党建与思想教育,2022(12).

[114] 张新昌,皮映良. 马克思主义收入分配理论解决收入不均衡问题研究[J]. 重庆社会科学,2024(2).

[115] 包炜杰. 马克思主义整体性视域下共同富裕的三重阐释路径[J]. 马克思主义与现实,2024(1).

[116] 蓝春娣,冯霞. 中国共产党共同富裕思想的三重逻辑[J]. 江淮论坛,2022(3).

[117] 赵学清. 马克思共同富裕思想探讨[J]. 中国特色社会主义研究,2014(4).

[118] 崔平,彭鸽. 马克思的"全面生产理论"及其对我国推进共同富裕的方法论启示[J]. 当代经济研究,2022(6).

[119] 任政. 马克思主义唯物史观视野中共同富裕的理论逻辑及实践自觉 [J]. 当代世界与社会主义, 2022 (3).

[120] 张丹. 马克思恩格斯关于未来社会普遍富裕的思想及其当代启示 [J]. 理论视野, 2021 (12).

[121] 邱海平. 马克思主义关于共同富裕的理论及其现实意义 [J]. 思想理论教育导刊, 2016 (7).

[122] 韩玉洁, 徐旭初. 农民合作社促进乡村共同富裕的经典理论与中国实践 [J]. 毛泽东邓小平理论研究, 2022 (10).

[123] 王彦龙, 李玉敏. 列宁对马克思反贫困理论的发展及其当代启示 [J]. 北京航空航天大学学报 (社会科学版), 2021 (3).

[124] 李振国. 邓小平对马克思列宁部分先富思想的超越 [J]. 毛泽东思想研究, 2001 (1).

[125] 朱春晖. 毛泽东对马克思分配正义理论的承传与创新 [J]. 湖南科技大学学报 (社会科学版), 2016 (5).

[126] 董四礼, 程守新. 试论毛泽东共同富裕的思想 [J]. 毛泽东思想研究, 1995 (4).

[127] 吕开武, 吴怀友. 毛泽东共同富裕思想及其当代启示 [J]. 湖南科技大学学报 (社会科学版), 2018 (2).

[128] 姚璐. 共同富裕理想与实现途径: 毛泽东的视角 [J]. 贵州财经大学学报, 2014 (2).

[129] 周锟. 邓小平共同富裕思想的发展轨迹和现实意义 [J]. 党的文献, 2017 (5).

[130] 马陆艳. 试论邓小平关于实现社会公平的思想 [J]. 毛泽东思想研究, 2015 (5).

[131] 郜志刚, 韩桥生. 邓小平共同富裕思想的辩证理路 [J]. 理论导刊, 2014 (12).

[132] 罗建华, 尚庆飞. 邓小平"先富带动后富"思想的解读与思考 [J]. 南京社会科学, 2015 (6).

[133] 董全瑞. 论邓小平共同富裕思想的内涵、道路和实现机制 [J]. 探索, 2014 (4).

[134] 易重华, 席学智. 邓小平共同富裕思想的内涵、地位及其现实指导意义 [J].

湖北社会科学，2013（12）.

［135］张嘉友，徐云峰. 试论邓小平共同富裕思想及其意义［J］. 思想理论教育导刊，2011（1）.

［136］王均伟. 消除贫困：治国安邦的大事：江泽民扶贫攻坚思想研究［J］. 党的文献，2011（3）.

［137］孙业礼. 共同富裕：六十年来几代领导人的探索和追寻［J］. 党的文献，2010（1）.

［138］杨名刚. 科技·制度·共富：农村扶贫治理的三重维度：江泽民同志扶贫思想的现实启示［J］. 毛泽东思想研究，2012（5）.

［139］秦尊文. 江泽民同志的区域经济思想初探［J］. 毛泽东思想研究，2003（3）.

［140］陈光. 用胡锦涛同志区域协调发展思想指导中西部地区科学发展［J］. 东岳论丛，2012（1）.

［141］万斌，王康. 论胡锦涛"共享"思想的人权意蕴［J］. 浙江学刊，2008（5）.

［142］张小媚. 试析胡锦涛公平正义思想的关键范畴［J］. 南昌大学学报（人文社会科学版），2011（2）.

［143］施由明，刘清荣. 从毛泽东到胡锦涛：中国扶贫开发理论的不断深化［J］. 农业考古，2007（6）.

［144］杜建明. 论习近平关于共同富裕重要论述的人权表达［J］. 内蒙古社会科学，2024（1）.

［145］张宪昌. 习近平关于共同富裕重要论述的方法论特征［J］. 理论视野，2023（12）.

［146］裴广一. 习近平关于共同富裕重要论述的生成逻辑、科学内涵和实践要求［J］. 广东社会科学，2023（4）.

［147］辛向阳. 习近平的共同富裕观［J］. 新疆社会科学，2022（1）.

［148］杨世伟. 习近平关于共同富裕的内涵诠释、战略定位与实践方略［J］. 当代世界社会主义问题，2023（4）.

［149］简新华，聂长飞. 必须正确认识共同富裕及其实现途径：共同富裕的政治经济学学理性解读［J］. 政治经济学评论，2023（4）.

［150］郑伟. 全面深刻理解共同富裕的内涵要求［J］. 人民论坛，2023（13）.

［151］孙武安. 共同富裕的内涵、价值及其紧迫性［J］. 江西社会科学，2013（2）.

[152] 廖祖君,卢晨瑜. 农民农村共同富裕：内涵特征、生成逻辑与实践路径 [J]. 重庆社会科学, 2024 (2).

[153] 马丽,金梁. 新时代共同富裕的生发逻辑、理论内涵、实践路径 [J]. 湖北社会科学, 2023 (5).

[154] 贾则琴,龚晓莺. 新时代共同富裕的时代内涵、长效困境与实现路径 [J]. 新疆社会科学, 2022 (4).

[155] 陈友华,孙永健. 共同富裕：现实问题与路径选择 [J]. 东南大学学报（哲学社会科学版）, 2022 (1).

[156] 罗明忠. 共同富裕：理论脉络、主要难题及现实路径 [J]. 求索, 2022 (1).

[157] 董慧,杜晓依. 走共同富裕的中国式现代化道路：历史进程及经验启示 [J]. 海南大学学报（人文社会科学版）, 2022 (4).

[158] 秦刚. 实现共同富裕：中国特色社会主义的实践探索和历史进程 [J]. 人民论坛·学术前沿, 2021 (7).

[159] 左鹏,李少军. 百年来中国共产党领导反贫困斗争的历史进程及经验 [J]. 北京联合大学学报（人文社会科学版）, 2021 (3).

[160] 蒋永穆,万腾,周宇晗. 基于政府集成的中国特色减贫道路（1978—2018）：历史进程和逻辑主线 [J]. 当代经济研究, 2018 (12).

[161] 郭晗,任保平. 中国式现代化进程中的共同富裕：实践历程与路径选择 [J]. 改革, 2022 (7).

[162] 周文,何雨晴. 共同富裕：理论比较、思想渊源与中国经验 [J]. 云南民族大学学报（哲学社会科学版）, 2024 (1).

[163] 陈晨,熊友华. 中国共产党追求共同富裕的理论变迁、实践探索与经验启示 [J]. 中州学刊, 2022 (12).

[164] 李包庚,孔维洁. 中国共产党探索共同富裕的历史逻辑与基本经验 [J]. 国外社会科学, 2022 (1).

[165] 黄承伟,杨进福. 中国共产党百年反贫困的历史经验 [J]. 西安交通大学学报（社会科学版）, 2021 (4).

[166] 张光先,钟晓敏. 中国式现代化共同富裕的理论内涵、内在逻辑和实践进路 [J]. 财经论丛, 2023 (12).

[167] 刘新刚. 中国式现代化对共同富裕问题的解答及其世界历史意义 [J]. 马克思

主义研究，2023（3）.

[168] 杨文圣，张玥. 中国式现代化视域下共同富裕的四维审思［J］. 河海大学学报（哲学社会科学版），2023（4）.

[169] 邓海林，韩敏. 中国式现代化视域中共同富裕的理论根基与实现路径［J］. 江苏社会科学，2023（4）.

[170] 郭剑鸣. 中国式现代化推进全体人民共同富裕的中轴逻辑及其建构［J］. 政治学研究，2023（3）.

[171] 韩文龙. 在中国式现代化新道路中实现共同富裕［J］. 思想理论教育导刊，2021（11）.

[172] 李林. 乡村振兴与共同富裕：理论逻辑、现实挑战与实现路径［J］. 河北大学学报（哲学社会科学版），2024（2）.

[173] 关长坤，王亚华. 全面推进乡村振兴实现共同富裕的理论机制与政策途径［J］. 农村经济，2023（12）.

[174] 王玉海，李顺强，张琦. 共同富裕目标下的乡村振兴战略：内在机理与路径选择［J］. 北京师范大学学报（社会科学版），2022（6）.

[175] 李实，陈基平，滕阳川. 共同富裕路上的乡村振兴：问题、挑战与建议［J］. 兰州大学学报（社会科学版），2021（3）.

[176] 黄承伟. 论乡村振兴与共同富裕的内在逻辑及理论议题［J］. 南京农业大学学报（社会科学版），2021（6）.

[177] 叶敬忠，胡琴. 共同富裕目标下的乡村振兴：主要挑战与重点回应［J］. 农村经济，2022（2）.

[178] 孙大伟. 中国共产党推进中国特色共同富裕的哲学方法论［J］. 中州学刊，2021（12）.

[179] 周绍东，陈艺丹. 中国共产党推动共同富裕实践的百年道路与经验总结［J］. 齐鲁学刊，2022（3）.

[180] 周艳红. 改革开放以来中国农村扶贫历程与经验［J］. 当代中国史研究，2018（6）.

[181] 李正图，徐子健. 中国特色共同富裕实践：制度保障、精神动力与科学理论［J］. 经济纵横，2022（4）.

四、学位论文

[1] 冯靖哲. 新发展阶段实现共同富裕的收入分配制度改革研究 [D]. 长春：吉林大学，2023.

[2] 马慧琳. 习近平精准扶贫方略原创性贡献研究 [D]. 长春：吉林大学，2023.

[3] 陈思思. 分配正义视域下的共同富裕问题研究 [D]. 上海：上海财经大学，2023.

[4] 张彦婷. 新时代全体人民共同富裕实现路径探究 [D]. 长春：吉林大学，2023.

[5] 刘鑫. 新时代中国社会主要矛盾及其解决路径研究 [D]. 济南：山东大学，2023.

[6] 张新岩. 中国特色贫困治理价值旨归研究 [D]. 长春：吉林大学，2023.

[7] 孟书广. 马克思恩格斯共同富裕思想及其当代价值研究 [D]. 北京：中共中央党校，2022.

五、报刊文献资料

[1] 习近平. 高举中国特色社会主义伟大旗帜 为全面建设社会主义现代化国家而团结奋斗：在中国共产党第二十次全国代表大会上的报告 [N]. 人民日报，2022 – 10 – 26（1）.

[2] 中共中央关于党的百年奋斗重大成就和历史经验的决议 [N]. 人民日报，2021 – 11 – 17（1）.

[3] 习近平. 扎实推动共同富裕 [N]. 人民日报，2021 – 10 – 16（1）.

[4] 习近平. 在全国脱贫攻坚总结表彰大会上的讲话 [N]. 人民日报，2021 – 02 – 26（2）.

[5] 习近平. 在庆祝中国共产党成立 100 周年大会上的讲话 [N]. 人民日报，2021 – 07 – 02（2）.

[6] 中华人民共和国国民经济和社会发展第十四个五年规划和 2035 年远景目标纲要 [N]. 人民日报，2021 – 03 – 13（1）.

[7] 中共中央、国务院关于实现巩固拓展脱贫攻坚成果同乡村振兴有效衔接的意见 [N]. 人民日报，2021 – 03 – 23（1）.

[8] 中共中央党史和文献研究院. 全面建成小康社会大事记 [N]. 人民日报，2021 – 07 – 28（1）.

[9] 中共中央、国务院关于全面推进乡村振兴加快农业农村现代化的意见 [N]. 人民

日报，2021-02-22（1）.

[10] 习近平. 决胜全面建成小康社会，夺取新时代中国特色社会主义伟大胜利：在中国共产党第十九次全国代表大会上的报告［N］. 人民日报，2017-10-19.

[11] 李克强. 政府工作报告：2023年3月5日在第十四届全国人民代表大会第一次会议上［N］. 人民日报，2023-03-15（5）.

[12] 习近平. 在高质量发展中促进共同富裕 统筹做好重大金融风险防范化解工作［N］. 人民日报，2021-08-18（1）.

[13] 习近平在中共中央政治局第二十七次集体学习时强调 完整准确全面贯彻新发展理念 确保"十四五"时期我国发展开好局起好步［N］. 人民日报，2021-01-30（1）.

[14] 习近平在省部级主要领导干部学习贯彻党的十八届五中全会精神专题研讨班上的讲话［N］. 人民日报，2016-05-10（2）.

[15] 胡锦涛. 在省部级主要领导干部提高构建社会主义和谐社会的能力专题研讨班上的讲话［N］. 人民日报，2005-06-27（2）.

[16] 坚持人民至上 不断造福人民 把以人民为中心的发展思想落实到各项决策部署和实际工作之中［N］. 人民日报，2020-05-23（1）.

[17] 陈云. 公私合营后一些问题的解决办法［N］. 人民日报，1956-03-31（1）.

[18] 山西等六省农业社实行"五保"制度，七十四万老弱孤寡社员免除贫困［N］. 人民日报，1957-03-18（6）.

[19] 三中全会以来农村变化显著 各地穷队大量减少［N］. 人民日报，1982-08-21（2）.

[20] 林晰，等. 五莲山区打开了致富大门［N］. 人民日报，1982-11-18（2）.

[21] 全国农村扶贫工作取得成绩［N］. 人民日报，1982-08-21（2）.

[22] 乡村建设行动实施方案［N］. 人民日报，2022-05-24（1）.

[23] 张枨. 去年内蒙古脱贫14.1万人 剩余20个国贫旗县即将全部摘帽［N］. 人民日报，2020-01-11（2）.

[24] 陆娅楠. 全国农村贫困人口去年减少1109万人 贫困发生率降至0.6%［N］. 人民日报，2020-01-25（1）.

[25] 庞革平，祝佳祺. 脱贫人口就业务工超3200万人［N］. 人民日报，2023-08-21（3）.

[26] 顾仲阳. 推动拓展脱贫攻坚成果同乡村振兴有效衔接高质量发展：访农业农村部副部长、国家乡村振兴局局长刘焕鑫［N］. 人民日报，2023-07-04（10）.

[27] 郑功成. 中国何以建成世界最大社会保障体系（学苑论衡）［N］. 人民日报，2020-11-02（9）.

[28] 崔友平. 在高质量发展中促进共同富裕［N］. 人民日报，2023-08-04（9）.

[29] 窦瀚洋，罗珊珊. 浙江省安吉县灵峰街道横山坞村："美丽经济"带富乡亲（千万工程一线探访）［N］. 人民日报，2023-06-09（2）.

[30] 坚持把解决好"三农"问题作为全党工作重中之重 促进农业高质高效乡村宜居宜业农民富裕富足［N］. 人民日报，2020-12-30（1）.

[31] 中华人民共和国国务院新闻办公室. 人类减贫的中国实践［N］. 人民日报，2021-04-07（9）.

[32] 杜尚泽，王汉超，张晓松，等. "一个少数民族也不能少"：记习近平总书记在宁夏考察脱贫攻坚奔小康［N］. 人民日报，2020-06-12（1）.

[33] 肖新新. 合力建设远离贫困、共同发展的美好世界［N］. 人民日报，2022-04-06（3）.

[34] 张梦旭. 中国减贫之路"优质高效"：国际人士积极评价中国脱贫攻坚成就［N］. 人民日报，2018-02-01（3）.